古典文獻研究輯刊

二 編

潘美月・杜潔祥 主編

第 4 冊

陳振孫之經學及其《直齋書錄解題》經錄考證（上）

何廣棪 著

國家圖書館出版品預行編目資料

陳振孫之經學及其《直齋書錄解題》經錄考證（上）／何廣棪
著 — 初版 — 台北縣永和市：花木蘭文化出版社，2006〔民
95〕
目 12+ 224 面；19×26 公分（古典文獻研究輯刊 二編；第 4 冊）
ISBN：986-7128-24-9（上冊：精裝）
1.（宋）陳振孫－學術思想－經學 2. 藏書目錄－中國－南宋
（1127-1279）3. 經學－目錄－研究與考訂

018.8524   95003524

ISBN 986712824-9

9 789867 128249

古典文獻研究輯刊
二 編 第四冊   ISBN：986-7128-24-9

陳振孫之經學及其《直齋書錄解題》經錄考證（上）

作　　者　何廣棪
主　　編　潘美月　杜潔祥
企劃出版　北京大學文化資源研究中心
出　　版　花木蘭文化出版社
發 行 所　花木蘭文化出版社
發 行 人　高小娟
聯絡地址　台北縣永和市中正路五九五號七樓之三
　　　　　電話：02-2923-1455／傳眞：02-2923-1452
電子信箱　sut81518@ms59.hinet.net
初　　版　2006 年 3 月
定　　價　二編 20 冊（精裝）新台幣 31,000 元

陳振孫之經學及其《直齋書錄解題》經錄考證（上）

何廣棪　著

作者簡介

何廣棪，字碩堂，號弘齋，香港新亞研究所文學博士。歷任香港大專院校教職，現任臺灣華梵大學東方人文思想研究所教授。早歲研究李清照、楊樹達、陳寅恪、敦煌瓜沙史料，頗有著述。近年鑽研陳振孫及《直齋書錄解題》，出版之專書及發表之論文，甚受海峽兩岸士林關注與延譽。

提　　要

　　著者何廣棪教授近十數年來均從事研究南宋著名目錄學家陳振孫及其著述，所撰博士論文即為《陳振孫之生平及其著述研究》。博士論文，凡四十五萬言。一九九三年十月由台灣文史哲出版社印行面世，甚受海峽兩岸學壇矚目及好評。

　　本書著者撰命名為《陳振孫之經學及其〈直齋書錄解題〉經錄考證》，本屬《陳振孫之學術及其〈直齋書錄解題〉考證》之第一部分，亦可視為《陳振孫之生平及其著述研究》之姊妹篇或續篇。

　　本書凡六章，各章之章目如下：

第一章　緒論
第二章　陳振孫研治經學之主張
第三章　陳振孫之經學
第四章　陳振孫之經學目錄學
第五章　《直齋書錄解題》經錄考證
第六章　結論

　　就上述六章之章目以觀，則本書之撰作，其研究目的有二：其一乃為深入探究陳振孫之經學，兼研及其治經主張與經學目錄學；其二則為針對《直齋書錄解題》經錄之部，進行縝密之考證。由於研究目的與研究對象有所不同，故所採用之研究方法亦有所分別。本書於探究陳振孫經學問題時，則採用一般撰作學術論文之方法，除充分掌握有關文獻資料外，文中有所考論，皆力求創新，力求突破前人。民國以來，研究陳振孫學術者，當以陳樂素、喬衍琯二先生為巨擘。陳氏先後發表〈直齋書錄解題作者陳振孫〉及〈略論陳振孫直齋書錄解題〉二文；喬氏亦撰有《陳振孫學記》一書及相關論文多篇。然二氏於振孫經學之研究皆未盡深入與詳贍，往往僅於其論著中敷衍數筆，形同虛應，故有待於後人補苴罅漏之處不少。而有關振孫之治經主張及其經學目錄學兩項，二氏論著中均付闕如，未遑論及。是以著者於探究振孫經學時，均先就二氏之疏略與遺闕，多作補充與訂正，其研究所得，創新之處不少，而對二氏之考論亦均有所突破。至考證《直齋書錄解題》一書，更屬陳、喬所未及為。著者考證《解題》經錄之部，所用研究方法，乃參考清人姚振宗撰《隋書經籍志考證》之法而微有變化，即對《解題》每條均一無漏略而作全面之考證。故《解題》經錄之部，振孫所撰凡三百七十條，著者所作之考證亦共三百七十篇。庶幾對《解題》書中立論之根據，大致考出其來源出處；而《解題》所具獨創之議論與見地，著者亦刻意詳作疏證與闡發，以期能揭示振孫之用心及其議論價值所在。另亦參仿余嘉錫撰《四庫提要辨證》之法，即對《解題》經錄中容有之錯誤與闕失，均廣羅資料予以辨證。著者是次所作之研究，用於考證《解題》經錄者，所費心力最巨，然收穫亦最為豐碩。本書第五章考證所得，多屬心得之言，且多發前人所未發；於《解題》之訛誤與漏略，均多所補正；且其間尚有駁正前人舊說之未安者。綜上所述，則本書不惟對陳振孫之經學、其治經主張及其經學目錄學皆能作深入之研究，又能全面考證《解題》經錄之部，方法既善，成績亦富，庶可突破陳、喬二氏之所詣，作直齋之功臣，故本書對學術研究應具深大之貢獻。

第一章　緒　論

清人王鳴盛《十七史商榷》卷一〈史記〉一「史記集解分八十卷」條云：

> 目錄之學，學中第一緊要事，必從此問塗，方能得其門而入。然此事非苦學精究，質之良師，未易明也。

張之洞《輶軒語‧語學》「論讀書宜有門徑」條亦云：

> 汎濫無歸，終身無得。得門而入，事半功倍。或經，或史，或詞章，或經濟，或天算地輿。治經何經，治史何史，經濟是何條，因類以求，各有專注。至於經注，孰爲師授之古學，孰爲無本之俗學；史傳孰爲有法，孰爲失體，孰爲詳密，孰爲疏舛；詞章孰爲正宗，孰爲旁門；尤宜抉擇分析，方不至誤用聰明。此事宜有師承。然師豈易得？書即師也。今爲諸君指一良師，將《四庫全書總目提要》讀一過，即略知學術門徑矣。

綜王、張二氏所論，當知目錄學實乃治學第一緊要事，而目錄之著作，則爲治學之良師，倘得其書如《四庫提要》者細讀一過，即可略悉學術之門徑矣。否則汎濫無歸，終身恐無所得。故若據王、張二氏所說以推，則吾人治學讀書，當先問塗於目錄之學，以期得其門戶而入；尤須日夕諷誦目錄書籍，以代良師，俾獲指示，如此方可覓得治學之途徑。

憶余自負笈上庠，已知篤嗜流略之學。故有關〈漢志〉、〈隋志〉類之史志目錄《文淵閣書目》、《天祿琳琅書目》類之官修書目，晁《志》、陳《錄》類之私家目錄，下暨佛經目錄、道藏目錄，均刻意蒐求，以期收藏畢備，藉資研覽。其中於《直齋書錄解題》一書，最所究心。一九八八年八月，余既考取香港新亞研究所博士班，因欽仰直齋其人其書，爰以〈陳振孫之生平及其著述研究〉爲題，撰作博士論文。勤勞三載，苦心孤詣，終底於成，遂獲文學博士學位。而所撰之論文凡四十五萬言，不惟內容富贍，自信發明亦多，故對陳振孫之生平及其著述研究實有一定之貢獻。

其後論文獲台北文史哲出版社印行成書，且於一九九三年十月問世。

　　一九九三年八月，余幸蒙國科會延聘為客座研究副教授，乃從香港赴台，移硯華梵人文科技學院東方人文思想研究所，任教「目錄學研究」等課程。其明年，余以〈直齋書錄解題（經錄之部）辨證〉為題，（其書體例擬一遵余嘉錫《四庫提要辨證》）製訂專題研究計畫，向國科會申請續聘，其後乃獲通過。其實，余初擬訂之計畫，本屬全程計畫，須分五年始可漸次完成。因《解題》一書分經、史、子、集四錄，卷帙既浩繁，即以每年辨證一錄計算，亦需用時四載。其第五年則擬用作修訂補正，及潤色全編；又須製作全書中「著者索引」、「書名索引」、「主要參考書籍及論文」等。此一全程計畫如續蒙國科會大力支持，余敢確信全書當可遵照預期目標，絡繹寫成。而本年為計畫進行之第一年，余亦自信能於規定時限內，完成《解題》經錄之辨證工作。

　　一九九四年九月始，余已依初訂計畫按部就班撰作〈辨證〉，未幾而《易》、《書》兩類次第完成。其年十一月，饒選堂（宗頤）師應中研院史語所邀請蒞台作短期講學，余藉往南港晉謁之便，乃將進行之計畫向選堂師報告及請益。選堂師聆聽後，指示應將計畫予以擴充，由僅針對《解題》之錯誤而作「辨證」，擴充為對《解題》全書作「考證」。而其著作體例則不妨依照清人姚振宗之《隋書經籍志考證》。選堂師認為，倘能如此進行研究，則成書之後，後人利用此「考證」之書以治《解題》，其效用必較僅作「辨證」為宏碩。選堂師金針度人，余實受惠良多。由是遂決意謹遵師訓，將一己之研究由「辨證」擴充而為「考證」。

　　本年六月，歷經刻苦辛勤與忙碌《解題》經錄之考證工作終得以全部完成，是則本年度之研究應可視為告一段落。然余於進行考證過程中，漸對振孫之經學、經學目錄學及其研治經學之主張，有更深切之認識與較系統之瞭解。經反復細思，乃決意將上述種種，作進一步深入之探求，並各撰成專章，以為本年度研究計畫之一部分。幾經推敲斟酌，終將大綱全面更定。更定後之大綱，全編分六章，除首章為「緒論」及第六章為「結論」外，依次第二章為「陳振孫研治經學之主張」、第三章為「陳振孫之經學」、第四章為「陳振孫之經學目錄學」、第五章為「《直齋書錄解題》考證」；而於全編之末，另附「主要參考書籍及論文」、「參考文獻」、「《直齋書錄解題》經錄考證書名索引」、「《直齋書錄解題》經錄考證著者索引」。如斯更定，不惟使研究成果更具系統與豐碩，且余之研究亦由所擬之僅對《解題》經錄作考證，擴充而兼研究及振孫之經學諸問題矣。

　　綜上所述，余繼撰寫博士論文〈陳振孫之生平及其著述研究〉之後，續擬針對《解題》經錄作辨證；其後受選堂師殷切指示，乃擴充而對經錄之部作考證，而今

又進一步擴充，並對振孫之經學亦有所鑽研，故決定命名此書為《陳振孫之經學及其〈直齋書錄解題〉經錄考證》。是則余撰作此書，其計畫凡再變矣。

第二章　陳振孫研治經學之主張

　　陳振孫雖以目錄學蜚聲於時，然其一生亦勤治經學，著作頗富，貢獻殊宏。惜其所著之書均已散佚，今僅於宋、元人之著述中可略考得其書蹤跡，周密《志雅堂雜鈔》卷下曰：

　　　　直齋所著書，有言《書解》一冊《易解》、《繫辭錄》、《史鈔》。

觀是，則振孫所著之經學書籍，有《書解》、《易解》與《繫辭錄》也。周密之與振孫，年歲固相距頗遙，然其少時亦嘗接聞振孫之道範聲欬，且常相晤對。二人交往之情狀，余於《陳振孫之生平及其著述研究》一書中考之甚詳〔註 1〕，故《志雅堂雜鈔》卷下所記可信。

　　元人袁桷《清容居士集》卷二十一〈序‧龔氏四書朱陸會同序〉曰：

　　　　《五經》專門之說不一，既定於石渠、鴻都，嗣後學者靡知有異同矣。
　　《易》學以辭、象、變、占為主，得失可稽也。王輔嗣出，一切理喻，漢
　　學幾於絕熄。宋邵子、朱子震始申言之，後八百餘年而始興者也。《春秋》
　　家劉歆尊《左氏》，杜預說行《公》、《穀》廢不講；啖、趙出，聖人之旨
　　微見；劉敞氏、葉夢得氏、呂大圭氏，其最有功者也。尊王褒貶則幾於贅，
　　是千餘年而始著書也。《書》別於今文、古文，晉世相傳，馴致後宋時則
　　有若吳棫氏、趙汝談氏、陳振孫氏疑焉，有考過千百年而能獨明者也。

同書卷二十八〈墓誌銘‧劉隱君墓誌銘〉曰：

　　　　《五經》之學，由宋諸儒先緝續統緒《詩》首蘇轍，成鄭樵；《易》
　　首王洙，東萊呂祖謙氏後始定十二篇；胡宏氏辨《周官》，余廷椿乃漸次
　　第；《書》有古文、今文，陳振孫掇拾援據，確然明白，言傳心者猶依違
　　不敢置論。

〔註 1〕參該書第四章《陳振孫之戚友與交游》第三節〈陳振孫學術上之友朋〉，頁 301 至 306。

袁氏此處所提及振孫之《書》學，應即針對其所著之《書解》而立論；是梱嘗親睹其書，故於振孫之辨《尚書》今、古文，乃有「掇拾援據，確然明白」及「考過千百年而能獨明者」之推譽也。

所惜振孫上述諸書，自元以還漸次散佚，《宋史·藝文志》亦乏載。故清人朱彝尊《經義考》卷八十三〈書〉十二著錄：

> 陳氏振孫《尚書說》，佚。

《經義考》著錄之《尚書說》，疑即爲周密《志雅堂雜鈔》卷下所記述之《書解》，二者乃同書而異名。彝尊既云其「佚」，則彼亦未獲見振孫此書也。

如上所述，振孫所撰經學諸書既已散佚，則欲考究振孫研治經學之主張，惟有乞靈於其《直齋書錄解題》一書。該書經錄之部，實乃振孫就其個人收藏，對經學群書一一予以著錄並作解題者。如能取其解題所述，爬梳而深究之，則有關振孫經學之主張，應不難曉悉而求得其明白也。

茲試縷述振孫之治經主張如後：

一、重視經學之授受源流

振孫治經，重視其授受源流，於《解題》書中，例不勝舉。如卷一〈易類〉「《皇極經世》十二卷、《敘篇系述》二卷」條云：

> 處士河南邵雍堯夫撰。其學出於李之才挺之，之才受之穆修伯長，修受之种放明逸，放受之陳摶。蓋數學也。

是邵雍之《易》甚重數學，其《易》學源流則始自陳摶，繼爲种放、穆修、李之才，而下逮雍也。

又如卷二〈書類〉「《尚書》十二卷、《尚書注》十三卷」條云：

> 漢諫議大夫魯國孔安國傳。……攷之《儒林傳》，安國以古文授都尉朝，弟弟相承，以及塗惲、桑欽；至東都，則賈逵作訓，馬融、鄭康成作傳、注解，而逵父徽實受《書》於塗惲，逵傳父業。

是振孫據《漢書·儒林傳》，及《後漢書》賈逵、馬融、鄭玄諸人之《傳》，以考論孔安國《古文尚書》之授受，至爲詳悉。同條又曰：

> 穎達又云：「王肅注《書》，始似竊見孔《傳》，故於亂其紀綱以爲。太康時，皇甫謐得《古文尚書》於外弟梁柳，作《帝王世紀》往往載之。蓋自太保鄭沖授於蘇愉，愉授梁柳，柳授臧曹，曹授梅賾；賾爲豫章内史，奏上其《書》，時已亡〈舜典〉一篇。至齊明帝時，有姚方興者，得於大

航頭而獻之。隋開皇中，搜索遺典，始得其篇。」

此又詳論《僞古文尚書》之源流也。餘如卷二〈詩類〉「《毛詩》二十卷、《毛詩故訓傳》二十卷」條言大毛公、小毛公傳《詩經》；同卷〈禮類〉「《大戴禮》十三卷」條言戴德、戴聖皆受《禮》於后蒼；卷三〈春秋類〉「《春秋公羊傳》十二卷」條言公羊高稱受經於子夏，傳子至玄孫壽；「《春秋穀梁傳》十二卷」條言穀梁亦稱子夏弟子，自荀卿、申公至蔡千秋、江翁凡五傳。斯皆屬考論諸經而言其授受源流者也。

　　振孫治經重源流，蓋受劉向、劉歆父子所啓誘。今觀《漢書・藝文志》，其〈六藝略〉於著錄諸書之後，皆詳考各經之源流授受；斯乃目錄學家治經學之一大特色，其目的乃在「辨章學術，考鏡源流」，而非僅爲探求經之義理與訓詁者也。

　　振孫治經既重授受，故其於經學家之師承、受業，及其學之所本亦甚爲留意。《解題》中作如是之探討者亦至多。如卷二〈書類〉「《拙齋書集解》五十八卷」條云：

　　校書郎三山林之奇少穎撰。從呂紫微本中居仁學，而太史祖謙則其門人也。

又卷三〈春秋類〉「《春秋經解》十二卷、《指要》二卷」條云：

　　知常州永嘉薛季宣士龍撰。……季宣博學通儒，不事科舉。陳止齋師事之。

同卷同類「《息齋春秋集注》十四卷」條云：

　　禮部侍郎鄞高閌抑崇撰。其學專本程氏，序文可見。

皆其例也。

　　振孫治經，亦有考求其成書之經過者，蓋於其間庶可窺見其源流授受。《解題》卷二〈書類〉「《書義》十三卷」條云：

　　　侍講臨川王雱元擇撰。其父安石序之曰：「熙寧三年，臣安石以《尚書》入侍，遂與政。而子雱實嗣講事，有旨爲之說以進。八年，下其說，太學頒焉。」雱蓋述其父之學，王氏《三經義》，此其一也。

是臨川王氏之《書》學，乃父子相承之學也。

同卷〈禮類〉「《古禮經傳續通解》二十九卷」條云：

　　　外府丞長樂黃榦直卿撰。榦，朱侍講之高弟，以其子妻之。自號勉齋，因婦翁廕入仕，爲吏亦以材稱。始晦庵著《禮書》，喪、祭二禮，未及論次，以屬榦續成之。

是榦之《禮》學，乃上承其師及外舅朱子之學而有所續成者也。

又卷三〈春秋類〉「《春秋集傳纂例》十卷、《辨疑》七卷」條云：

　　　唐給事中吳郡陸質伯淳撰。初，潤州丹陽主簿趙郡啖助叔佐明《春秋》，傳洋州刺史河東趙匡伯循。質從助及伯循傳其學。助攷《三傳》，舍短取長，又集前賢注釋，補以己意，爲《集傳》、《集注》。又攝其綱目，

爲《統例》。助卒，質與其子異繕錄，以詣伯循，請損益焉。質隨而纂會
之，大曆乙卯歲書成。

是質之《春秋》學，與啖助、趙匡有一脈相承者在。

二、明辨真偽

書之有偽，由來已久。《漢書·藝文志·諸子略·道家》於「《文子》九篇」條
下注：

老子弟子，與孔子並時，而稱周平王問，似依託者也。

又於「《力牧》二十二篇」條下注：

六國時所作，託之力牧。力牧，黃帝相。

又《農家》「《神農》二十篇」條下注：

六國時，諸子疾時怠於農業，道耕農事，託之神農。

〈漢志〉所載此數條，乃屬辨別偽書之權輿。自漢以降，以迄唐、宋，辨偽之作，
蔚而成風。南宋之朱熹，實此中翹楚。振孫治學，多循朱子，故其治經，於書之真
偽皆力求明辨。《解題》卷一〈易類〉「《正易心法》一卷」條云：

舊稱麻衣道者授希夷先生，崇寧間廬山隱者李潛得之，凡四十二章。
蓋依託也。朱先生云：「南康戴主簿師愈撰，乃《不唧嚕底禪》、《不唧嚕
底修養法》、《日時法》。」王炎曰：「洺山李壽翁侍郎喜論《易》。炎嘗問
侍郎：『在當塗板行《麻衣新說》，如何？』李曰：『程沙隨見囑。』炎曰：
『恐託名麻衣耳。以撲錢背面喻八卦陰陽純駁，此鄙說也。以泉雲雨爲陽
水，以澤爲陰水，與夫子不合。』李曰：『然。然亦有兩語佳。』炎曰：『豈
非學者當於羲皇心地上馳騁，不當於周、孔腳跡下盤旋耶？然此二語亦非
也。無周、孔之辭，則羲皇心地，學者何從探之？』李無語。」李名椿。

是振孫據朱子、王炎二家之說以辨《正易心法》之偽。其書乃戴師愈撰，而託名麻
衣道者耳。

至經書之明顯屬後人依託，或後世術士附益如讖緯之類，振孫亦一一予以指正，
或發論直斥其偽。《解題》卷三〈讖緯類〉「《易緯》七卷」條云：

漢鄭康成注。其名曰《稽覽圖》、《辨終備》、《是類謀》、《乾元序制記》、
《坤靈圖》。其間推陰陽卦，直至唐元和中，蓋後世術士所附益也。

同卷同類「《乾坤鑿度》二卷」條云：

一作《𡿨鑿度》，題包羲氏先文，軒轅氏演籀，蒼頡修。晁氏《讀書

志》云：「《崇文總目》無之，至元祐《田氏書目》始載，當是國朝人依託
爲之。」

同條又曰：

讖緯之說，起於哀、平、王莽之際，以此濟其篡逆，公孫述效之，而
光武紹復舊物，乃亦以《赤伏符》自累，篤好而推崇之，甘與莽、述同志。
於是佞臣陋士從風而靡，賈逵以此論《左氏》之學，曹褒以此定漢禮，作
《大予樂》。大儒如鄭康成，專以讖言經，何休又不足言矣。二百年間，
惟桓譚、張衡力非之，而不能回也。魏、晉以革命受終，莫不傅會符命，
其源實出於此。隋、唐以來，其學寖微矣。考〈唐志〉猶存九部、八十四
卷，今其書皆亡。惟《易緯》僅存如此。及孔氏《正義》或時援引，先儒
蓋嘗欲刪去之，以絕僞妄矣。使所謂《七緯》者皆存，猶學者所不道，況
其殘缺不完，於僞之中又有僞者乎！姑存之以備凡目云爾。

是振孫於讖緯之書，既直指其爲附益、依託，又斥之爲僞妄、僞之中又有僞，則其
深惡痛絕之情，殆想見也。

晉世梅賾所傳《古文尚書》之僞，振孫著《書解》，固嘗疑而論之矣。振孫之書
雖佚，未悉其詳，然前引袁桷所言，已足證其書所考，有「過千百年而能獨明者」。
《解題》卷二〈書類〉「《南塘書說》三卷」條云：

趙汝談撰。疑古文非眞者五條。朱文公嘗疑之，而未若此之決也。然
於伏生所傳諸篇，亦多所掊擊觝排，則似過甚。

是振孫雖甚疑《古文尚書》之僞，與朱子、趙汝談相同；然又篤信伏生所傳之《今
文尚書》二十九篇之爲確眞，故於汝談攻擊今文，殊不以爲然。蓋辨僞與求眞，本
一事之兩方面，既知其爲確眞矣，而猶「掊擊」之，「觝排」之，則人之不智，似無
甚於此者。振孫僅評汝談之所爲，曰：「似過甚」，其語之委婉，眞得風人溫柔敦厚
之旨矣。

惟古籍之眞僞，亦有一時難以判別其是非者。若如是則奈何？《解題》卷三〈春
秋類〉「《春秋繁露》十七卷」條云：

漢膠西相廣川董仲舒撰。案《隋》、《唐》及《國史志》卷皆十七《崇
文總目》凡八十二篇《館閣書目》止十卷，萍鄉所刻亦財三十七篇。今乃
樓攻媿得潘景憲本，卷篇皆與前〈志〉合，然亦非當時本書也，先儒疑辨
詳矣。其最可疑者，本傳載所著書百餘篇，〈清明〉、〈竹林〉、〈繁露〉、〈玉
杯〉之屬，今總名曰《繁露》，而〈玉杯〉、〈竹林〉則皆其篇名，此決非
其本眞。況《通典》、《御覽》所引，皆今書所無者，尤可疑也。然古書存

於世者希矣，姑以傳疑存之可也。

因《春秋繁露》十七卷，是否為當時本書，一時難以別其眞僞，振孫乃主張「姑以傳疑存之」，其法至為矜愼。實事求是，其於存古之功為不可抹也。

三、主學貴自得

振孫治經，亦貴自得。《解題》卷一〈易類〉「《南塘易說》三卷」條云：

> 禮部尚書趙汝談履常撰。專辨《十翼》非夫子作。其說亦多自得之見。

所謂「多自得之見」者，即為須多出新意，不循舊傳。《解題》卷二〈詩類〉「《王氏詩總聞》三卷」條云：

> 不知名氏及時代。……其書有〈聞音〉、〈聞訓〉、〈聞章〉、〈聞句〉、〈聞字〉、〈聞物〉、〈聞用〉、〈聞迹〉、〈聞事〉、〈聞人〉凡十聞，每篇為總聞，又有〈聞風〉、〈聞雅〉、〈聞頌〉等，其說多出新意，不循舊傳。

能「多出新意，不循舊傳」，如斯治經，自「多自得之見」矣。至程大昌之治〈禹貢〉，雖不無牴牾，然其能不詭隨傳註，振孫亦因而褒譽之。《解題》卷二〈書類〉「《禹貢論》二卷、《圖》二卷」條云：

> 程大昌撰。凡論五十三篇，後論八篇，圖三十一。其於江、河、淮、漢、濟、黑、弱水七大川，以為舊傳失實，皆辨證之。淳熙四年上進。宇宙廣矣，遠矣，上下數千載，幅員數萬里，身不親歷，耳目不親聞見，而欲決於一心，定於一說，烏保其皆無牴牾？然要為卓然不詭隨傳註者也。

學既貴自得，故治經亦貴有一己之見，具發明，多新說，貴能發前人未盡之意，而終成一家之學者。《解題》卷三〈經解類〉「《七經小傳》三卷」條云：

> 劉敞撰。前世經學大抵祖述注疏，其以己意言經，著書行世，自敞倡之。

同卷〈春秋類〉「《止齋春秋後傳》十二卷、《左氏章指》三十卷」條云：

> 陳傅良撰。樓參政鑰大防為之〈序〉。大略謂《左氏》存其所不書，以實其所書。《公羊》、《穀梁》以其所書，推見其所不書。而《左氏》實錄矣。此《章指》之所以作。若其他發明多新說，〈序〉文略見之。

又「《春秋分記》九十卷」條云：

> 邛州教授眉山程公說伯剛撰。以《春秋》經傳倣司馬遷書為〈年表〉、〈世譜〉、〈曆法〉、〈天文〉、〈五行〉、〈地理〉、〈禮樂〉、〈征伐〉、〈官制〉諸書。自周、魯而下，及諸小國、夷狄皆彙次之。時有所論發明，成一家之學。

同卷〈語孟類〉「《論語通釋》十卷」條云：

> 黃榦撰。其書兼載《或問》。發明晦翁未盡之意。

上引《解題》之記載，從振孫推譽劉敞、陳傳良、程公說、黃榦諸家之經學成就，亦可備見其治經力主須有自得之見之一斑。

四、主張援據精博，信而有證

吳棫治經，備受振孫之推崇《解題》書中幾觸處可見。《解題》卷二〈詩類〉「《毛詩補音》十卷」條云：

> 吳棫撰。其說以為《詩》韻無不叶者，如「來」之以為「釐」，「慶」之為「羌」，「馬」之為「姥」之類。詩音舊有九家，唐陸德明始定為《釋文》。〈燕燕〉以「南」韻「心」，沈重讀「南」作尼心切。德明則謂古人韻緩，不煩改字。〈揚之水〉以「沃」韻「樂」，徐邈讀「沃」鬱縛切，德明亦所不載。顏氏《糺謬正俗》以傅毅〈郊祀賦〉「禳」作而成切；張衡〈東京賦〉「激」作吉躍切。今之所作，大略倣此。其援據精博，信而有證。朱晦翁注《楚辭》亦用棫例，皆叶其韻。

案：「援據精博，信而有證」八字，雖為評價《毛詩補音》一書之褒辭，固亦振孫治經之信條也。

振孫既主張援據精博，故其於《解題》卷二〈書類〉評葉夢得《石林書傳》十卷曰：

> 尚書左丞吳郡葉夢得少蘊撰。博極群書，彊記絕人。《書》與《春秋》之學，視諸儒最為精詳。

又評張九成《無垢尚書詳說》五十卷曰：

> 禮部侍郎錢塘張九成子韶撰。無垢諸經解，大抵援引詳博，文義瀾翻，似乎少簡嚴，而務欲開廣後學之見聞，使不墮於淺狹，故讀者亦往往有得焉。

是振孫亦推崇葉、張二人治經學之精博而不墮淺狹。因是，則凡屬淺狹之著作，振孫必嚴辭批評之。《解題》卷三〈春秋類〉「《國語補音》三卷」條云：

> 丞相安陸宋庠公序撰。以先儒未有為《國語》音者，近世傳舊《音》一卷，不著撰人名氏，蓋唐人也。簡陋不足名書，因而廣之。悉以陸德明《釋文》為主，陸所不載，則附益之。

蓋唐人所撰《國語音》一卷，至簡陋，振孫給予劣評，謂其「不足名書」也。

　　振孫治經既力主信而有證，故凡遇經籍之有牽合、穿鑿、迂僻、嚴刻之弊者，皆一一抨擊之。《解題》卷一〈易類〉「《易筌》六卷」條云：

> 太常丞建安阮逸天隱撰。每爻各以一古事繫之，頗多牽合。

此謂阮書牽合。牽合者，似有證據，而其證據實不可信，故抨擊之。

　　其「《周易意學》六卷」條云：

> 題齊魯後人陸秉撰。……其說多異先儒，穿鑿無據。

陸書既穿鑿，故其說雖多異先儒，然無徵不足以垂信，故亦抨擊之。

　　又卷二〈書類〉「《書辨訛》七卷」條云：

> 樞密院編修官莆田鄭樵漁仲撰。其目曰〈糾謬〉四，〈闕疑〉一，〈復古〉二。樵以遺逸召用，博物洽聞，然頗迂僻。居莆之夾漈。

迂僻則主觀怪異，離實日遠，故雖以樵之博物洽聞，振孫亦抨其迂僻。

　　又卷三〈春秋類〉「《春秋尊王發微》十五卷」條云：

> 國子監直講平陽孫明復撰。明復居泰山之陽，以《春秋》教授。……
> 潁川常秩譏之曰：「明復爲《春秋》，如商鞅之法。」謂其失於刻也。

明復名復，治《春秋》而求證嚴刻，斯過猶不及，與信而有證似是而實非，故振孫亦未以爲然也。

五、反瑣碎而重簡明

　　精博之與瑣碎，實不相同者也。振孫治經主援據精博，但力反瑣碎。《解題》卷二〈詩類〉「《詩學名物解》二十卷」條云：

> 知樞密院莆田蔡卞撰。卞，王介甫婿，故多用《字説》。其目自〈釋天〉至〈雜釋〉凡十類，大略如《爾雅》，而瑣碎穿鑿，於經無補也。

瑣碎則於經無補，故振孫反對之。而欲救瑣碎之弊，則須導之以簡明切近。卷三〈春秋類〉「《春秋傳》十二卷」條云：

> 劉絢質夫撰。二程門人，其師亟稱之。所解明正簡切。

同卷〈語孟類〉「《石鼓論語答問》三卷、《孟子答問》三卷」條云：

> 戴溪撰。岷隱初仕衡嶽祠官，領石鼓書院山長，所與諸生講說者也。
> 其說切近明白，故朱晦翁亦稱其近道。

「明正簡切」與「切近明白」，正與支離破碎異趣。振孫謂劉書「明正簡切」，戴書「切近明白」，二者正足拯挽治經瑣碎之弊。

六、反釋、老而闢異端

宋儒多反釋、老，視之爲異端，雖大儒如朱熹亦不能免。朱子撰〈大學章句序〉，即稱釋、老爲「異端虛無寂滅之教」；其集二程、張九成及范祖禹、呂希哲等十二家之書，以成《語孟集義》，因九成與僧宗杲遊，亦批評張氏「外自託於程氏，而竊其近似之言，以文異端之說」〔註2〕。振孫學宗朱子，故其治經，力反釋、老而闢異端。《解題》卷一〈易類〉「《周易注》六卷、《略例》一卷、《繫辭注》三卷」條開宗明義即曰：

> 自漢以來，言《易》者多溺於象、占之學，至弼始一切掃去，暢以義理。於是天下後世宗之，餘家盡廢。然王弼好老氏，魏、晉談玄，自弼輩暢之。《易》有聖人之道四焉，去三存一，於道闕焉。況其所謂辭者，又雜以異端之說乎！范甯謂其罪深於桀、紂，誠有以也。

振孫引范甯之言，謂王弼之罪深於桀、紂，則其反老氏之存心，見乎辭矣。

又「《乾生歸一圖》十卷」條云：

> 英州石汝礪撰。嘉祐元年序。取「乾」爲生生之本，萬物歸于一也。有論有圖，亦頗與劉牧辨，然或雜以釋、老之學。其所謂一者，自注云：「一則靈寂。」其〈玄首〉篇論道，專以靈明原註：「靈」字恐誤，或當作「虛」。無體無生爲主。又曰：「因靈不動，而生寂體。」豈非異端之說乎？

則又批評汝礪之雜釋、老以說《易》爲異端也。

綜上所述，均屬振孫研治經學之主張，今僅列舉其犖犖大者而言之，至其他微末次要之見地，暫不及云。

〔註2〕見《解題》卷三〈語孟類〉「《語孟集義》三十四卷」條。

第三章　陳振孫之經學

今人陳樂素先生撰有〈直齋書錄解題作者陳振孫〉一文〔註1〕，文中「二、述作」項下謂：

> 直齋於學，以經爲主，而兼好文史；卷四《史記》條嘗曰：「著書立言，述舊易，作古難。《六藝》之後有四人焉：撫實而有文采者，左氏也；憑虛而有理致者，莊子也。屈原變〈國風〉、〈雅〉、〈頌〉而爲〈離騷〉，及子長易編年而爲紀傳，皆前未有其比，後可以爲法；非豪傑特起之士，其孰能之！

旨哉斯言，此眞深曉振孫治學之矩矱者也。大抵振孫之治學《六藝》爲先。《六藝》之後，則遍及於四部。經則《左氏》，史則《史記》，子則《莊子》，文則〈離騷〉，此四者，皆前未有其比，後足以爲法之述作也。故振孫之評《春秋左氏傳》，以爲「其釋《經》義例，雖未盡當理，而其得當時事實，則非二《傳》之比也」〔註2〕；其評遷書，則引班固爲說，謂「遷據《左氏》、《國語》，采《世本》、《戰國策》，述《楚漢春秋》，接其後事，迄於大漢，斯以勤矣」〔註3〕；其於莊書，所著《解題》既著錄有關《莊子》之注、疏、音義諸書，而又細考及莊子之時代〔註4〕；其於屈子，則於《解題》中特闢〈楚辭類〉，所著錄書籍凡九種、一百十二卷；且於評朱子《楚辭辨證》一書中，特盛譽屈原具「忠魂義魄」，「千載之下」猶有生氣〔註5〕。綜上所述，足徵振孫之視左、莊、原、遷四子均爲「豪傑特起之士」，故《解題》於其人

〔註1〕此文載見 1946 年 11 月 20 日《大公報・文史周刊》。
〔註2〕見《解題》卷三〈春秋類〉「《春秋左氏傳》三十卷」條。
〔註3〕見《解題》卷四〈正史類〉「《史記》一百三十卷」條。
〔註4〕見《解題》卷九〈道家類〉「《莊子》十卷」、「《莊子注》十卷」、「《莊子音義》三卷」、「《莊子疏》三十卷」等條。
〔註5〕見《解題》卷十五〈楚辭類〉各條。

其書乃多所推崇如此。

振孫之著作，除《直齋書錄解題》一書屬史部目錄類專著外，其餘可考者，如《易解》、《繫辭錄》、《書解》，皆經籍也；《史鈔》、《白文公年譜》、《吳興氏族志》、《吳興人物志》，皆史籍也；至所撰之〈律呂之說定於太史公考〉、〈貢法助法考〉、〈華勝寺碑記〉、〈玉臺新詠集後序〉、〈關尹子跋〉、〈崇古文訣序〉、〈寶刻叢編序〉、〈陳忠肅公祠堂記〉、〈皇祐新樂圖記題識〉、〈易林跋〉、〈論徐元杰暴亡疏〉、〈吳興張氏十詠圖跋及詩〉、〈重建碧瀾堂記〉諸詩文，及所校理之《玉臺新詠》、《長樂財賦志》、《玄真子漁歌碑傳集錄》、《秦隱君集》、《柳宗元詩》、《武元衡集》等著述，則皆子而集，集而子也。惜振孫上述經學著作多所散佚，前撰拙著《陳振孫之生平及其著述研究》一書時雖曾有所介紹〔註6〕，然猶未盡詳贍。故茲藉撰作此書之便，特設專章，詳考振孫之經學如後。

一、《易 經》

周密《志雅堂雜鈔》卷下曰：

直齋所著書，有言《書解》、《易解》、《繫辭錄》、《史鈔》。

《志雅堂雜鈔》卷下所記之《易解》、《繫辭錄》，均為振孫《易》學著作，惜已散佚。其內容及卷帙之多寡，不可曉矣。

然振孫治《易》，其家學淵源則猶有可稽考者。《解題》卷十八〈別集類〉下「《濟溪老人遺藁》一卷」條云：

通判明州濟源李迎彥將撰。永嘉周浮沚先生之婿，與先大父為襟袂。

《集》中有送先君子赴戊子秋試詩，首句「籍甚人言《易》已東」，蓋先君治《易》故也。《集》序，周益公作。

是知振孫之尊翁固擅《易》者，其赴戊子秋試，李迎贈詩送別，乃有「籍甚人言《易》已東」之句，其句蓋用《漢書・儒林傳》田何語以表彰之也〔註7〕。惜振孫之尊翁所撰《易》學著作，及今即書名亦不可考矣。

如上所引《解題》之「《濟溪老人遺藁》一卷」條所記，則振孫祖父與李迎為襟袂，二人皆永嘉周浮沚先生之快婿。浮沚，周行己號。《解題》卷十七〈別集類〉中著錄有《浮沚先生集》十六卷、《後集》三卷。《解題》該條云：

〔註6〕請參拙著《陳振孫之生平及其著述研究》第五、六章。

〔註7〕《漢書》卷八十八〈儒林傳〉第五十八〈丁寬〉載：「田何授《易》於丁寬，學成，寬東歸。何謂門人曰：『《易》東矣！』」。

祕書省正字永嘉周行己恭叔撰。十七入太學，有盛名。師事程伊川。元祐六年進士。爲博士太學，以親老歸，教授其鄉，再入爲館職，復出作縣。永嘉學問所從出也，鄉人至今稱周博士。《集》序，林越撰。言爲祕書郎，則不然。先祖妣，先生之第三女，先君子其自出也，故知其本末。所居謝池坊，有浮沚書院。

據此條「先祖妣，先生之第三女，先君子其自出也」云云，是行己乃振孫之外曾祖父。行己既師事伊川，故亦精於《易》，曾著有《易講義》一書。今人宋慈抱《兩浙著述考‧經術考‧易類》載：

《易講義》，宋永嘉周行己撰。行己字恭叔，元祐六年進士，官居秘書省正字，事蹟具《宋史》本傳。孫詒讓《溫州經籍志》云：「《易講義》，宋以來書目未著錄，其《敘》見《永樂大典‧浮沚集》四卷二〈經解〉，內有「仁者見之謂之仁，智者見之謂之智，百姓日用而不知，故君子之道鮮矣」一篇，疑即《講義》逸文也。」原書佚。

案：行己《易講義》一書雖已佚，惟此書之〈序〉則仍存於《四庫全書》本《浮沚集》卷四中。該〈序〉頗見行己研治《易經》之旨趣，無妨迻錄如下：

《易》之爲書，伏羲始作八卦，文王因而重之，孔子繫之以辭，於是卦、爻、彖、象之義備，而天地萬物之情見。聖人之憂天下來世其至矣，先天下而開其物，後天下而成其務。是故極其數以定天下之象，著其象以定天下之吉凶；六十四卦、三百八十四爻，皆所以順性命之理，盡變化之道也。散而在野則有萬殊，統之在道則無二致。所以易有太極，是生兩儀。太極者，道也；兩儀者，陰陽也。陰陽，一道也；太極，無極也。萬物之生，負陰而抱陽，莫不有太極，莫不有兩儀，絪縕交感，變化無窮。形則受其生，神則發其知，情僞出焉，萬緒起焉。易之所以定吉凶、生大業也。故易者，陰陽之道也；卦者，陰陽之物也；爻者，陰陽之動也。卦雖不同，所同者奇耦；爻雖不同，所同者九六：是以六十四卦，互爲其體，三百八十四爻，互爲其用，遠在八荒之外，近在一身之中，暫於瞬息，微於動靜，莫不有卦之象焉，莫不有爻之義焉。至哉易乎！其道至大而無所繫，其用至神而無不存，時固未始有一，而卦亦未始有定。象事固未始有窮，而爻亦未始有定位。以一時而索卦，則拘而無變，非易也；以一事而明爻，則窒而不通，非易也；知所謂卦、爻、彖、象之義，而不知所謂卦、爻、彖、象之用，亦未爲知易也。由是得之，於精神之動、心術之運，與天地同其德，與日月合其明，與四時合其序，與鬼神合其吉凶，然後可以謂之知易

也。雖然，易之有卦，易之已然者也；卦之有爻，卦之已見者也。已形已
見者，可以言知；未形未見者，不可以名求，則所謂易者果何如哉？此學
者所以當知也。

讀此〈序〉倘玩味其中「是故極其數以定天下之象，著其象以定天下之吉凶，六十
四卦、三百八十四爻，皆所以順性命之理，盡變化之道也」諸句，則知行己研《易》
之旨趣，固在由「數」以定「象」，由「象」以定「占」，由「卦辭」、「爻辭」以求
「性命之理」，並以盡其「變化之道」。是則行己之治《易》，其於辭、變、象、占四
者，未嘗偏廢也；此與其師程頤《易傳》之一於言理，盡略象數，乃有大相逕庭者
在。故振孫之外曾祖，雖師事伊川，然其《易》學反與項安世較為接近。《解題》嘗
評項氏《周易玩辭》曰：

> 《周易玩辭》十六卷，太府卿松陽項安世平甫撰。……大抵程氏一於
> 言理，盡略象數，而此書未嘗偏廢。程氏於小象頗欠發明，而此書爻象尤
> 貫通。蓋亦遍攷諸家，斷以己意，精而博矣〔註8〕。

是行己之言《易》，與安世之《易》頗有若合符契者。是以振孫於項氏《易》，亦推
譽不絕於口，竊疑振孫之《易》學，本其家學淵源，乃上承其外曾祖之《易講義》
者也。今振孫之《易》學專著雖已散佚，然推其嘗著《繫辭錄》一書，想必亦有考
及象數之學者，其意殆欲補「程氏於小象頗欠發明」之闕耶？至其《易解》，疑亦當
於辭、變、象、占四者均有所考研，而絕無所偏廢者也。

　　吾人於振孫之《易》學，倘欲更曉悉其梗概，猶可爬梳《解題》一書，以推尋
深究其系統與條理。如上所述，振孫既極推崇項氏之《易》，故凡研《易》之書，於
辭、變、象、占無所偏廢者，振孫必加以褒譽。如《解題》云：

> 《梁谿易傳》九卷、《外篇》十卷，丞相昭德李綱伯紀撰。……其書
> 於辭、變、象、占無不該貫，可謂博矣。

此條乃推崇李綱治《易》之該貫。至治《易》之其他各家，其於辭、變、象、占之
研求苟有一隅之長者，振孫亦表而出之。《解題》云：

> 《周易注》六卷、《略例》一卷、《繫辭注》三卷，魏尚書郎山陽王弼
> 輔嗣注上、下《經》，撰《略例》。……自漢以來，言《易》者多溺於象占
> 之學，至弼始一切掃去，暢以義理。於是天下後世宗之，餘家盡廢。

　　又云：

> 《易解義》十卷，題凌公弼撰。……善解析文義，頗簡潔，有所發明。

〔註8〕見《解題》卷一〈易類〉。下引之《解題》同。

此二條既表出輔嗣之能「暢以義理」，又推譽公弼之能「善解析文義」，蓋二書治《易》均有一隅之長也。《解題》云：

> 《皇極經世》十二卷、《敘篇系述》二卷，處士河南邵雍堯夫撰。……
> 其子伯溫爲之《敘系》，具載〈先天〉、〈後天〉、〈變卦〉、〈反對〉諸圖。

又云：

> 《易原》十卷，吏部尚書新安程大昌泰之撰。首論天地五十有五之數，
> 參之《河圖》、《洛書》大衍之異同，以爲此《易》之原也，以及卦變、揲
> 法，皆有圖論，往往斷以己見，出先儒之外。

此二條又表出邵、程二氏之書能言變卦之長也。

《解題》又云：

> 《葆光易解義》十卷，泉州教授莆田張弼舜元撰。……其學多言取象。

又云：

> 《漢上易傳》十一卷、《叢說》一卷、《圖》三卷，翰林學士荊門朱震
> 子發撰。……蓋其學專以王弼盡去舊說，雜以莊、老，專尚文辭爲非是，
> 故其於象數頗加詳焉。

張弼、朱震二氏之書多言象數，故亦表而出之。

《解題》又云：

> 《京房易傳》三卷、《積算雜占條例》一卷，吳鬱林太守吳郡陸績公
> 紀注。京氏學廢絕久矣。所謂《章句》者既不復傳，而《占候》之存於世
> 者僅若此，較之前〈志〉，什百之一二耳。……又有《參同契律曆志》，見
> 〈陰陽家類〉，專言占候。

又云：

> 《易小傳》六卷，丞相吳興沈該守約撰。專釋六爻，兼論變卦，多本
> 《春秋左氏傳》占法。卦爲一論。

上述二書既專言占候、占法，有其特色，故亦表而出之。

如上所言，振孫治《易》雖推崇項氏，然其似亦自知若溯其源，則其《易》學固遠承程氏。惟伊川《易傳》，不言象數，振孫於此雖偶有微辭，然似亦有所迴護。

《解題》云：

> 《伊川易解》六卷，崇政殿說書河南程頤正叔撰。止解六十四卦，不
> 解〈大傳〉；而以〈序卦〉分置諸卦之首，蓋唐李鼎祚《集解》亦然。伊
> 川平生著述，惟《易傳》爲深，而亦不解〈大傳〉。

案：《伊川易解》，亦即《易傳》一書，同書而異名。〈大傳〉蓋指〈繫辭〉、〈說

卦〉、〈雜卦〉之屬，其內容均涉象數。伊川研《易》，固一因王弼言義理之舊，於象數之學甚爲闊略。惟《解題》對其不解〈大傳〉，則未作任何批評，蓋有迴護之意也。

《解題》又云：

> 《周易口義》十三卷，直講海陵胡瑗翼之撰。新安王炎晦叔嘗問南軒曰：「伊川令學者先看王輔嗣、胡翼之、王介甫三家，何也？」南軒曰：「三家不論互體，故云爾。然雜物撰德，具於中爻，互體未可廢也。」南軒之說雖如此，要之，程氏專治文義，不論象數。三家者，文義皆坦明，象數殆於掃除略盡，非特互體也。

案：南軒，張栻號。振孫於栻之言互體不可廢，其說雖愜於己心，而仍以「雖如此」而漫應之，則其迴護伊川之情，溢於辭表矣。雖然，後人之撰《易》書，亦有宗主程《傳》而出新意，以補伊川所未及者，振孫對此則刻意表彰之。《解題》云：

> 《易傳拾遺》十卷，敷文閣直學士廬陵胡銓邦衡撰。……大概宗主程氏，而時出新意於《易傳》之外。……其曰「拾遺」者，謙辭也。

又曰：

> 《繫辭精義》二卷，呂祖謙集程氏諸家之說，程《傳》不及〈繫辭〉故也。

又曰：

> 《易翼傳》二卷，吏部侍郎括蒼鄭汝諧舜舉撰。「翼」云者，所以爲程《傳》之輔也。大抵以程《傳》爲本，而附以己見之異。

案：胡銓之爲《拾遺》，祖謙之撰《精義》，汝諧之作《翼傳》，一是以程《傳》爲本，三人或時出新意，或附以己見，或補其未及，然皆出於敬程之心，甘爲程《傳》作附庸。振孫於《解題》中表而出之，則其敬程之心，實與胡銓諸人相類，皆崇重伊川者也。

振孫治《易》，極重《古易》。《解題》中所著錄者，有出王洙家之《古易》十二卷，有呂大防所錄之《周易古經》十二卷，有晁說之所錄之《古周易》八種，有呂祖謙所定之《古易》十二卷，有吳仁傑所錄之《古周易》十二卷，另有周燔所次之《九江易傳》九卷，程迥之《古易攷》十二篇等。振孫所以重《古易》之故《解題》曾一再言及之。《解題》曰：

> 《古周易》八卷。中書舍人清豐晁說之以道所錄〈卦爻〉一、〈彖〉二、〈象〉三、〈文言〉四、〈繫辭〉五、〈說卦〉六、〈序卦〉七、〈雜卦〉八。其說曰：「以〈彖〉、〈象〉、〈文言〉雜入卦中自費氏始。孔穎達又謂輔嗣之意〈象〉本釋《經》，宜相附近，分爻之〈象辭〉，各附逐爻。則費氏初變古制時，猶若今〈乾〉、〈坤〉二卦各存舊本歟？《古經》始變於費

氏，而卒大亂於王弼，奈何後之儒者尤而效之。杜預分《左氏傳》於《經》，宋衷、范望散《太玄》、《測》、《贊》於八十一首之下，是其明比也。

又曰：

> 《古周易》十二卷，國子錄吳郡吳仁傑斗南所錄。……案漢世傳《易》者，施、孟、梁邱、京、費。費最晚出，不得立於學官。其學亡章句，惟以〈彖〉、〈象〉、〈文言〉等解上、下《經》。自劉向校中《古文易經》，諸家或脫「無咎悔亡」，惟費氏與《古文》同，東京名儒馬、鄭皆傳之。其後諸家皆廢，而費學孤行，以至於今。其合〈彖〉、〈象〉、〈文言〉於《經》，蓋自康成。輔嗣以來，展轉相傳，學者遂不識《古文》本《經》。甚至今世考官命題，或連〈彖〉、〈象〉、〈爻辭〉爲一，對大義者，志得而已，往往穿鑿傅會，而《經》旨皆破碎極矣。凡此諸家所錄，雖頗有同異，大較《經》自爲《經》，《傳》自爲《傳》，而於《傳》之中〈彖〉、〈象〉、〈文言〉亦各不相混。稍復古人廣枞案：盧校本作「文」，是。之舊，均有補於學者，宜並存之。

是《古易》屢經費直、鄭玄、王弼之變亂，後世又展轉相傳，學者遂不識古文本《經》；且往往使《易》學流於穿鑿傅會《經》旨破碎之極。故振孫引以爲憂。而王洙諸家所錄《古易》，《經》自《經》，《傳》自《傳》，〈彖〉、〈象〉、〈文言〉絕不相混，稍復《古文》之舊，是以振孫極推重之。《解題》又載：

> 《易傳》十一卷、《本義》十二卷、《易學啓蒙》一卷，煥章閣待制侍講新安朱熹晦庵撰。初爲《易傳》，用王弼本。復以呂氏《古易經》爲《本義》，其大旨略同而加詳焉。

是朱子《易傳》初用王弼本，弼本十卷，而《解題》此條作十一卷，其「一」字疑爲衍文，余於第五章《考證》中將詳爲辨說。《本義》乃用呂祖謙所定本，呂氏《古易》十二卷，朱子嘗刻之於臨漳、會稽，後既本之以爲《本義》，故其書亦作十二卷。至振孫曾撰《易解》，今雖不傳，竊以其推重《古易》之故，可推判其《易解》亦必以《古周易》爲本，惟是否一如晦庵之用呂祖謙《古易》，則不可知矣。

振孫治經之主張，有提倡「反釋、老而闢異端」者，余於第二章處已略徵引《解題》「《周易注》六卷、《略例》一卷、《繫辭錄》三卷」條，以說明振孫曾借范甯語批評王弼之「罪深於桀、紂」；又其「《乾生歸一圖》十卷」條，力斥石汝礪爲異端，茲不再贅。振孫研經亦反對劉牧、陸秉之求異先儒，穿鑿無據。牧撰有《新注周易》十一卷、《卦德統論》一卷、《略例》一卷、《易數鉤隱圖》二卷《解題》均有著錄。

《解題》另著錄有「《刪定易圖論》一卷」條，云：

直講旴江李覯泰伯撰。凡六篇，蓋刪劉牧《易圖》而存之者三焉。

《解題》又著錄有「《易補注》十卷、又《王劉易辨》一卷」條，云：

> 秘書丞宋咸貫之撰。……劉牧之學，大抵求異先儒，穿鑿破碎，故李、宋或刪之，或辨之。

至陸秉之撰《周易意學》六卷《解題》云：

> 題齊魯後人陸秉撰。……其說多異先儒，穿鑿無據。

蓋振孫以為治學如求異先儒，穿鑿無據，則近於異端，故於《解題》中力闢之。

振孫研《易》，亦有反對用意怪僻，文意險澀者。《解題》云：

> 《元包》十卷，唐衛元嵩撰。……其書以八卦為八篇首，而「一世」至「歸魂」各附其下。先〈坤〉，次〈乾〉，次〈兌〉、〈艮〉、〈離〉、〈坎〉、〈巽〉、〈震〉。〈坤〉曰太陰〈乾〉曰太陽，餘六子有孟、仲、少之目，每卦之下，各為數語，用意僻怪，文意險澀，不可深曉也。

又有反對淺近無義理者《解題》云：

> 《補闕周易正義略例疏》一卷。唐四門助教邢璹撰。……此本亦淺近無義理，姑存之。

且有反對雜說無詮次，及辭旨深晦者。《解題》云：

> 《易說》一卷。丞相溫公涑水司馬光君實撰。雜說無詮次，未成書也。

又云：

> 《了翁易說》一卷，左司諫延平陳瓘了翁撰。……止解六十四卦，辭旨深晦。

惟振孫治《易》，亦自有所主。如前所徵引褒譽李綱之該貫、凌公弼之簡潔而有所發明者，即其顯例也。爬梳《解題》，亦可發現振孫有力主治經須議論精博，不主一家者。《解題》曰：

> 《昭德易詁訓傳》十八卷，敷文閣直學士清豐晁公武子止撰。博采古今諸家，附以己聞；又考載籍行事，以明諸爻之變。其文義、音讀之異者，列之逐條，曰同異考。……其議論精博，不主一家。

又有主論說須有源流根據者。《解題》曰：

> 《沙隨易章句》十卷、《外編》一卷、《占法》一卷、《古易攷》一卷，沙隨程迥可久撰。……迥嘗從玉泉喻樗子才學，登隆興癸未科，仕至邑宰。及與前輩名公交游，多所見聞，故其論說頗有源流根據。

且主張著述貴有自得之見者。此項余於第二章中已論及之，茲不贅。

竊以為振孫之研《易》，亦偶有錯舛。如評王弼之罪「深於桀、紂」，此語似過

苟；又著錄《歸藏》三卷，作司馬膺注。惟膺實注《連山》，不注《歸藏》；又不知劉牧既字長民，亦字先之，同屬一人，非二人；又誤謂鄭剛中因得罪秦檜，故所著《周易窺餘》不解〈乾〉、〈坤〉二卦，似意有所避；又誤引丘程詩句「何異丹青欲畫風」，而錯作「何異丹青在畫中」；又不知凌公弼與凌唐佐同爲一人，唐佐乃公弼之字。然上述種種，究屬小疵，無關宏旨，余將於第五章處一一考證其誤，茲亦不贅云。

二、《書　經》

振孫於《書》學亦有專著，周密《志雅堂雜鈔》卷下即記其有《書解》一冊，雖其書已散佚，惟其內容若何，似猶可考知一二。袁桷《清容居士集》卷二十一〈序・龔氏四書朱陸會同序〉曰：

> 《書》別於今文、古文，晉世相傳，馴致後宋時則有若吳棫氏、趙汝談氏、陳振孫氏疑焉，有考過千百年而能獨明者也。

案：袁氏此條蓋言宋人有考《書》今、古文之真偽者。蓋宋人已有疑《古文尚書》之非真，如吳棫著《書裨傳》十三卷《解題》卷二〈書類〉已著錄，直齋譽其書爲「考據詳博」。朱子亦評之，曰：「吳才老說〈胤征〉、〈康誥〉、〈梓材〉等篇，辯證極好，但已看破小序之失，而不敢勇決，復爲序文所牽，殊覺費力耳〔註9〕。」是吳氏之書固有考及《古文》及〈書序〉爲偽者矣，惜不夠勇決。趙汝談則有《南塘書說》三卷《解題》卷二〈書類〉亦著錄，且謂其書「疑《古文》非真者五條。朱文公嘗疑之，而未若此之決也。」是趙書已有疑及《古文尚書》之爲偽者，而其勇決之情則在朱子之上。至直齋之《書解》，袁桷必得而讀之，直齋之書亦必疑及《古文》之偽如吳、趙二氏，故袁氏並稱之，謂此三書「有考過千百年而能獨明者也」。又《清容居士集》卷二十八〈墓誌銘・劉隱君墓誌銘〉又曰：

> 《書》有古文、今文，陳振孫掇拾援據，確然明白，言傳心者猶依違不敢置論。

是則振孫《書解》一書，其內容必考辨及《古文》之非真，觀袁氏〈劉隱君墓誌銘〉所記，殆無疑矣。

振孫治《書》，其辨《今》、《古文》之真偽問題，尚可於《解題》中考見之。《解題》卷二〈書類〉「《尚書》十二卷、《尚書注》十三卷」條云：

> 漢諫議大夫魯國孔安國傳。初，伏生以《書》教授，財二十九篇，以

〔註9〕見《經義考》卷八十〈書〉九「吳氏棫《書裨傳》」條引。

〈舜典〉合於〈堯典〉，〈益稷〉合於〈皋陶謨〉，〈盤庚〉三篇合為一，〈康王之誥〉合於〈顧命〉，實三十四篇。及安國攷論魯壁所藏，始出〈舜典〉諸篇，又定其可知者，增多二十五篇，引〈序〉以冠諸篇之首，定為五十八篇。雖作《傳》既成，會巫蠱事作，不復以聞，故未嘗列於學官，世亦莫之見也。

據是，則振孫認為伏生所授之三十四篇為真《今文》，安國所傳之五十八篇為真《古文》。不惟《古文》屬真，即「冠諸篇之首」之〈書序〉亦屬真，而安國所作之《孔傳》亦非假也。

同條又云：

攷之〈儒林傳〉，安國以《古文》授都尉朝，弟弟相承，以及塗惲、桑欽；至東都，則賈逵作《訓》，馬融、鄭康成作《傳》、《注解》，而逵父徽實受《書》於塗惲，逵傳父業，雖曰遠有源流，然而兩漢名儒皆未嘗實見孔氏《古文》也。豈惟兩漢，魏、晉猶然，凡杜征南以前所注經傳，有援〈大禹謨〉、〈五子之歌〉、〈胤征〉諸篇，皆云《逸書》；其援〈泰誓〉者，則云今〈泰誓〉無此文，蓋伏生《書》亡〈泰誓〉。〈泰誓〉後出，或云武帝末，民有獻者；或云宣帝時，河南廣棷案：盧校本「南」為「內」。女子得之，所載白魚火鳥之祥，實偽書也。然則馬、鄭所解，豈真《古文》哉！故孔穎達謂賈、馬輩惟傳孔學三十三篇，即伏生《書》也，亦未得為孔學也。

觀是，則振孫以為：由兩漢以迄魏晉《古文》之傳授似遠有源流，然諸名儒均未嘗實見真《古文》，其所得見者皆偽書；即賈、馬、鄭玄輩注解《尚書》，其中《今文》部分確為伏生《書》，惟其所注之《古文》，皆非安國之舊也。

同條又云：

穎達又云：王肅注《書》，始似竊見孔《傳》，故於亂其紀綱以為。太康時，皇甫謐得《古文尚書》於外弟梁柳，作《帝王世紀》往往載之。蓋自太保鄭沖授蘇愉，愉授梁柳，柳授臧曹，曹授梅賾。賾為豫章內史，奏上其《書》，時已亡〈舜典〉一篇。至齊明帝時，有姚方興者，得於大航頭而獻之。隋開皇中搜索遺典，始得其篇。夫以孔注歷漢末無傳，晉初猶得存者，雖不列學官，而散在民間故耶？然終有可疑者，余嘗辨之。

案：《古文尚書》自晉以來其傳授似有源流，振孫且言王肅「似竊見孔《傳》」，又疑孔《傳》「晉初猶得存者，雖不列學官，而散在民間」。然振孫終疑安國身後所傳之《古文》乃為偽書，故作《書解》予以考辨之也。

　　至朱子於《古文尚書》之僞，亦確信不疑；甚或疑及〈書序〉、孔《傳》、孔〈序〉亦非眞也。振孫常引朱子爲同調，故而盛推譽之。《解題》曰：

　　　　《晦庵書說》七卷，朱熹門人黃士毅集其師說之遺，以爲此書。……
　　　　又嘗疑孔安國《傳》恐是假〈書小序〉決非孔門之舊，安國〈序〉決非西
　　　　漢文章，至謂與《孔叢子》、《文中子》相似，則豈以其書出於東晉之世故
　　　　耶？非有絕識獨見，不能及此〔註10〕。

是振孫盛譽朱子有「絕識獨見」也。振孫既疑及《古文尚書》之僞，故亦疑及相關之數種書籍乃出於依倣或僞託。《解題》云：

　　　　《尚書大傳》四卷，漢濟南伏勝撰，大司農北海鄭康成注。凡八十有
　　　　三篇。當是其徒歐陽、張生之徒雜記所聞，然亦未必當時本書也。

此條疑《尚書大傳》之「未必當時本書」。

　　《解題》又云：

　　　　《汲冢周書》十卷，晉《五經》博士孔晁注。太康中，汲郡發魏安釐
　　　　王冢所得竹簡書，此其一書也。凡七十篇，〈序〉一篇在其末。……相傳
　　　　以爲孔子刪《書》所餘者，未必然也。文體與古書不類，似戰國後人依倣
　　　　爲之者。

此條疑《汲冢周書》「似戰國後人依倣爲之」。

　　《解題》又云：

　　　　《古三墳書》一卷，元豐中，毛漸正仲奉使京西，得之唐州民舍。其
　　　　辭詭誕不經，蓋僞書也。……蓋自孔子定《書》，斷自唐、虞以下，前乎
　　　　唐、虞，無徵不信，不復采取，於時固以影響不存，去之二千載，而其書
　　　　忽出，何可信也？況皇謂之「墳」，帝謂之「典」，皆古史也，不當如毛所
　　　　錄，其僞明甚。

此條言《古三墳書》爲僞書，「其辭詭誕不經」，且「其僞明甚」。

　　《解題》又云：

　　　　《尚書精義》六十卷，三山黃倫彝卿編次。或書坊所託。

此條又疑《尚書精義》非黃倫所編，乃「書坊所託」。

　　綜上所述，是振孫研治《尚書》學，特具懷疑精神也。

　　振孫之治《書》，雖屢疑《古文》之僞，然其於《今文尚書》之眞，則確信不疑，前引《解題》「《尚書》十二卷、《尚書注》十三卷」條，其中言及伏生《書》二十九

────────────

〔註10〕見《解題》卷二〈書類〉。下引之《解題》同。

篇之眞已見端倪。至於「《南塘書說》三卷」條中，振孫更批評趙汝談，謂其「於伏生所傳諸篇亦多所掊擊觝排，則似過甚」。是振孫之篤信《今文》，殆爲定讞。

振孫治《書經》，所撰《解題》，每有大膽透露其政治主張，其主張且有溢於辭表者。《解題》云：

> 《書義》十三卷，侍講王雱元澤撰。……雱蓋述其父之學。王氏《三經義》，此其一也。……王氏學獨行於世者六十年，科舉之士熟於此乃合程度。前輩謂如脫墼然，案其形模而出之爾。士習膠固，更喪亂乃已。

是條明顯掊擊安石以新經義箝制學術，膠固士習，謂其爲禍延達六十年，至高宗南渡後乃已。

《解題》於評論〈書類〉諸書，亦有借題發揮，至其言外之意，竟有隱約批評高宗者。《解題》云：

> 《東坡書傳》十三卷，蘇軾撰。其於〈胤征〉，以爲羲和貳於羿，而忠於夏；於〈康王之誥〉，以釋衰服冕爲非禮。曰：「予於《書》見聖人之所不取，而猶存者有二。」可謂卓然獨見於千載之後者。又言：「昭王南征不復，穆王初無憤恥之意，哀痛惻怛之語；平王當傾覆禍敗之極，其書與平康之世無異，有以知周德之衰，而東周之不復興也。」嗚呼！其論偉矣。

此條實乃影射靖康之難，及徽、欽二帝之北狩，暗示高宗「初無憤恥之意，哀痛惻怛之語」；至宋室南渡，「當傾覆禍敗之極」，統治者猶與居「平康之世無異」，乃知「宋」德之衰，而「南宋」之不可復興也。

《解題》之評論中，亦有隱約揭露高宗與秦檜間之不尋常關係者，其「《陳博士書解》三十卷」條云：

> 禮部郎中永嘉陳鵬飛少南撰。秦檜子熺嘗從之遊。……鵬飛說書崇政殿，因論《春秋》母以子貴，言《公羊》說非是。檜怒，謫惠州以沒。今觀其書，紹興十三年所序，於〈文侯之命〉，其言驪山之禍，申侯啓之，平王感申侯之立己，而不知其德之不足以償怨；鄭桓公友死於難，而武公復娶於申。君臣如此，而望其振國恥，難矣。嗚呼！其得罪於秦檜，豈一端而已哉！

案：此條實借用陳鵬飛之言，以影射秦檜與高宗之關係。平王、武公者，暗指高宗也；申侯者，暗指檜也；鄭桓公者，暗指徽、欽二帝也。高宗市恩於秦檜，將二帝北狩之辱置諸腦後，優遊歲月，不振國恥。《解題》云：「君臣如此，而望其振國恥，難矣。」此數句雖爲鵬飛〈序〉中語，實振孫藉之以抒發一己之憤懣者。其

憂國傷時之情懷，形於楮墨矣。振孫借題發揮以言經，每於字裏行間透露其政治見解，敢於揭露統治者之弊端，憂時傷世，不忘國恥。雖文中用語隱約委婉，甚或出之以比況影射，然其忠藎之情，讀者當可體會得之。振孫以影射之法治經，此爲其《尚書》學之另一大特色歟？

振孫研治《書經》，又另有其獨特之主張。

其一爲主治《書》須詳博。《解題》云：

> 《石林書傳》十卷，尚書左丞吳郡葉夢得少蘊撰。博極群書，彊記絕人。《書》與《春秋》之學，視諸儒最爲精詳。

又云：

> 《書裨傳》十三卷，太常丞建安吳棫才老撰。……考據詳博。

又云：

> 《無垢尚書詳說》五十卷，禮部侍郎錢塘張九成子韶撰。無垢諸經解，大抵援引詳博，文義瀾翻，似乎少簡嚴，而務欲開廣後學之見聞，使不墮於淺狹，故讀之者亦往往有得焉。

上述三條，極推譽葉氏書之「精詳」、吳氏書之「考據詳博」、張氏書之「援引詳博」，此顯見振孫治《書經》，實甚重視詳博者也。

其二爲反對主觀武斷。《解題》云：

> 《禹貢論》二卷、《圖》二卷，程大昌撰。……其於江、河、淮、漢、濟、黑、弱水七大川，以爲舊傳失實，皆辨證之。……宇宙廣矣，遠矣，上下數千載，幅員數萬里，身不親歷，耳目不親聞見，而欲決於一心，定於一說，烏保其皆無牴牾？

此蓋指責大昌治〈禹貢〉，既「身不親歷，耳目不親聞見，而欲決於一心，定於一說」，則其流於主觀武斷必矣，故亦「烏保其皆無牴牾」者乎？

其三爲治《書經》不可彊通。《解題》云：

> 《晦庵書說》七卷，朱熹門人黃士毅集其師說之遺，以爲此書。晦庵於《書》一經獨無訓傳，每以爲錯簡脫文處多，不可彊通。呂伯恭《書解》不可彊通者，彊欲通之。嘗以語伯恭，而未能改也。

案：治《書》不可彊通，雖屬朱子所提倡，惟振孫於朱子此說絕無異辭，故亦應爲振孫所首肯者也。

惟振孫治《書》亦有微介之失，如撰《袁氏家塾讀書記》二十三卷之袁覺，與撰《潔齋家塾書鈔》十卷之袁燮乃同胞兄弟，均爲袁文之子。《解題》一則曰：「未詳何人。」次則曰：「當亦是潔齋之族耶？」此甚失考者也。又如《梅教授書集解》

三冊《解題》於其撰者亦謂「未詳何人」。余頗疑其人即梅杞，蓋杞於理宗淳祐元年嘗任諸王宮教授，故人稱「梅教授」。如上述之錯誤仍所在多有，均將於第五章處考證之。

三、《詩 經》

　　振孫於《詩經》，並無專著。然其研《詩》之成績，亦可藉《解題》知悉一二。

　　振孫於《詩經》學由漢至宋之發展狀況，類能知之。《解題》卷二〈詩類〉「《毛詩》二十卷、《毛詩故訓傳》二十卷」條云：

> 漢河間王博士趙人毛公撰，後漢大司農鄭康成箋。漢初，齊、魯、韓三家並行，而毛氏後出，獨河間獻王好之，未得立。其後三家皆廢，而毛獨傳，故曰《毛詩》。毛公者，有大毛公、小毛公。案《後漢‧儒林傳》稱毛萇傳《詩》，而孔氏《正義》據鄭《譜》云：「魯人大毛公爲《詁訓傳》於其家，河間獻王得而獻之，以小毛公爲博士。」……鄭氏曰「箋」者，……然漢、魏間達上之辭，皆謂之曰「牋」，則其爲敬，明矣。其間與毛異義者甚多。王肅蓋嘗述毛非鄭云。

此條述兩漢以迄魏、晉《詩經》學發展之概況，頗覺詳明。《解題》「《毛詩正義》四十卷」條云：

> 唐孔穎達與王德韶等撰。專述毛、鄭之學，且備鄭《譜》於卷首，蓋亦增損劉焯、劉炫之《疏》而爲之也。晁氏《讀書志》云：「自晉東遷，學有南北之異。南學簡約，得其英華；北學深博，窮其枝葉。至穎達《義疏》，始混南北以爲一，雖未必盡得聖人之意，而其形名度數亦已詳矣。自茲以後，郊社、宗廟、冠婚、喪祭，其儀法莫不本此。元豐以來，廢而不行，甚亡謂也。」〔註11〕

此條引晁《志》以言魏、晉迄北宋神宗間《詩》學發展之概況，甚具條理。至齊、魯、韓三家《詩》，振孫亦有說。《解題》「《韓詩外傳》十卷」條云：

> 漢常山太傅燕韓嬰撰。案〈藝文志〉有《韓故》三十六卷、《內傳》四卷、《外傳》六卷、《韓說》四十一卷，今皆亡。所存惟《外傳》，而卷多於舊，蓋多記雜說，不專解《詩》。果當時本書否也？

是振孫疑及現傳之《外傳》十卷非「當時本書」。

　　至魯、齊二家《詩》，《解題》「《廣川詩故》四十卷」條云：

〔註11〕見《解題》卷二〈詩類〉。下引之《解題》同。

董逌撰。其說兼取三家，不專毛、鄭，謂《魯詩》但見取於諸書，其言莫究《齊詩》尚存可據《韓詩》雖亡缺，猶可參攷。案逌《藏書志》有《齊詩》六卷，今《館閣》無之。逌自言：「隋、唐亦已亡久矣，不知今所傳何所從來，或疑後世依託爲之。」然則安得便以爲《齊詩》尚存也。

是振孫確知《魯詩》已亡，而又不信《齊詩》之尚存也。

振孫於宋人之治《詩經》學，最推崇者厥爲呂祖謙。祖謙撰《呂氏家塾讀詩記》三十二卷《解題》推譽之，云：

博采諸家，存其名氏，先列訓詁，後陳文義，翦裁貫穿，如出一手。己意有所發明，則別出之。《詩》學之詳正，未有逾於此書者也。

此條褒譽祖謙治《詩》之詳正。

至有關《詩經》用韻之著作，則推崇吳棫，因棫論《詩》韻，一本陸德明之說，又「援據精博，信而有證」也。《解題》「《毛詩補音》十卷」條云：

吳棫撰。其說以爲《詩》韻無不叶者，如「來」之爲「釐」，「慶」之爲「羌」，「馬」之爲「姥」之類。《詩音》舊有九家，唐陸德明始定爲《釋文》。〈燕燕〉以「南」韻「心」，沈重讀「南」，作尼心切。德明則謂古人韻緩，不煩改字。……今之所作大略倣此，其援據精博，信而有證。朱晦翁注《楚辭》亦用棫例，皆叶其韻。……要之古人韻緩之說，最爲確論，不必一一改字。

至宋人治《詩》，多不信〈詩序〉，振孫於此問題亦甚爲關注《解題》一再談論及之。《解題》云：

《詩解集傳》二十卷，門下侍郎蘇轍子由撰。於〈序〉止存其首一言，餘皆刪去。

轍於《詩序》止存其首一言，實乃宋人疑〈詩序〉之濫觴。

《解題》又云：

《詩集傳》二十卷、《詩序辨說》一卷，朱熹撰。以〈大〉、〈小序〉自爲一編，而辨其是非。

案：朱子不信〈詩序〉。孫緒曰：「朱子作《詩傳》，廣棪案：即《詩集傳》。盡去〈序〉說，惟諷誦辭氣抑揚，以求時世，今人翕然宗之。」〔註12〕是其證。故又撰《詩序辨說》一卷，合〈大〉、〈小序〉以辨其是非者也。

《解題》又云：

〔註12〕見《經義考》卷一百十九〈詩〉二十「朱子熹《詩序辨說》」條引。

《岷隱續讀詩記》三卷，戴溪撰。其書出於呂氏之後，……故以《續
記》爲名。其實自述己意，亦多不用〈小序〉。

振孫於此條刻意說明戴書不用〈小序〉，而於前此蘇、朱二氏之或刪去〈小序〉，或
評〈小序〉之非，均一無所辯，由是似可推知振孫或以戴氏之說爲然也。

雖然，惟鄭樵之削去〈小序〉，而以己意爲之序，振孫則批評其「師心自是」與
「不知而作」。《解題》云：

《夾漈詩傳》二十卷、《辨妄》六卷，鄭樵撰。……謂〈小序〉非子
夏所作，可也；盡削去之而以己意爲之序，可乎？樵之學雖自成一家，而
其師心自是，殆孔子所謂不知而作者也。

據此條所述，振孫對〈詩序〉之看法與態度，固可推知之矣。

振孫治《詩》亦有所失。如於「《毛詩》二十卷、《毛詩故訓傳》二十卷」條中
謂：「未知萇者大毛公歟？小毛公歟？」此問殆出人意外，萇爲小毛公，恒人皆知之。
又「《韓詩外傳》十卷」條中，謂：「所存惟《外傳》，而卷多於舊。」蓋振孫不知《內
傳》已在《外傳》之中《內傳》四卷，合之《外傳》六卷，正符十卷之數。最不可
解者爲「《王氏詩總聞》三卷」條《解題》謂：「不知名氏及時代。」其實此書之撰
者，亦即《解題》卷二十《詩集類》下「《雪山集》三卷」條所著錄之撰者王質《雪
山集》條並謂：「王質作《詩解》。」所言之《詩解》，即《詩總聞》也，二者同書異
名而已。《解題》中如上之錯誤，容或有之。俟於第五章處一一辨正之。

四、《三禮》

振孫之《禮》學，亦僅可於《解題》中考其端倪。《儀禮》，《解題》稱之爲《古
禮》，振孫疑今之《儀禮》似非高堂生所傳者。《解題》卷二〈禮類〉云：

《古禮經》十七卷、《古禮注》十七卷，漢大司農北海鄭康成撰。相
傳以爲高堂生所傳者也。

又云：

《古禮》十七卷、《釋文》一卷、《識誤》三卷，永嘉張淳忠甫所校，
乾道中，太守章貢曾逮仲躬刻之。首有《目錄》一卷，載大、小戴、劉向
篇第異同，以古監本、巾箱本、杭細本、嚴本校定，識其誤而爲之〈序〉，
謂高堂生所傳《士禮》爾，今此書兼有天子、諸侯、卿、大夫禮，決非高
堂所傳，其篇數偶同，自陸德明、賈公彥皆云然，不知何所據也。

案：張淳認爲今之《儀禮》「絕非高堂所傳」，蓋以《儀禮》「所傳《士禮》爾，

今此書兼有天子、諸侯、卿、大夫禮」。淳之此說，朱子大不以爲然，曰：「張忠甫疑今《儀禮》非高堂生之書，但篇數偶同爾，此則不深考於劉歆說所訂之誤，又不察其所謂《士禮》者，特略舉首篇以明之。其曰推而致於天子者，蓋專指冠、昏、喪、祭而言，若燕、射、朝、聘，則士豈有是禮而可推耶？」〔註13〕然振孫於淳之說，則絲毫無反對之意，再參證前條之「相傳以爲高堂生所傳者也」云云，則振孫固甚疑今之《儀禮》實非高堂生所傳，所以有高堂生所傳之說者，不過「相傳」如是而已。

振孫治《周禮》，亦自有說。《解題》卷二〈禮類〉「《周禮》十二卷、《周禮注》十二卷」條云：

> 漢鄭康成撰。……愚嘗疑《周禮》六典與《書·周官》不同。司徒掌邦教，敷五典，擾兆民；司空掌邦土，居四民，時地利，二官各有攸司。蓋自唐、虞九官，禹、契所職，則已然矣。今〈地官〉於教事殊略，而田野、井牧、鄉遂、稼穡之事，殆皆司空職耳。

案：振孫疑《周禮》六典，與《書·周官》不同。「司徒掌邦教，敷五典，擾兆民；司空掌邦土，居四民，時地利」云云，見今《尚書·周官》篇。司徒即地官，司空即冬官。地官本掌邦教，然今《周禮》所載地官司徒所掌教事殊略，反致詳於四野、井牧、鄉遂、稼穡之事，此本皆屬司空冬官之職也。故振孫疑《周禮》六典，與《尚書·周官》不同，斯其一也。

《解題》同條又云：

> 《周官》初無邦事之名，今所謂事典者，未知定爲何事？《書》缺亡而以〈考工記〉足之，天下之事，止於百工而已耶？……愚所疑者，邦土、邦事灼然不同，其他繁碎駁雜，與夫劉歆、王安石一再用之而亂天下，猶未論也。

案：如上所引《尚書·周官》僅謂：「司空掌邦土。」故《解題》云：「〈周官〉初無邦事之名。」然《周禮·大宰》曰：「大宰之職，掌建邦之六典，以佐王治邦國。……六曰事典，以富邦國，以任百官，以生萬民。」則《周禮》實有所謂「事典」。惟〈冬官〉既缺亡，而以〈考工記〉補之，則〈冬官〉與「事典」之情況均無可考。故《解題》曰：「今所謂事典者，未知定爲何事？」是振孫疑《周禮》六典與《尚書·周官》不同，斯其二也。蓋〈周官〉言邦土《周禮》言邦事，二者灼然不同故也。

雖然，振孫仍肯定《周禮》爲先秦古書。《解題》同條云：

〔註13〕見《經義考》卷一百三十二〈儀禮〉三「《識誤》」條引。

先儒固有疑於是書者，若林存孝廣棪案：盧校本作「林孝存。」以爲武
帝知《周官》末世瀆亂不經之書，作十論七難以排棄之。何休亦以爲六國
陰謀之書，甚者或謂劉歆附益以佐王莽者也。惟鄭康成博覽，以爲周公致
太平之迹，故其學遂行於世。愚案此書多古文奇字，名物度數，可攷不誣。
其爲先秦古書似無可疑。

蓋《周禮》書中多古文奇字，而其所言名物度數，皆可攷證而知其不誣，故振孫認
爲《周禮》乃先秦古書，固無可疑者。

至王安石之《周禮新義》，振孫則以爲熙寧變法之誤國，可推原於此。《解題》
「《周禮新義》二十二卷」條云：

王安石撰。其〈序〉言：「自周衰至今，歷載千數，而太平之遺迹，
掃蕩殆盡，學者所見，無復全經。於是時乃欲訓而發之，臣誠不自揆，知
其難也。以訓而發之之爲難，又知夫立政造事，追而復之之爲尤難也。」
新法誤國，於此可推其原矣〔註14〕。

安石欲以《周禮》治天下，意存復古，此其〈序〉所謂「又知夫立政造事，追而復
之之爲尤難也」。然安石終以《周禮》變法，其結果，「用之而亂天下」。是以《解題》
云：「新法誤國，於此可推其原矣。」

振孫於《禮記》之學，亦頗深究，其於宋時所傳之《大戴禮記》，則嫌其駁雜不
經，認爲非戴德本書。《解題》「《大戴禮》十三卷」條云：

漢初以來，迄於劉向校定中書，諸家所記，殆數百篇。戴德刪其煩重，
爲八十五篇。……而大戴之書所存止此。自〈隋〉、〈唐志〉所載卷數，皆
與今同。而篇第乃自三十九而下，止於八十一，其前缺三十八篇，末缺四
篇，所存當四十三，而於中又缺四篇，第七十二復出一篇，實存四十篇。……
然〈哀公問〉、〈投壺〉二篇，與今《禮記》文不異，他亦間有同者。〈保
傅傳〉，世言《賈誼書》所從出也。今考〈禮察篇〉湯武、秦定取舍一則，
盡出誼《疏》中，反若取誼語勦入其中者。〈公符篇〉全錄漢昭帝冠辭。
則此書殆後人好事者采獲諸書爲之，故駁雜不經，決非戴德本書也。

而《小戴禮記》，振孫亦評爲「駁而不純」，「綜彙不倫」。《解題》「《禮記》二十
卷」條云：

即所謂《小戴禮》也。凡四十九篇。漢儒輯錄前記，固非一家之言，
大抵駁而不純。……唐魏徵嘗以《小戴禮》綜彙不倫，更作《類禮》二十

〔註14〕見《解題》卷二〈禮類〉。下引之《解題》同。

篇，蓋有以也。

　　至宋人治《禮》之專著，振孫所推許者，有方愨、朱熹、陳祥道三人所撰之書。《解題》「《禮記解》二十卷」條云：

　　　　新安方愨性夫撰。……其所解文義亦明白。

　　又《解題》「《大學章句》一卷、《或問》二卷、《中庸章句》一卷、《或問》二卷」條云：

　　　　朱熹撰。其說大略宗程氏，會眾說而折其中。又記所辨論取捨之意，
　　　　別爲《或問》以附其後，皆自爲之〈序〉。至〈大學〉則頗補正其脫簡闕文。

　　又《解題》「《禮書》一百五十卷」條云：

　　　　太常博士長樂陳祥道用之撰。論辯詳博，間以繪畫。於唐代諸儒之論，
　　　　近世聶崇義之《圖》，或正其失，或補其闕。

是振孫於方、朱、陳三氏之書均有所讚揚也。

　　振孫治《禮》之成績有如上述。至其間亦多微愆末謬，俟於第五章處辨證之。

五、《春　秋》

　　振孫於《春秋》之學，研治亦深。《解題》一書，於《三傳》之授受源流，及唐以前各家注解《三傳》之優劣利病，闡述至當，有所褒貶，亦深入肯綮。《解題》卷三〈春秋類〉「《春秋左氏傳》三十卷」條云：

　　　　自昔相傳以爲左丘明撰，其好惡與聖人同者也。而其末記晉知伯反喪
　　　　於韓、魏，在獲麟後二十八年，去孔子沒亦二十六年，不應年少後亡如此。
　　　　又其書稱「虞不臘矣」、「見於嘗酎」及「秦庶長」，皆戰國後制，故疑非
　　　　孔子所稱左丘明，別是一人爲史官者。其釋《經》義例，雖未盡當理，而
　　　　具得當時事實，則非二《傳》之比也。

　　案：此條不惟推譽《左傳》高於《公》、《穀》，又疑及《左傳》非孔子所稱之左丘明撰，乃「別是一人爲史官者」所撰。此乃振孫治《左傳》，而考及其撰著人者也。

　　《解題》「《春秋公羊傳》十二卷」條云：

　　　　齊人公羊高，稱受《經》於子夏，傳子至玄孫壽。當漢景帝時，壽乃
　　　　與弟子齊胡母廣校案：盧校本作「毋」。子都著於竹帛，及董仲舒亦傳之。〈說
　　　　題辭〉云：「傳我書者，公羊高也。」此亦傅會之言，蓋鄭康成亦有《公
　　　　羊》善讖之說，往往言讖文者多宗之〔註15〕。

──────────

〔註15〕見《解題》卷三〈春秋類〉。下引之《解題》同。

案：此條既考《公羊傳》之授受源流，又考及《公羊》之善讖。

《解題》「《春秋穀梁傳》十二卷」條云：

> 魯人穀梁赤，一名俶，字元始，亦稱子夏弟子。自荀卿、申公至蔡千秋、江翁，凡五傳。宣帝好之，遂盛行於世。

案：此條言及《穀梁傳》之授受源流，又順及帝王好尚對學術之影響。

《解題》「《春秋左氏經傳集解》三十卷」條云：

> 晉鎮南大將軍京兆杜預撰。……專修丘明之《傳》以釋《經》。後世以爲左氏忠臣者也。其弊或棄《經》而信《傳》，於《傳》則忠矣，如《經》何？

案：此條批評杜預「棄《經》而信《傳》」，忠於《傳》，而不忠於《經》。

《解題》「《春秋公羊傳解詁》十二卷」條云：

> 漢司空掾任城何休邵公撰。……又作《公羊墨守》、《左氏膏肓》、《穀梁廢疾》。……其書多引讖緯，其所謂「黜周王魯」、「變周文從殷質」之類《公羊》皆無明文。蓋爲其學者相承有此說也。

案：此條言何休《公羊》學派多引讖緯以說《經》。

《解題》「《春秋穀梁傳集解》十二卷」條云：

> 晉豫章太守順陽范甯武子撰。……甯以爲《春秋》惟《穀梁氏》無善釋，故爲之注解。其〈序〉云：「升平之末，先君稅駕於吳，帥門生故吏、兄弟、子姪研講《六籍》、《三傳》。」蓋甯父汪爲徐、兗二州，北伐失利，屏居吳郡時也。汪沒之後，始成此書。所集諸家之說，皆記姓名。……稱邵曰者，甯從弟也；稱泰曰、雍曰、凱曰者，其諸子也。……甯父子、祖孫同訓釋《經》、《傳》，行於後世，可謂盛矣。

案：此條言《春秋穀梁傳集解》者，乃順陽范氏數世之家學也。

至唐代治《三傳》，爲《正義》、《注疏》者，則有孔穎達、徐彥、楊士勛。振孫亦自有說。《解題》云：

> 《春秋左氏傳正義》三十六卷，唐孔穎達等撰。自晉、宋傳杜學爲義學者，有沈文阿、蘇寬、劉炫。沈氏義例麤可，經傳極疏；蘇氏不體本文，惟攻賈、服；劉炫好規杜失，比諸義疏猶有可觀。今據以爲本，其有疏漏，以沈氏補焉。

《解題》又云：

> 《春秋公羊傳疏》三十卷，不著撰者名氏。〈唐志〉亦不載。《廣川藏書志》云：「世傳徐彥撰，不知何據？然亦不能知其定出何代，意在貞元、

長慶後也。」

《解題》又云：

> 《春秋穀梁傳疏》十二卷，唐國子四門助教楊士勛撰。

案：讀上所引三條，則於唐人研治《三傳》，為《正義》及《注疏》者，可知其梗概矣。

啖助、趙匡、陸淳之研治《春秋》情況，振孫亦考核至詳，且有所論列。《解題》云：

> 《春秋集傳纂例》十卷、《辨疑》七卷，唐給事中吳郡陸質伯淳廣棪案：盧校本作「伯沖」。撰。初，潤州丹陽主簿趙郡啖助叔佐明《春秋》，傳洋州刺史河東趙匡伯循。質從助及伯循傳其學。助攷《三傳》，舍短取長，又集前賢注釋，補以己意，為《集傳》、《集注》。又撮其綱目，為《統例》。助卒，質與其子異繕錄，以詣伯循，請損益焉。質隨而纂會之，大曆乙卯歲書成。質本名淳，避憲宗諱改焉。……助之學，以為左氏敍事雖多，解意殊少。公、穀傳《經》，密於左氏。至趙、陸則直謂左氏淺於公、穀，誣謬實繁，皆孔門後之門人。但公、穀守《經》，左氏通史，其體異爾。丘明，夫子以前賢人，如史佚、遲任之流，焚書之後，學者見《傳》及《國語》俱題左氏，遂引以為丘明。且《左傳》、《國語》，文體不倫，敍事多乖，定非一人所為也。蓋左氏廣集諸國之史以解《春秋》，子弟門人見事迹多不入《傳》，或復不同，故各隨國編之，以廣異聞。自古豈止一丘明姓左乎？案漢儒以來，言《春秋》者，惟宗《三傳》，《三傳》之外，能卓然有見於千載之後者，自啖氏始，不可沒也。……質，梁陸澄七世孫，仕通顯，黨王叔文，侍憲宗廣棪案：盧校注：「憲宗」為「順宗」。東宮，會卒，不及貶。然則其與不通《春秋》之義者，相去無幾耳。

案：此條有褒有貶，評論恰當。且於啖、趙、陸三家之研治《春秋》，其淵源與承傳關係，闡釋至為明白。倘振孫不深諳於《春秋》學，焉克臻此。

宋人治《春秋》而有著述者頗多，振孫最推崇者厥為孫復、王當、葉夢得、洪興祖四家。《解題》云：

> 《春秋尊王發微》十五卷·國子監直講平陽孫明復撰。明復廣棪案：盧校本作「孫復明復撰，復」。居泰山之陽，以《春秋》教授，不惑傳注，不為曲說，真切廣棪案：盧校注：「真切」為「其言」。簡易，明於諸侯、大夫功罪，以攷時之盛衰，而推見王道之治亂，得於《經》為多。石介而下皆師事之。

又云：

> 《春秋列國諸臣傳》五十一卷，賢良眉山王當子思撰。……所傳諸臣
> 皆本《左氏》，有見於他書者則附其末，繫之以〈贊〉。諸〈贊〉論議純正，
> 文辭簡古，於《經》、《傳》亦多所發明。

又云：

> 《春秋傳》十二卷、《攷》三十卷、《讞》三十卷，葉夢得撰。各有
> 〈序〉。……夢得自號石林居士，明敏絕人，藏書至多，博覽彊記，故其
> 為書，辨訂攷究，無不精詳。

又云：

> 《春秋本旨》二十卷，知饒州丹陽洪興祖慶善撰。其〈序〉言：「三
> 代各立一王之法，其末皆有弊。《春秋》經世之大法，通萬世而亡弊。」
> 又言：「《春秋》本無例，學者因行事之迹以為例；猶天本無度，曆者即周
> 天之數以為度。」又言：「屬辭比事《春秋》教也。學者獨求于義，則其
> 失迂而鑿；獨求于例，則其失拘而淺。」若此類多先儒所未發，其解《經》
> 義，精而通矣。

振孫於孫、王、葉、洪四家之著作，評價至高。他如劉絢撰《春秋傳》十二卷，「所
解明正簡切」；張根撰《春秋指南》二卷，「略舉要義，多所發明」；程公說撰《春秋
分記》九十卷，「時有所論發明，成一家之學」；振孫於《解題》中亦一一予以推譽
之。

惟宋人著述中若有所闕失，振孫則每加質正。《解題》云：

> 《春秋經解》十六卷、《本例例要》一卷，涪陵崔子方彥直撰。……
> 其學辨《三傳》之是非，而專以日月為例，則正蹈其失而不悟也。

又云：

> 《春秋集解》十二卷，呂祖謙撰。……大略如杜諤《會義》，而所擇
> 頗精，卻無自己議論。

又云：

> 《左傳約說》一卷、《百論》一卷，奉議郎新昌石朝英撰。……其為
> 說平平，無甚高論。

崔氏蹈失而不悟，呂氏無自己議論，石氏則為說平平，振孫皆予以質正。如上之質
正文字《解題》尚有若干條，不備錄。

《春秋類》書籍亦有偽書《解題》雖加著錄，然必作詳細辨證。余於第二章中
已述及振孫辨董仲舒《春秋繁露》十七卷非當時本書。《解題》中尚辨及《國語》、《汲

冢師春》及《春秋比事》三書《解題》云：

> 《國語》二十一卷，自班固志〈藝文〉有《國語》二十一篇，左丘明
> 所著，至今與《春秋傳》並行，號爲《外傳》。今考二書，雖相出入，而
> 事辭或多異同，文體亦不類，意必非出一人之手也。

此疑《國語》與《左傳》「必非出一人之手也」。

《解題》又云：

> 《汲冢師春》一卷，晉汲郡魏安釐王冢所得古簡。杜預得其《記年》，
> 知爲魏國史記，以攷證《春秋》。別有一卷，純集疏《左氏傳》卜筮事，
> 上下次第及其文義皆與《左傳》同，名曰「師春」，似是鈔集者人名也。
> 今此書首敍周及諸國世系，又論分野、律呂爲圖，又雜錄謚法、卦變，與
> 杜預所言純集卜筮者不同，似非當時本書也。

此辨宋時所見之《汲冢師春》一卷，與杜預所言純集卜筮者不同，「似非當時本書也」。

《解題》又云：

> 《春秋比事》二十卷，沈棐文伯撰。陳亮同父爲〈序〉曰：「文伯名
> 棐，湖州人，嘗爲婺之校官，以文辭稱，而不聞其以《經》稱也。」按湖
> 有沈文伯名長卿，號審齋居士，爲常州倅，忤秦檜，貶化州，不名棐也。
> 不知同父何以云然，豈別有名棐而字文伯者乎？然則非湖人也。

此則疑沈文伯不名棐，而名長卿；倘別有名棐而字文伯者，則其人殊非湖州人。惟
振孫〈春秋類〉之考辨文字，亦絕非一無舛訛者，此容於第五章處申論之。

六、《孝　經》

振孫亦明於《孝經》學。《孝經》之分今、古文，今文十八章，古文二十二章《解
題》言之甚明晰。其書卷三〈孝經類〉「《孝經注》一卷」條云：

> 世傳秦火之後，河間人顏芝得《孝經》藏之，以獻河間王，今十八章
> 是也。

案：此條蓋述《今文孝經》十八章獻自顏芝也。

其「《古文孝經》一卷」條則云：

> 凡二十二章，比《今文》多〈閨門〉一章，餘三章分出。本亦出孔壁
> 中［註16］。

此條述《古文孝經》亦出孔壁中。所謂「餘三章分出」者，顏師古注〈漢志〉引劉

［註16］見《解題》卷三〈孝經類〉。下引之《解題》同。

向云：「〈庶人章〉分爲二章〈曾子敢問章〉爲三。」故多出三章。又另有〈閨門〉一章，則《古文孝經》實較《今文孝經》多四章矣。

自漢以降，傳《孝經》今文學者爲鄭玄，傳《孝經》古文學者爲孔安國，然鄭、孔二氏之書因經歷代存亡絕續，故眞贋雜糅，下迄有宋，猶聚訟誼誼，振孫亦自有說。《解題》云：

> 《孝經注》一卷，漢鄭康成撰。……相承云康成作《注》，而《鄭志》目錄不載，故先儒並疑之。《古文》有孔安國《傳》，不行於世。劉炫爲作《稽疑》一篇，〈序〉所謂劉炫明安國之本，陸澄譏康成之《注》者也。及唐開元中，詔議孔、鄭二家，劉知幾以爲宜行孔廢鄭，諸儒非之，卒行鄭學。按《三朝志》，五代以來，孔、鄭注皆亡。周顯德中，新羅獻《別序孝經》即鄭《注》者，而《崇文總目》以爲咸平中日本國僧奝然所獻，未詳孰是。世少有其本。乾道中，熊克子復從袁樞機仲得之，刻于京口學宮，而孔《傳》不可復見。

上述所引，可知振孫於《孝經》古、今文學數百年以還之源流演變皆甚清晰，故說來原原本本，如數家珍。惟《孝經》孔《傳》，宋時已不可見《孝經》鄭《注》，熊克雖嘗刻於京口學宮，今亦不全，僅可見者乃清人多家輯佚之本矣。

唐人治《孝經》，主要有唐玄宗《御注孝經》，振孫知之甚審，且家中珍藏其拓本。《解題》云：

> 《御注孝經》一卷，唐孝明皇帝撰并序。今世所行本也。始刻石太學，御八分書，末有祭酒李齊古所上表及答詔，且具宰相等名銜，實天寶四載，號爲《石臺孝經》。……家有此刻，爲四大軸，以爲書閣之鎭。

而宋人治《孝經》，振孫最推崇者則爲朱子。《解題》云：

> 《孝經刊誤》一卷，朱熹撰。抱遺《經》于千載之後，而能卓然悟疑辨惑，非豪傑特起獨立之士，何以及此？後學所不敢傚傚，而亦不敢擬議也。

朱子取《古文孝經》分爲《經》一章、《傳》十四章，又刪舊文凡二百二十三字，而爲《刊誤》。朱彝尊《經義考》曾曰：「自漢以來，注疏家莫能刪削經文隻字者，刪之自朱子《孝經刊誤》始。」〔註17〕彝尊所見與振孫相同。振孫盛稱《刊誤》「能卓然悟疑辨惑」，又褒譽朱子爲「豪傑特起獨立之士」，眞不愧爲朱子之後世知己。

〔註17〕見《經義考》卷二百二十六〈孝經〉五「朱子熹《孝經刊誤》」條。

七、《語》、《孟》

　　《論語》、《孟子》合稱「語孟」，於目錄書籍中獨闢一類，始自振孫《解題》一書。《解題》卷三有〈語孟類〉，其〈小序〉曰：

> 前〈志〉，《孟子》本列於儒家，然趙岐固嘗以爲則象《論語》矣。自韓文公稱孔子傳之孟軻，軻死，不得其傳。天下學者咸曰孔、孟。孟子之書，固非荀、揚以降所可同日語也。今國家設科取士《語》、《孟》並列爲經，而程氏諸儒訓解二書，常相表裏，故今合爲一類。

〈小序〉首言《孟子》能則象《論語》，其書固非荀、揚可同日以語，故天下學者咸曰孔、孟。是《孟子》一書，實足與《論語》並稱。且南宋自孝宗以來，設科取士《語》、《孟》並列爲經，而諸儒訓解二書，亦常相表裏。振孫因時制宜，乃將《語》、《孟》合爲一類。此點實乃振孫於目錄分類學上一大發明與貢獻。研治振孫《語》、《孟》學之學者，確應注意及之。

　　至於《語》、《孟》學之源流及此二書自漢迄宋之重要注疏，振孫知之亦審。《解題》云：

> 《論語》十卷，漢有齊、魯及古文三家，今行於世者《魯論語》也。

傳授本末，何晏〈序〉文備矣〔註18〕。

又云：

> 《論語集解》十卷，魏尚書駙馬都尉南陽何晏平叔撰。

又云：

> 《論語注疏解經》十卷，邢昺撰。唐人止爲《五經》疏，而不及《孝經》、《論語》，至昺始奉詔爲之。

上述三條，乃振孫述《論語》學之源流及自漢迄宋之重要注疏者。

《解題》又云：

> 《孟子章句》十四卷，後漢太僕京兆趙岐邠卿撰。本名嘉，字臺卿，避難改名。

又云：

> 《孟子音義》二卷，龍圖閣學士侍講博平孫奭宗右撰。舊有張鎰、丁公著爲之《音》，俱未精當。奭方奉詔校定，撰集《正義》，遂討論音釋，疏其疑滯，廣棪案：「疑」字原缺，據盧校本補入。備其闕遺，既成上之。

又云：

〔註18〕見《解題》卷三〈語孟類〉。下引之《解題》同。

　　　　《孟子正義》十四卷，孫奭撰。廣棪案：盧校注：邵武士人所為。〈序〉
　　言為之《注》者，有趙岐、陸善經，其所訓說，廣棪案：孫奭〈孟子正義序〉
　　原文此句上有「自陸善經已降」一句。雖小有異同，而共宗趙氏，今惟據趙
　　《注》為本。

上述三條，乃述《孟子》一書漢、宋二代之重要注疏。

至宋人治《語》、《孟》之專著，振孫頗推崇吳棫之詳洽。《解題》云：

　　　　《論語續解》十卷、《攷異》、《說例》各一卷，吳棫撰。其所援引百
　　家諸史傳，出入詳洽。所稱樂肇駁王、鄭之說，間取一二。肇，晉人。〈隋〉、
　　〈唐志〉載《論語釋》二卷《駁》二卷。按董逌《藏書志》，《釋》已亡《駁》
　　幸存。而《崇文總目》及諸藏書皆無有，棫蓋嘗見其書也。《館閣書目》
　　亦不載。

至朱子之書，振孫尤加褒譽。《解題》云：

　　　　《論語集註》十卷、《孟子集註》十四卷，朱熹撰。大略本程氏學，
　　通取注疏、古今諸儒之說，間復斷以己見。晦翁生平講解，此為第一，所
　　謂毫髮無遺憾者。

振孫因褒譽《集註》之故，亦推及朱子所撰之《或問》。《解題》云：

　　　　《論語或問》十卷、《孟子或問》十四卷，朱熹撰。《集註》既成，復
　　論次其取舍之所以然，別為一書，而篇首述二書綱領，與讀書者之要法。
　　　　其與《集註》實相表裏，學者所當並觀也。

其實《集註》之與《或問》，固非「實相表裏」者，振孫此說有誤，余將於第五
章處辨證之。

至戴溪之書，因朱子稱其近道《解題》亦從而讚揚。《解題》云：

　　　　《石鼓論語答問》三卷、《孟子答問》三卷，戴溪撰。岷隱初仕衡嶽
　　祠官，領石鼓書院山長，所與諸生講說者也。其說切近明白，故朱晦翁亦
　　稱其近道。

黃榦之書，則因能發明朱子未盡之意《解題》亦加以揭示。《解題》云：

　　　　《論語通釋》十卷，黃榦撰。其書兼載《或問》，發明晦翁未盡之意。

綜上所論，振孫於《語》、《孟》二書，既洞曉其源流蘊奧，又能辨析歷代注家
之優劣利病，固知其於《語》、《孟》亦頗精研。至於振孫對朱子推崇備至，此亦其
治此學之一大特色。惟因褒譽過隆，至振孫誤說《或問》與《集註》能「實相表裏」，
此則不容不辨。然大瑜小瑕，賢者著書固未克盡免者也。

八、讖　緯

振孫之讖緯學，考之《解題》，亦知梗概。

讖緯之書，多屬後世依託，振孫知之甚審，且曾有所考論。《解題》云：

> 《易緯》七卷，漢鄭康成注。其名曰〈稽覽圖〉、〈辨終備〉、〈是類謀〉、〈乾元序制記〉、〈坤靈圖〉。其間推陰陽卦，直至唐元和中，蓋後世術士所附益也〔註19〕。

又云：

> 《乾坤鑿度》二卷，一作《巛鑿度》，題包羲氏先文，軒轅氏演籀，蒼頡脩。晁氏《讀書志》云：「《崇文總目》無之，至元祐《田氏書目》始載，當是國朝人依託為之。」

是則振孫固認為《易緯》之書，乃後世術士所附益；而《乾坤鑿度》一書，則宋人依託為之也。

有關宋世仍存之讖緯類書籍，振孫知之亦詳。《解題》「《乾坤鑿度》二卷」條中云：

> 所謂《河洛七緯》者，《易緯》：〈稽覽圖〉、〈乾鑿度〉、〈坤靈圖〉、〈通卦驗〉、〈是類謀〉、〈辨終備〉也。《書緯》：〈璇璣鈐〉、〈攷靈曜〉、〈帝命驗〉、〈運期授〉也。《詩緯》：〈推度災〉、〈氾歷樞〉、〈含神霧〉也。《禮緯》：〈含文嘉〉、〈稽命徵〉、〈斗威儀〉也。《樂緯》：〈動聲儀〉、〈稽曜嘉〉、〈叶圖徵〉也。《孝經緯》：〈援神契〉、〈鉤命決〉也。《春秋緯》：〈演孔圖〉、〈元命包〉、〈文耀鉤〉、〈運斗樞〉、〈感精符〉、〈合誠圖〉、〈攷異郵〉、〈保乾圖〉、〈漢含孳〉、〈佐助期〉、〈握誠圖〉、〈潛潭巴〉、〈說題辭〉也。……〈唐志〉數內有《論語緯》十卷，《七緯》無之。《太平御覽》有《論語》：〈摘輔像〉、〈撰攷讖〉者，意其是也。《御覽》又有《書》：〈帝驗期〉，《禮》：〈稽命曜〉，《春秋》：〈命歷序〉，《孝經》：〈左右契〉、〈威嬉拒〉等，皆《七緯》所無，要皆不足深攷。

是振孫固深曉《河洛七緯》諸書，且能考及〈唐志〉與《太平御覽》二書，以補《七緯》之所無。

有關讖緯之起源、發展及其浸微之經過，振孫於《解題》中亦加闡述。「《乾坤鑿度》二卷」條曰：

〔註19〕見《解題》卷三〈讖緯類〉。下引之《解題》同。

讖緯之說，起於哀、平、王莽之際，以此濟其篡逆〔註20〕，公孫述效
之，而光武紹復舊物，乃亦以〈赤伏符〉自累，篤好而推崇之，甘與莽、
述同志。於是佞臣、陋士從風而靡，賈逵以此論《左氏》學，曹褒以此定
漢禮，作〈大予樂〉。大儒如鄭康成，專以讖言《經》，何休又不足言矣。
二百年間惟桓譚、張衡力非之，而不能回也。魏、晉以革命受終，莫不傅
會符命，其源實出於此。隋、唐以來，其學寖微矣。

此言讖緯之學，自漢迄唐，由起源而經發展直至浸微之經過甚詳悉。至讖緯書籍之
價值，振孫亦嘗評論之。「《乾坤鑿度》二卷」條曰：

故〈唐志〉猶存九部八十四卷，今其書皆亡。惟《易緯》僅存如此。
及孔氏《正義》或時援引，先儒蓋嘗欲刪去之，以絕偽妄矣。使所謂《七
緯》者皆存，猶學者所不道，況其殘缺不完，於偽之中又有偽者乎！姑存
之以備凡目云爾。

是振孫固視讖緯之書爲「偽妄」，此與桓譚、張衡之「力非之」，庶幾相同。而《解
題》所以猶加以著錄者，乃「姑存之以備凡目云爾」。

九、經　解

振孫治經，亦遍研經解類書籍。《解題》中特立〈經解類〉以著錄相關之書。惟
〈經解類〉書籍，往往與〈小學類〉相混，振孫均加以辨析。《解題》云：

《經典釋文》三十卷，唐陸德明撰。自《五經》、《三傳》、《古禮》之
外，及《孝經》、《論語》、《爾雅》、《莊》、《老》，兼解文義，廣采諸家，
不但音切也。或言陸，吳人，多吳音，綜其實未必然。案前世〈藝文志〉
列於〈經解類〉。《中興書目》始入之〈小學〉，非也〔註21〕。

案：《舊唐書・經籍志》、《新唐書・藝文志》均收《經典釋文》入〈經解類〉。
而「《中興書目》始入之〈小學〉」，惟《經典釋文》殊非小學書也。

《解題》又云：

《群經音辨》七卷，丞相眞定賈昌朝子明撰。康定中，侍講天章閣所
上，凡五門。題曰「群經」，亦不當在〈小學類〉。

案：此書《中興館閣書目》、趙士煒輯考本。《宋國史藝文志》、趙士煒輯本。《郡
齋讀書志》均收入〈小學類〉，振孫殆不以爲然。蓋此書乃屬群經音辨之著作，故應

〔註20〕此數句應爲「讖緯之說，起於哀、平之際，王莽以此濟其篡逆」。
〔註21〕見《解題》卷三《經解類》。下引之《解題》同。

入〈經解類〉。

　　然亦有本屬〈小學類〉書籍，而改之入〈經解類〉者，此乃振孫之卓識殊見。《解題》云：

　　　　《五經文字》三卷，唐國子司業張參撰。大曆中刻石長安太學。

　　又云：

　　　　　《九經字樣》一卷，唐沔王友翰林待詔唐玄度撰。補張參之所不載，
　　　　開成中上之。二書卻當在〈小學類〉，以其專為《經》設，故亦附見於此。

　　案：參與玄度之書《新唐書·藝文志》、《崇文總目》、《秘書省續編到四庫闕書目》、葉德輝考證本。《中興館閣書目》趙士煒輯考本。均收入〈小學類〉。此二書「當在〈小學類〉」，惟振孫以為書既「專為《經》設」，乃改之入〈經解類〉。

　　至《解題》著錄〈經解類〉書籍，凡二十一部、二百五十一卷，振孫多有所評論，且深中肯綮。前引「《經典釋文》三十卷」一書，振孫即評其書「兼解文義，廣采諸家，不但音切也」，乃是一例。又其評《七經小傳》、《六經正誤》、《西山讀書記》諸書，亦多議論精該，慧眼獨到。《解題》云：

　　　　《七經小傳》三卷，劉敞撰。前世經學大抵祖述注疏，其以己意言
　　　　《經》，著書行世，自敞倡之。

　　又云：

　　　　《六經正誤》六卷，柯山毛居正誼甫校監本經籍之誤所欲刊正者，……
　　　　大抵多偏傍之疑似者也。

　　又云：

　　　　《西山讀書記》三十九卷，真德秀景元撰。其書有甲、乙、丙、丁。
　　　　甲言性理，中述治道，末言出處。大抵本經史格言而述以己意。

　　此數條謂劉敞「以己意言《經》」，毛氏所刊正「多偏傍之疑似者」，而真德秀書「大抵本經史格言而述以己意」，所說甚有見地，皆常人不能道者。

　　《解題》之〈經解類〉中亦收謚法之書，惟振孫頗不以謚法書入《經解》為然。其「《嘉祐謚》三卷」條曰：

　　　　謚法與解經無預，而前〈志〉皆入此類，今姑從之，其實合在〈禮注〉。

　　案：謚法之書《隋書·經籍志》入〈論語類〉，《舊唐書·經籍志》、《新唐書·藝文志》入〈經解類〉，惟《郡齋讀書志》入〈禮類〉。振孫意遵晁氏。而今《解題》仍收此等書入〈經解類〉者，乃姑從兩〈唐志〉耳。謚法之書《解題》著錄又有周沆等編《六家謚法》二十卷、蔡攸等修《政和修定謚法》六卷、鄭樵撰《鄭氏謚法》三卷等三種，振孫均予以介紹，足證其對謚法之書亦有所研究也。

十、小　學

振孫研經，亦兼治小學。《解題》中有關此方面議論之精湛，度越恆流。〈小學類〉類首有〈小序〉一篇曰：

> 自劉歆以小學入〈六藝略〉，後世因之，以爲文字訓詁有關於經藝故也。至〈唐志〉所載《書品》、《書斷》之類，亦廁其中，則龐矣。蓋其所論書法之工拙，正與射御同科，今並削之，而列於〈雜藝類〉，不入〈經錄〉。

案：小學者，本爲經藝方面文字、音韻、訓詁之學問，劉歆《七略》以之入〈六藝略〉，爲經學之附庸，本甚妥當。惟庾肩吾《書品》，張懷瓘《書斷》等書，皆屬評騭書法工拙之作，與經學無涉，振孫認爲此類書籍宜列於〈雜藝類〉，故「並削之」，「不入〈經錄〉」。能作如是處理，實高出〈唐志〉遠甚，乃歐、宋諸公所不能及也。

振孫於音韻之學，亦頗究心。其論古今、南北語音之變，見於《解題》「《韻補》五卷」條。振孫曰：

> 以愚攷之，古今世殊，南北俗異，語言音聲，誠有不得盡合者。古之爲《詩》學者，多以諷誦，不專在竹帛，竹帛所傳不過文字，而聲音不可得而傳也。又漢以前未有反切之學，許氏《說文》、鄭氏《箋》、《注》，但言「讀若某」而已，其于後世四聲七音，又豈能盡合哉？反切之學，自西域入主中國，至齊、梁間盛行，然後聲病之說詳焉。韻書肇于陸法言，于是有音同韻異，若東、冬、鍾、魚、虞、模、庚、耕、清、青、登、蒸之類，斷斷乎不可以相雜，若此者豈惟古書未之有，漢、魏以前亦未之有也。陸德明于〈燕燕〉詩，以「南」韻「心」，有讀「南」作尼心切者，陸以爲古人韻緩，不煩改字。此誠名言。今之讀古書古韻者，但當隨其聲之叶而讀之。若「來」之爲「釐」，「慶」之爲「羌」，「馬」之爲「姥」，聲韻全別，不容不改。其聲韻苟相近，可以叶讀，則何必改字？如「燔」字必欲作汾沿反，「官」字必欲作俱員反，「天」字必欲作鐵因反之類，則贅矣〔註22〕。

案：反切之學未入中國，漢世音韻之學未甚縝密。故許氏《說文》，鄭君箋注群經，僅能以「讀若某」之法以標其音。如此所標之音，「其于後世四聲七音，又豈能盡合」。惟自反切之學於齊、梁間盛行，中國音韻之學始日見細密，而「聲病之說詳焉」。由此時開始，舉凡「音同韻異」之字，「斷斷乎不可以相雜」。於此條中，振孫

〔註22〕見《解題》卷三〈小學類〉。下引之《解題》同。

述中國音韻學之發展與變遷，確甚詳悉。然古代韻寬，後世韻狹，陸德明治古書乃有「古人韻緩，不煩改字」之說。振孫亦以陸氏此說爲「名言」，並謂：「今之讀古書古韻者，但當隨其聲之叶而讀之」；「其聲韻相近，可以叶讀，則何必改字」？蓋若讀古詩猶局限約束於今韻，勉強將字改讀今音，唸來詰屈聱牙，如此爲之，「則贅矣」。振孫此說雖啓導自陸氏，然其治古韻不主張因今音而改字，亦庶幾通人之論也。

《解題》著錄〈小學類〉書籍，凡四十一種、三百零一卷。於著錄〈小學類〉諸書中，振孫或褒之，或貶之，亦有貶中帶褒者。於其抑揚褒貶之評語中，固可略窺振孫治小學之見地。《解題》云：

> 《急就章》一卷，漢黃門令史游撰，唐祕書監顏師古注。其文多古語、古字、古韻，有足觀者。

又云：

> 《埤雅》二十卷，陸佃撰。曰〈釋魚〉、〈釋獸〉，以及於〈鳥〉、〈蟲〉、〈馬〉、〈草〉、〈木〉，而終之以〈釋天〉，所以爲《爾雅》之輔也。此書本號《物性門户》，……既注《爾雅》，遂成此書。其於物性精詳，所援引甚博，而亦多用《字説》。

又云：

> 《説文解字繫傳》四十卷，南唐校書郎廣陵徐鍇楚金撰。爲〈通釋〉三十篇，〈部敘〉二篇，〈通論〉三篇，〈祛妄〉、〈類聚〉、〈錯綜〉、〈疑義〉、〈系述〉各一篇。鍇至集賢學士、右内史舍人，不及歸朝而卒。鍇與兄鉉齊名，或且過之。而鉉歸朝通顯，故名出鍇上。此書援引精博，小學家未有能及之者。

又云：

> 《韻補》五卷，吳棫撰。取古書自《易》、《書》、《詩》而下，以及本朝歐、蘇，凡五十種，其聲韻與今不同者皆入焉。朱侍講多用其説於《詩傳》、《楚辭注》，其爲書詳且博矣。

上引四種〈小學類〉書籍，均備受振孫所褒譽。而此四種書籍均具同一特色，即其爲書，內容甚爲精博。由此則可窺知振孫對〈小學類〉書籍之要求，及其評價之標準。

惟振孫於前人所撰〈小學類〉著作，亦有貶斥之者。《解題》云：

> 《爾雅新義》二十卷，陸佃撰。其於是書，用力勤矣。〈自序〉以爲「雖使郭璞擁篲清道，跋望塵躅可也」。以愚觀之，大率不出王氏之學，與劉貢父所謂「不徹薑食、三牛三鹿戲笑之語」，殆無以大相過也。《書》

云「玩物喪志」，斯其爲喪志也宏矣。

又云：

> 《字林》五卷，晉弨令呂忱撰。太乙山僧雲勝注。……其書集《説文》
> 之漏略者凡五篇，然雜揉錯亂，未必完書也。

又云：

> 《玉篇》三十卷，梁黄門侍郎吳興郡顧野王希馮撰，唐處士富春孫彊
> 加入。大約本《説文》，以後漢反切音未備，但云「讀若某」，其反切皆後
> 人所加，多疏樸脱誤。至梁時，四聲之學盛行，故此書不復用直音矣。其
> 文字雖增多，然雅俗雜居，非若《説文》之精覈也。又以今文易篆字，易
> 以舛訛。世人以篆體難通，今文易曉，故《説文》遂罕習。要當求其本源
> 可也。

又云：

> 《韻略分毫補注字譜》一卷，進士耒陽秦昌朝撰。……竊謂小學當論
> 偏傍尚矣，許叔重以來諸書是也。韻以略稱，止施於禮部貢舉，本非小學
> 全書，於此而校其偏傍，既不足以盡天下之字，而欲使科舉士子盡用篆籀
> 點畫於試卷，不幾於迂而可笑哉！進退皆無據，謂之贅可也。

上述四種小學專著，皆深受振孫所責斥。陸佃著書，自視過高。究其所撰，不
過迻錄王安石《字説》以作《新義》，勤則勤矣，固無功於小學，其與「玩物喪志」
何殊。此乃振孫反對剿襲爲書之見地。呂忱之書，「雜揉錯亂」，既云著述，而竟欠
缺文章組織結構之工夫，故亦爲振孫呵責也。至顧野王《玉篇》一書，「疏樸脱誤」、
「雅俗雜居」，其弊病殆與呂氏《字林》相同；加之全書欠「精覈」，又以「今文易
篆字」，不知治小學者「當求其本源」，則其書之舛訛實有足多者。而《韻略分毫補
注字譜》一書，「本非小學全書」，其用途「止施於禮部貢舉」，言韻則足矣，實無須
「校其偏傍」，而言及字形之結構。蓋著述自有其目標，亦應有其對象，倘如無的放
矢，不惟「進退皆無據」，而且流於「贅」矣，書雖勉云撰就，而讀者閲之，「不幾
於迂而可笑矣哉」！綜上所述，足徵振孫主張治小學者，「當求其本源」，有所著述，
必須精覈，須有的放矢，切忌剿襲成書，亦切戒「雜揉錯亂」與「疏樸脱誤」也。

振孫評論前人之小學著作，亦有貶中帶褒者，勉舉一例予以說明。《解題》曰：

> 《注爾雅》三卷，鄭樵撰。其言：「《爾雅》出自漢代箋注未行之前，
> 蓋憑《詩》、《書》以作，廣棪案：盧校本「作」下有「《爾雅》」二字。《爾雅》
> 明，則百家箋注皆可廢。《爾雅》，應釋者也；箋注，不應釋者也。言語、
> 稱謂、宮室、器服、草木、蟲魚、鳥獸之所命不同，人所不能識者，故爲

　　之訓釋。義理，人之本有，無待注釋。注釋則人必生疑，反舍《經》之言，
　　而泥注解之言。或者復舍注解之意，而泥己之意以爲《經》意。」此其爲
　　說雖偏，而論注釋之害，則名言也。

　　案：鄭樵之治學，振孫每言其迂僻，蓋樵立論常陷於偏頗而不自覺。此處評其
《注爾雅》一書，以樵仍未能免斯弊，是以振孫貶斥之。然樵言歷代注釋之害，則
確爲典要，振孫亦稱之爲「名言」。貶中寓褒，實事求是，振孫能立論如斯，方符公
允之標準。

　　有關振孫之經學，已分項闡述如上。其中有未加以暢論之者，蓋欲留待第五章
中申說之。如是處理，庶免架床疊屋之弊也。

第四章　陳振孫之經學目錄學

　　陳振孫以目錄學成就蜚聲於時及有稱於後世，所撰《直齋書錄解題》一書，尤爲《四庫全書總目》所推譽，《四庫全書總目》以爲「古書之不傳於今者，得藉是以求其崖略；其傳於今者，得藉是以辨其眞僞，核其異同，亦考證之所必資，不可廢也」，誠屬知言〔註1〕。年前余撰有《陳振孫之生平及其著述研究》一書，該書第一章第一節即曾就《四庫全書總目》之所論，並參證清人盧文弨及張宗泰二家之說，以探討振孫於宋代目錄學史上之地位。該節之結語曰：

> 　　考盧、張二氏所推譽直齋與《解題》者，宗旨與《四庫全書總目》符同，而其所言又可略補《四庫全書總目》所未及也。余嘗細考《解題》所以能卓爾不群，高踞宋代現存目錄書籍首冠之故，其因由殆即《十七史商榷》王鳴盛所述。蓋直齋學識既高，又能苦學精究；藏書既奧博，又善讀書、校書。故其於探奇訪秘，多見多聞之後，乃發憤著爲《解題》一書。其書足以剖斷古書之眞僞與是非，辨校板本之佳惡與訛謬，發明既富，開益後人之處遂多。是故盧氏許直齋「識見大過人」，張氏評其所著「議論明切」，《四庫全書總目》更譽之不絕口，稱讚《解題》一書「亦考證之所必資，不可廢也」。綜上所論，則直齋高踞宋代目錄學史上之地位，殆可覘之〔註2〕。

及今以觀，余年前所撰此結語，其中有關振孫於宋代目錄學史上地位之評價，猶庶合符事實。

　　振孫既擅經學，又精目錄學。而要研考其經學目錄學，則其材料固集中於《解

〔註1〕見《四庫全書總目》卷八十五〈史部〉四十一〈目錄類〉一。
〔註2〕請參考拙著《陳振孫之生平及其著述研究》第一章〈序論〉第一節〈陳振孫於宋代目錄學史上之地位〉。

題》一書經錄之部中。倘能將《解題》經錄全部材料加以深究，爬梳鑽研，條分縷析，當可明悉振孫經學目錄學之底蘊。

茲僅就一己深入研治《解題》經錄所得，分項略述振孫之經學目錄學如後：

一、有關《解題》之體制

《解題》原本共五十六卷，而今通行之《四庫全書》本，乃館臣從《永樂大典》中輯出，並改其卷數爲二十二卷。至《解題》原本五十六卷之分卷情況，清人盧文弨曾作探討，並撰有〈直齋書錄解題新定目錄〉一篇，考證詳明，讀之當可曉悉《解題》原本分卷之實況。盧文曰：

> 卷一易類、卷二書類、卷三詩類、卷四禮類、卷五春秋類、卷六孝經類、卷七語孟類、卷八經解類、卷九讖緯類、卷十小學類、卷十一正史類、卷十二別史類、卷十三編年類、卷十四起居注類、卷十五詔令類、卷十六僞史類、卷十七雜史類、卷十八典故類、卷十九職官類、卷二十禮注類、卷二十一時令類、卷二十二傳記類、卷二十三法令類、卷二十四譜牒類、卷二十五目錄類、卷二十六地理類、卷二十七儒家類、卷二十八道家類、卷二十九法家類、卷三十名家類、卷三十一墨家類、卷三十二縱橫類、卷三十三農家類、卷三十四雜家類、卷三十五小說家類、卷三十六神仙類、卷三十七釋氏類、卷三十八兵書類、卷三十九曆象類、卷四十陰陽家類、卷四十一卜筮類、卷四十二形法類、卷四十三醫書類、卷四十四音樂類、卷四十五雜藝類、卷四十六類書類、卷四十七楚辭類、卷四十八別集類上、卷四十九別集類中、卷五十別集類下、卷五十一詩集類上、卷五十二詩集類下、卷五十三總集類、卷五十四章奏類、卷五十五歌詞類、卷五十六文史類。
>
> 右目錄依元本定，杭東里人盧文弨校錄於鍾山書院〔註3〕。

觀是，則可推知振孫之《解題》原本，凡五十六卷，五十三類。蓋其書本依類以爲卷者；惟其《別集類》既分上、中、下，而《詩集類》又分上、下，故其卷數乃較其類數多出三卷，而作五十六卷耳。今人徐小蠻、顧美華點校之《解題》，其書既附錄盧氏〈直齋書錄解題新定目錄〉一文，而於文後則有案語云：

> 今案：盧校本又在〈新定目錄〉「卷二十八」上寫「三十六」，「卷二十九」上寫「二十八」，「卷三十」上寫「二十九」，「卷三十一」上寫「三

〔註3〕盧文附見於徐小蠻、顧美華點校本《直齋書錄解題》附錄四。（頁712～713）

十」，「卷三十二」上寫「三十一」，「卷三十三」上寫「三十二」，「卷三十四」上寫「三十三」，「卷三十五」上寫「三十四」，「卷三十六」上寫「三十七」，「卷三十七」上寫「三十五」。校注曰：〈神仙類〉中有陳氏語云：「各已見〈釋氏〉、〈道家類〉。」則知其序當如此也。

　　盧校本在〈新定目錄・總集類〉上注：鈔本誤置〈別集〉前，元本係在〈詩集〉後。

據徐、顧二氏所作之案語，則知盧氏於撰定〈新定目錄〉後，對《解題》五十六卷之次序又有所更定。盧氏所以移改〈道家類〉與〈神仙類〉於〈釋氏類〉之後，蓋據《解題》中振孫之語。考《解題》卷十二廣棪案：此處之卷數據《四庫》本。〈神仙類〉「《金碧上經古文龍虎傳》」條云：

　　長白山人元陽子注。皆莫知何人。已上十八種共爲一集，其中有《龍牙頌》及《天隱子》，各已見〈釋氏〉、〈道家類〉。

是盧氏據振孫此條所述，乃考知原本五十六卷之《解題》，其〈道家類〉原在〈釋氏類〉之後，而其〈神仙類〉又在〈道家類〉之後也。至盧氏謂〈總集類〉原本在〈詩集類〉後，鈔本誤置〈別集類〉前。其所言之鈔本，乃指秀水朱彝尊曝書亭所藏鈔本。考盧氏《抱經堂文集》卷九〈書新定直齋書錄解題後〉一文，盧氏已據知不足齋主人鮑廷博所藏《解題》原本，以證曝書亭鈔本之誤矣。其文曰：

　　此書外間無全本久矣。四庫館新從《永樂大典》中鈔出，分爲二十二卷，余旣識其後矣。丁酉王正，復得此書子、集數門元本於知不足齋主人所，乃更取而細訂之。知此書唯〈別集〉分三卷，〈詩集〉分兩卷，而其餘每類各自爲卷，雖篇幅最少者，亦不相爲聯屬，余得據之定爲五十六卷。元第〈詩集〉之後，然後次以〈總集〉，又〈章奏〉，又〈歌詞〉，而以〈文史〉終焉。

是知知不足齋主人鮑廷博所藏之《解題》原本，其〈總集類〉原第乃於〈詩集類〉後，而不在〈別集類〉前，故盧氏得藉以糾正曝書亭鈔本之誤也。

　　若據盧氏〈新定目錄〉以推判，《解題》應無總序與大序，而其書則有小序凡九篇。惟今人仍有就《解題》有無總序與大序問題，提出疑問者。如王重民《中國目錄學史》第三章〈古代中古後期我國圖書目錄事業的發展和繁榮〉第五節〈私人藏書目錄〉云：

　　《直齋書錄解題》沒有總序和大序，（也許有一篇敘例一類的序文，後來亡佚了。）在五十三個類目中，僅有七個類目有小序，可見小序也僅

是對於有增創或著錄內容有變化的地方才有的〔註4〕。

來新夏《古典目錄學》第五章〈私家目錄的勃興和目錄學研究的開展——宋、元〉第二節〈宋的私家目錄〉二、〈私家目錄的雙璧〉亦云：

> 《直齋書錄解題》原有五十六卷，著錄圖書三○九六種，五一一八○餘卷，比《中興館閣書目》及《續目》的總和五萬九千餘卷少八千餘卷，原有經史子集四部和部序，明初就已亡佚，所以現在通行本是直接分為五十三類目。

王氏疑《解題》「也許有一篇敘例一類的序文，後來亡佚了」；來氏謂《解題》「原有經史子集四部和部序，明初就已亡佚」；二氏均先後就此問題提出疑議，惟均未能提出任何證據。無徵不足以垂信，故所言有「敘例」（即總序）、「部序」（即大序）云云，殊難成立。是則《解題》之應無總序與大序，（至少於未有新證據進一步提出之前）似可作此斷言也。

《解題》有小序九篇，分別置於〈語孟〉、〈小學〉、〈起居注〉、〈時令〉、〈農家〉、〈陰陽家〉、〈音樂〉、〈詩集〉、〈章奏〉九類之首。王重民謂《解題》五十三類「僅有七廣校案：應作『九』。個類目有小序，可見小序也僅是對於有增創或著錄內容有變化的地方才有的」。王氏所言，甚有見地。蓋振孫之撰作小序，皆有為而發，絕非無的放矢，敷衍塞責。故來新夏《古典目錄學》亦有同感，曰：

> 它的各類小序視需要方撰寫而不泛加，在五十三類中有〈語孟〉、〈小學〉、〈起居注〉、〈時令〉、〈農家〉、〈陰陽家〉、〈音樂〉、〈詩集〉、〈章奏〉等九類存有小序，皆為不得不有所說明的類目。如合論語、孟子為〈語孟類〉，是前此所無之類，所以有小序來說明，其他如〈小學〉、〈起居注〉、〈時令〉、〈章奏〉、〈農家〉、〈陰陽〉、〈音樂〉、〈詩集〉各類，也都因有實際需要而撰寫，其無新意可陳的各類則不寫小序。這一點也可能受了鄭樵泛釋無義觀點的影響〔註5〕。

案：來氏此處所言之鄭樵泛釋無義觀點，見鄭樵《通志·校讎略》中〈泛釋無義論〉一文，其文謂：

> 古之編書，但標類而已，未嘗注解；其著注者，人之姓名耳。蓋經入經類，何必更言經，史入史類，何必更言史，但隨其凡目，則其書自顯。唯〈隋志〉於疑晦者則釋之，無疑晦者則以類舉。今《崇文總目》出新意，

〔註4〕王文收入《中國目錄學史論叢》一書。
〔註5〕見來著第五章〈私家目錄的勃興和目錄學研究的開展——宋、元〉第二節〈宋的私家目錄〉二、〈私家目錄的雙璧〉。

每書之下必著說焉。據標類自見，何用更爲之說。且爲之說也，已自繁矣，何用一一説焉。至於無説者，或後書與前書不殊者，則強爲之説，使人意怠。且《太平廣記》者，乃《太平御覽》別出《廣記》一書，專記異事，奈何《崇文》之目所説不及此意，但以謂「博採群書，以類分門」。凡是類書皆可博採群書，以類分門，不知《御覽》之與《廣記》又何異？《崇文》所釋大概如此，舉此一條，可見其他。

鄭樵於上文中，反對史志及目錄書籍作解題時但泛釋書籍，毫無取義。故〈隋志〉能「於疑晦者則釋之，無疑晦者則以類舉」，絕非泛釋，因而備受鄭氏之揚譽；而《崇文總目》則「於無説者」，仍「強爲之說，使人意怠」，故受鄭氏所貶斥。振孫《解題》撰小序，於五十三類中僅作小序九篇，其餘四十四類則均不作無所取義之「泛釋」，惟於書中但舉其類目。振孫作如此之處理，實甚符合〈隋志〉「於疑晦者則釋之，無疑晦者則以類舉」之原則，及鄭氏反對泛釋無義之精神，故來氏推判振孫「可能受了鄭樵泛釋無義觀點的影響」，所言應屬確當。

至《解題》之分類，其經錄之部凡分十類，而僅〈語孟類〉及〈小學類〉有小序。其〈語孟類〉小序云：

> 前〈志〉，《孟子》本列於儒家，然趙岐固嘗以爲則象《論語》矣。自韓文公稱孔子傳之孟軻，軻死，不得其傳。天下學者咸曰孔、孟。孟子之書，固非荀、揚以降所可同日語也。今國家設科取士《語》、《孟》並列爲經，而程氏諸儒訓解二書，常相表裏，故今合爲一類。

考〈語孟類〉一類目，乃振孫所新創，前此目錄書籍未之有也，故振孫對此新類目不得不有所說明；否則讀者難以明白〈語孟類〉所以增創之原委。至於〈小學類〉之小序則曰：

> 自劉歆以小學入〈六藝略〉，後世因之，以爲文字訓詁有關於經藝故也。至〈唐志〉所載，《書品》、《書斷》之類亦廁其中，則龐矣。蓋其所論書法之工拙，正與射御同科，今並削之，而列於〈雜藝類〉，不入〈經錄〉。

振孫此條實欲藉此小序以說明〈唐志〉將《書品》、《書斷》等論書法工拙之書廁入〈小學類〉之訛誤，並解釋將此等書籍移列〈雜藝類〉，而不入〈經錄〉之原因。撰此小序殊有感而發，並非闊論空談。故《解題》經錄十類中，振孫僅撰小序二篇，如此處理，殆皆如來新夏氏所言，「因有實際需要而撰寫，其無新意可陳的各類則不寫小序」也。

至《解題》之分部問題《四庫全書總目》卷八十五〈史部〉四十一〈目錄類〉

一「《直齋書錄解題》二十二卷」條云：

> 其例以歷代典籍分爲五十三類，各詳其卷帙多少、撰人名氏，而品題
> 其得失，故曰「解題」。雖不標經、史、子、集之目，而核其所列：經之
> 類凡十，史之類凡十六，子之類凡二十，集之類凡七，實仍不外乎四部之
> 說也。

是《四庫全書總目》認爲《解題》雖未標經、史、子、集四部之部名，而究其實，
則「仍不外乎四部之說」，所言甚允恰。蓋振孫《解題》一書，既將歷代典籍分爲五
十三類，又以經、史、子、集四錄以涵蓋此五十三類。其書雖未明標四錄之名，然
前引〈小學類〉小序中，則已見「不入〈經錄〉」之語，固可推知《解題》本有「經
錄」之定名。又考《解題》卷十四〈音樂類〉小序云：

> 劉歆、班固雖以《禮》、《樂》著之〈六藝略〉，要皆非孔氏之舊也，
> 然《三禮》至今行於世，猶是先秦舊傳。而所謂《樂》六家者，影響不復
> 存矣。竇公之〈大司樂章〉既已見於《周禮》，河間獻王之〈樂記〉亦已
> 錄於《小戴》，則古樂已不復有書。而前〈志〉相承，迺取樂府、教坊、
> 琵琶、羯鼓之類，以充樂類，與聖經並列，不亦悖乎！晚得鄭子敬氏《書
> 目》獨不然，其爲說曰：「儀注、編年，各自爲類，不得附於《禮》、《春
> 秋》，則後之樂書，固不得列於〈六藝〉。」今從之，而著於〈子錄・雜藝〉
> 之前。

此處又有「〈子錄〉」之名稱，是可確知《解題》實以經、史、子、集四錄而涵蓋五
十三類歷代典籍者。其部目既稱「錄」不稱「部」，故振孫取其書名亦稱爲「《書錄》」。
竊以爲振孫所以以「《書錄》」稱其書者，或乃不擬將其所作《解題》視同一般之書
目，而另有所取則焉。考西漢劉向撰《別錄》，此乃吾國目錄學開創性之著作；至南
朝阮孝緒撰《七錄》，《七錄》收書甚富贍，且於目錄分類學上多所創新；沿及唐代，
又有毋煚撰《古今書錄》，其書內容更爲豐富，且多獨到之見解。上述三書均以「錄」
名，毋氏書更逕稱「書錄」。而振孫隨三書之後，亦名其書曰「《書錄解題》」，竊或
有志上承《別錄》，中接《七錄》，而下仿《古今書錄》以爲書，俾可一鑪共冶而推
陳出新耶？倘果如是，則周密《齊東野語》卷十二〈書籍之厄〉條謂《解題》「且倣
《讀書志》作解題，極其精詳」云云，公瑾僅謂振孫仿晁《志》，則似猶未能達悉振
孫之志尚所在也。

至《解題》經錄之部，其於每類著錄書名之方式亦有可考者，大別言之，其方
式有四：

甲、先著錄書名，然後著錄卷數，如：

《古易》十二卷　見〈易類〉

《尚書正義》二十卷　見〈書類〉

《毛詩正義》四十卷　見〈詩類〉

乙、一書中如包含兩種以上之內容，或有其他附錄之材料者，則一併詳予著錄，如：

《古禮經》十七卷、《古禮注》十七卷　見〈禮類〉

《春秋後傳》二十卷、《補遺》一卷　見〈春秋類〉

《論語續解》十卷、《考異》、《說例》各一卷　見〈語孟類〉

丙、一書兼包兩種以上不同之部分，惟撰者則同屬一人，其著錄方式如：

《易補注》十卷、又《王劉易辨》一卷　見〈易類〉

《春秋傳》十卷、《權衡》十七卷、《意林》一卷、《說例》一卷　見〈春秋類〉

《切韻義》一卷、《纂要圖例》一卷　見〈小學類〉

丁、如書無卷數者，則先著錄書名，後著錄冊數，如：

《梅教授書集解》三冊　見〈書類〉

　　一書著錄書名、卷數或冊數既訖，則繼之而撰作該書之解題。《解題》著錄書名之方式，大抵如此。

　　綜上所述，可知《解題》之體制，其書原分四錄，五十三類，五十六卷。今見之《四庫全書》本則無四錄之部目，而仍作五十三類，其卷數則改為二十二卷。又《解題》應無總序與大序，而僅有小序九篇，小序皆因應實際需要而作，甚符合鄭樵反對「泛釋無義」之觀點。其書之著錄方法，則於每類之後，依次第著錄書名、卷數或冊數，繼則撰寫解題。《解題》一書之體制，大抵如此。至振孫以《書錄》名其書，揣其私衷，蓋欲追攀劉、阮，而方駕毋氏，周密竟謂為「倣《讀書志》作解題」，使之附驥晁氏，則殊非真知振孫之志尚者也。

二、有關《解題》經錄之分類

　　吾國圖書之分類，大抵有六分法與四部之別。六分法者，肇始於劉歆《七略》；以經、史、子、集之序為四部者，則創始於李充之《晉元帝四部書目》。振孫既依經、史、子、集四錄作解題，則其著錄之法，猶沿李充四部之矩矱。振孫之前，恪守四部之法以著錄群書者，計有：《隋書·經籍志》、《舊唐書·經籍志》、《新唐書·藝文志》、《崇文總目》、《郡齋讀書志》等五種。茲謹將《解題》經錄之分類，與上述五書經部之分類，列表作一比較，既可觀振孫分類法傳承與獨創之所在，又可窺知此六書分類之分合異同及其正誤得失。

隋　志	舊唐志	新唐志	崇文總目	讀書志	解　題
1.易類	1.易類	1.易類	1.易類	1.易類	1.易類
2.書類	2.書類	2.書類	2.書類	2.書類	2.書類
3.詩類	3.詩類	3.詩類	3.詩類	3.詩類	3.詩類
4.禮類	4.禮類	4.禮類	4.禮類	4.禮類	4.禮類
5.樂類	5.樂類	5.樂類	5.樂類	5.樂類	
6.春秋類	6.春秋類	6.春秋類	6.春秋類	6.春秋類	5.春秋類
7.孝經類	7.孝經類	7.孝經類	7.孝經類	7.孝經類	6.孝經類
8.論語類	8.論語類	8.論語類	8.論語類	8.論語類	
					7.語孟類
9.讖緯類	9.讖緯類	9.讖緯類			8.讖緯類
	10.經解類	10.經解類		9.經解類	9.經解類
10.小學類	12.小學類	11.小學類	9.小學類	10.小學類	10.小學類
	11.詁訓類				

（經）

　　綜觀上表所列，〈易〉、〈書〉、〈詩〉、〈禮〉、〈春秋〉、〈孝經〉、〈小學〉等七類，均六書所同有，而排列次第乃偶有未同，於此《解題》與彼五書傳承之跡，昭然可睹。〈隋志〉等五書均有〈樂類〉，《解題》則無之。至《解題》所以不立〈樂類〉之故，蓋其以「古樂已不復有書。而前〈志〉相承，迺取樂府、教坊、琵琶、羯鼓之類，以充樂類，與聖經並列，不亦悖乎」！於前引〈音樂類〉小序中，振孫闡釋此點已甚明悉，而彼五書則仍保存〈樂類〉，至以樂府、教坊、琵琶、羯鼓之書充斥之，實屬濫竽充數，其見地不及振孫遠甚。又〈隋志〉等五書均有〈論語類〉，而《解題》創新爲〈語孟類〉，此乃前此史志及目錄學書籍所無者。振孫所以須創此一新類目之故，一則孔、孟並稱已久，「天下學者咸曰孔、孟」；二則南宋設科取士，已以「《語》、《孟》並列爲經」，時代既有所不同，學術亦有所變化，故必須創置新類，以符所需。此則振孫因時制宜，敢於突破之表現。〈讖緯類〉之書，《崇文總目》及《郡齋讀書志》均已不載，而《解題》猶著錄之，乃有不明所以者批評振孫思想倒退，眼光不及《崇文》、《郡齋》。其實南宋之時《易緯》諸書尚存，而「孔氏《正義》或時援引」，故振孫乃「姑存之以備凡目云爾」，此並非倒退，其實振孫亦非不知讖緯之書之爲「僞妄」者〔註6〕。〈經解類〉爲〈隋志〉及〈崇文總目〉所無，其實〈隋志〉及《崇文》

〔註6〕請參《解題》卷三〈讖緯類〉「《乾坤鑿度》二卷」條。

乃將經解之書附之〈論語類〉末，如此處理，未盡允當，似另立〈經解類〉爲宜也。〈舊唐志〉獨有〈詁訓類〉，其所著錄屬「《六經》、讖候」之書，與〈讖緯〉、〈經解〉類所著錄者相同〔註7〕。〈舊唐志〉無端多開此一類，眞贅疣矣。

　　綜上所述《解題》經錄之分類，實較〈隋志〉等五書爲優，不惟於傳承中有獨創，即其不立〈樂類〉，復立〈讖緯類〉，均有過人之見地。取《解題》之分類，持較〈隋志〉等保存〈樂類〉以濫竽充數，與《讀書志》不列《孟子》於經之不盡合時宜；又取較〈隋志〉、〈崇文〉之不設〈經解〉，與〈舊唐志〉之無端增立〈詁訓類〉種種，則《解題》之因時制宜，立類允當，其成就實較〈隋志〉等五書，夐乎遠矣。

三、《解題》經錄撰寫解題之義例

　　目錄書籍之有敘錄，始於西漢劉向。班固《漢書‧藝文志》曰：

> 成帝時，以書多散亡，使謁者陳農求遺書於天下。詔光祿大夫劉向校經傳、諸子、詩賦；步兵校尉任宏校兵書；太史令尹咸校數術；侍醫李柱國校方技。每一書已，向輒條其篇目，撮其指要，錄而奏之。

〈漢志〉所記，即劉向爲群書撰作敘錄之事也。向之撰敘錄，猶振孫之撰解題。向撰敘錄有其義例，〈漢志〉所謂「條其篇目，撮其指要」，即向敘錄義例之精要說明也。至振孫之撰作解題，因時移世易，故其義例較劉向所撰實更見詳明。茲僅就《解題》經錄之資料，擷取其中實例，以闡述振孫撰作《解題》義例如後：

甲、著錄撰人之義例

1、每書必先著錄撰人之時代、宦歷、籍貫、姓名、別字。亦有於宦歷下增記封爵者，如撰者有別號亦記之。惟上述某項有不曉悉者，則付之闕如。撰者爲本朝人，一律不著其時代。撰人如爲重見者，則僅著其時代及姓名；本朝人則僅著姓名或別字。如：

　　　　《周易正義》十三卷。唐國子祭酒冀州孔穎達仲達撰。　見〈易類〉　案：此條乃著錄撰人時代、宦歷、籍貫、姓名、別字之例。

　　　　《易說》三卷，丞相溫公涑水司馬光君實撰。　見〈易類〉　案：此條增記封爵之例。

〔註7〕《舊唐書》卷四十六〈志〉第二十六〈經籍〉上曰：「甲部爲經，其類十二。……九曰〈圖緯〉，以紀《六經》、讖候。十曰〈經解〉，以紀《六經》、讖候。十一曰〈詁訓〉，以紀《六經》、讖候。」可證。

　　　　《吳園易解》十卷，秘閣修撰鄱陽張根知常撰。……根自號吳園先生。
見〈易類〉　　案：此記撰人別號之例。

　　　　《周易口訣義》六卷，河南史之徵撰。　見〈易類〉　　案：此條乃闕時代、
官歷、別字之例。

　　　　《周易析蘊》二卷，孫坦撰。　見〈易類〉　　案：此條乃時代、官歷、籍
貫、別字全闕之例，因不知坦為何人也。

　　　　《周易口義》十三卷，直講海陵胡瑗翼之撰。　見〈易類〉　　案：瑗為
北宋人，故不著其時代。

　　　　《春秋左氏傳正義》三十六卷，唐孔穎達等撰。　見〈春秋類〉　　案：
此乃僅著時代、姓名之例。

　　　　《春秋口義》五卷，胡翼之撰。　見〈春秋類〉　　案：此乃僅著姓氏、別
字之例。

2、其書撰者不止一人，則詳舉各人姓名，或稱某某等撰。如撰者不可考，則云不
　知何人作，或不知何人所錄，不知名氏及時代，不著撰者名氏，不知作者，不
　著名氏等。亦有既知撰者姓名矣，而仍不知其生平事蹟者，則云未詳何人。撰
　人疑而不可信者，則云稱某某撰，題某某撰，或序稱某某撰。

　　　　《尚書正義》二十卷，唐孔穎達與博士王德韶等共為之。　見〈書類〉
案：此撰者不僅一人之例。

　　　　《易正誤》一卷，不知何人作。　見〈易類〉

　　　　《數學》一卷，……不知何人所錄。　見〈易類〉

　　　　《王氏詩總聞》三卷，不知名氏及時代。　見〈詩類〉

　　　　《春秋公羊傳疏》三十卷，不著撰者名氏。　見〈春秋類〉

　　　　《論語意原》一卷，不知作者。　見〈語孟類〉

　　　　《蜀爾雅》三卷，不著名氏。　見〈小學類〉　　案：以上六條均為撰者不
可考之例。

《周禮詳解》四十卷，王昭德撰，未詳何人。　見〈禮類〉　　案：此乃知撰者姓
名，而不知其生平之例。

　　　　《周易義類》三卷，稱顧叔思撰。　見〈易類〉

　　　　《易解義》十卷，題凌公弼撰。　見〈易類〉

《先天易鈐》一卷，序稱牛師德祖仁撰。　見〈易類〉　案：以上三條均撰人疑而不可信之例。

3、其書著錄撰人，亦有兼記及其友、其師與撰人身分者。更有初不著名氏，後乃考出者。

《九經字樣》一卷，唐沔王友翰林待詔唐玄度撰。　見〈經解類〉　案：此記及其友之例。

《麗澤論說集錄》十卷，呂祖謙門人所錄平日說經之語。　見〈經解類〉案：此記及其師之例。

《復古編》二卷，吳興道士張有謙中撰。　見〈小學類〉　案：此記撰人身分之例。

《詩物性門類》八卷，不著名氏，……今攷之，蓋陸農師所作《埤雅》稿也。　見〈詩類〉　案：此初不著名氏，後乃考出之例。

4、其書於其撰人之姓名、時代、家世、宦歷、師承、學術等，遇有疑問，或於必要時，皆作考證或敘述。

《毛詩鳥獸草木蟲魚疏》二卷，題吳郡庶子陸璣撰。案《館閣書目》稱吳中庶子烏程令，字元恪，吳郡人，據陸氏《釋文》也。其名從「玉」，固非晉之士衡，而其書引郭璞注《爾雅》，則當在郭之後，亦未必爲吳時人也。孔《疏》、呂《記》多引之。　見〈詩類〉　案：此考撰人姓名、時代，兼及其宦歷之例。

《沙隨易章句》十卷、《外編》一卷、《占法》一卷、《古易攷》一卷，沙隨程迥可久撰。……迥嘗從玉泉喻樗子才學，登隆興癸未科，仕至邑宰。見〈易類〉　案：此考宦歷，兼及師承之例。

《傳家易說》十一卷，沖晦處士河南郭雍頤正撰。自言其父忠孝，受學於程伊川。伊川示以《易》之〈艮〉，曰：「艮，止也。學道之要，無出於此。」自是方覺讀《易》有味，牓其室曰：「兼山」。立身行道，皆自「止」始。兵興之初，先人舊學掃地，念欲補續其說，中心所知者「艮，止也」。潛稽《易》學，以述舊聞，用傳其家。忠孝字立之，名將樞密達之子。自言得先天卦變於河陽陳安民子惠，其書出李挺之，由是頗通象數。仕爲永興軍路提刑，死於狄難，其書散逸。雍隱居陝州長陽山中。帥守屢薦，召之不至，由處士封

頤正先生。其末，提舉趙善譽言於朝，遣官受所欲言，得其《傳家兵學》六卷以進，時淳熙丙午也。明年卒，年八十有四。又《兼山遺學》六卷，見〈儒家類〉。餘書皆未之見也。雍實范忠宣丞相外孫，又號白雲先生。案：頤正，本朝廷所賜先生號，而《館閣書目》以爲字頤正，恐誤。　見〈易類〉　案：此條詳敘家世、宦歷、師承與其學術之例。

5、其他有關撰者之卒年、志節、治學，外此著述、交游、親戚暨撰者之後人、兄弟、門人及誌墓者，亦考論及之。

《周易注》六卷、《略例》一卷、《繫辭注》三卷。魏尚書郎山陽王弼輔嗣注上、下《經》，撰《略例》。……弼父業長緒，本王粲族兄凱之子，粲二子坐事誅，文帝以業嗣粲。弼死時年二十餘。　見〈易類〉　案：此考撰者卒歲，兼考及其父祖之例。

《春秋經辨》十卷，盧陵蕭楚子荊撰。……蔡京用事，與其徒馮澥書，言蔡將爲宋王莽，誓不復仕。死建炎中。……胡邦衡師事之，以《春秋》登甲科，歸拜床下。楚告之曰：「學者非但拾一第，身可殺，學不可辱，毋禍吾《春秋》乃佳。」邦衡志其墓。　見〈春秋類〉　案：此記撰者之志節，而兼及誌墓者之例。

《書說》七卷，禮部尚書會稽黃度文叔撰。度篤學窮經，老而不倦。晚年制閫江、淮，著作不輟，時得新意，往往晨夜叩書塾，爲友朋道之。　見〈書類〉　案：此記撰者治學之例。

《太極傳》六卷、《外傳》一卷、《因說》一卷。中書舍人晁説之以道撰。……又有《易元星紀譜》、《易規》二書，見本集中。又有《傳易堂記》，述漢以來至本朝傳授甚詳。　見〈易類〉　案：此記撰者其他著述之例。

《玉泉論語學》十卷，工部郎官嚴陵喻樗子才撰。樗與沈元用、張子韶、凌彥文、樊茂實諸公厚善，爲館職，坐與張通書，得罪秦檜。玉山汪端明應辰，其婿也。　見〈語孟類〉　案：此記撰者友朋，兼及其婿之例。

《皇極經世》十二卷、《敘篇系述》二卷，處士河南邵雍堯夫撰。……其子伯溫爲之《敘系》，其載〈先天〉、〈後天〉、〈變卦〉、〈反對〉諸圖；又爲《易學辨惑》一篇，敘傳授本末眞僞。　見〈易類〉　案：此記撰者後人，而及其著述之例。

《春秋分記》九十卷，邛州教授眉山程公説伯剛撰。……公説積學苦志，

早年登科，值逆曦亂，憂憤以死，年廣棪案：盧校本「年」下有「財」字。三十七。兄弟三人皆以科第進。今中書舍人公許，其季也。　見〈春秋類〉　案：此記撰者志節、治學、卒年，而兼及其兄弟之例。

　　《述釋葉氏易說》一卷，吏部侍郎永嘉葉適正則爲《習學記言》，《易》居其首。門人建安袁聘儒席之述而釋焉。聘儒，紹熙癸丑進士。　見〈易類〉　案：此記撰者門人，兼及其門人仕履之例。

乙、著錄書籍之義例

1、於所著錄之書名，如遇隱晦而難曉者則解說之，同書異名亦作闡說，偶亦記及其書之篇目。

　　《毛詩前說》一卷，項安世撰。……其曰「前說」者，末年之論有少不同故也。　見〈詩類〉　案：此解說書名之例。

　　《周易窮微》一卷，稱王輔嗣。……《館閣書目》有王弼《易辨》一卷，其〈論象〉，〈論象〉，亦類《略例》，意即此書也。　見〈易類〉　案：此闡說同書異名之例。

　　《說文解字繫傳》四十卷，南唐校書郎廣陵徐鍇楚金撰。爲〈通釋〉三十篇，〈部敘〉二篇，〈通論〉三篇，〈祛妄〉、〈類聚〉、〈錯綜〉、〈疑義〉、〈系述〉各一篇。　見〈小學類〉　案：此記其書篇目之例。

2、有時亦從不同角度以論說書籍之內容，間亦考及著者撰書之目的。

　　《周易舉正》三卷，唐蘇州司戶參軍郭京撰。自言得王弼、韓康伯手寫眞本，正其訛謬，凡一百三十五條。　見〈易類〉　案：此引撰人自言以述說內容之例。

　　《釋名》八卷，漢徵士北海劉熙成國撰。〈序〉云：「名之於實，各有類義，百姓日稱而不知其所以然之意，故撰天地、陰陽、四時、邦國、都鄙、車服、喪紀，下及民庶應用之器，即物名以釋義。凡二十七篇。」　見〈小學類〉　案：此引撰人〈自序〉以述內容之例。

　　《止齋春秋後傳》十二卷、《左氏章指》三十卷，陳傅良撰。樓參政鑰大防爲之〈序〉。大略謂「《左氏》存其所不書，以實其所書。《公羊》、《穀梁》以其所書，推見其所不書。而《左氏》實錄矣。此《章指》之所以作。」若其他發明多新說，〈序〉文略見之。　見〈春秋類〉　案：此引他人之〈序〉

以述內容之例。

《柯山書解》十六卷，柯山夏僎元肅撰。集二孔、王、蘇、陳、林、程頤、張九成及諸儒之說，便於舉子。　見〈書類〉　案：此言撰書目的之例。

3、既論說書籍之內容矣，亦有兼考及書之學術源流，及記述學術上之紛爭者。

《周禮》十二卷、《周禮注》十二卷，漢鄭康成撰。……康成之學，出於扶風馬融，而參取杜子春、鄭大夫、鄭司農之說。子春，河南緱氏人，生漢末，至永平初尚在，年九十餘。鄭眾、賈逵皆受業焉。大夫者，河南鄭興少贛也；司農者，鄭眾仲師，興之子也。融字季長。　見〈禮類〉　案：此考學術源流之例。

《周易經傳集解》三十六卷，兵部侍郎福清林栗黃中撰。……其與朱侍講違言，以論《易》不合，為朱公所闢也。　見〈易類〉　案：此條記學術紛爭之例。

4、亦有引用史志、公私書目及相關書籍以說明問題者，惟史志、書目、書籍所記有錯誤，則予以訂正之。

《韓詩外傳》十卷，漢常山太傅燕韓嬰撰。案〈藝文志〉有《韓故》三十六卷《內傳》四卷《外傳》六卷《韓說》四十一卷，今皆亡。　見〈詩類〉　案：此引史志之例。

《易解》十四卷，丞相荊公臨川王安石介甫撰。晁氏《讀書志》曰：「介甫《三經義》皆頒學官，獨《易解》自謂少作未善，不專以取士。」　見〈易類〉　案：此引私家書目之例。

《子夏易傳》十卷。案〈隋〉、〈唐志〉有《卜商傳》二卷，殘缺。……案晁以道〈傳易堂記〉曰：「古今咸謂子夏受於孔子而為之《傳》。然太史公、劉向父子、班固皆不論著，唐劉子玄知其偽矣。書不傳於今，今號為《子夏傳》者《崇文總目》知其為偽，而不知其所作之人，予知其為唐張弧之《易》也。」晁之言云爾。張弧有《王道小疏》五卷，見《館閣書目》，云「唐大理評事，亦不詳何時人」。　見〈易類〉　案：此引史志、公家書目，及相關書籍以說明問題之例。

《易義海撮要》十卷，熙寧中，蜀人房審權編《義海》，凡百卷。近時江都李衡彥平刪削，……衡，乾道中由侍御史改起居郎《館閣續書目》云「紹

興監察御史」，誤矣。　見〈易類〉

　　《春秋公羊傳疏》三十卷，不著撰者名氏。〈唐志〉亦不載。《廣川藏書志》云：「世傳徐彥撰，不知何據。然亦不能知其定出何代，意在貞元、長慶後也。」　見〈春秋類〉　案：以上二條乃訂正史志及書目錯誤之例。

5、於其書體、卷數、未見之卷、卷後所附材料均有所考論，有時並述及作注者、輯書者，間亦考及同書名而不同撰人之問題。

　　《春秋指南》二卷，張根知常撰。專以編年旁通該括諸國之事，如指諸掌。又爲《解例》，亦用旁通法。其他〈辨疑〉、〈雜論〉諸篇，略舉要義，多所發明。　見〈春秋類〉　案：此考書體制之例。

　　《演聖通論》六十卷，知制誥渤海胡旦周父撰。《易》十七、《書》七〈詩〉十、《禮記》十六《春秋》十，其第一卷爲目錄。　見〈經解類〉　案：此考卷數之例。

　　《西山讀書記》三十九卷，眞德秀景元撰。其書有甲、乙、丙、丁。……今但有甲三十七卷，丁二卷，乙、丙未見也。　見〈經解類〉　案：此考未見之卷之例。

　　《易小傳》六卷，丞相吳興沈該守約撰。……又有〈繫辭補注〉十餘則，附之卷末。　見〈易類〉　案：此記卷末所附材料之例。

　　《字林》五卷，晉弦令呂忱撰。太乙山僧雲勝注。　見〈小學類〉　案：此記作注者之例。

　　《春秋傳》三十卷、《通例》一卷、《通旨》一卷，徽猷閣待制建安胡安國康侯撰。……《通旨》者，所與其徒問答及其他議論條例，凡二百餘章，其子寧輯爲一書。　見〈春秋類〉　案：此記輯書者之例。

　　《鍾鼎篆韻》一卷，不著名氏。案《館閣書目》此書有二家，其一七卷，其一一卷。七卷者，紹興中通直郎薛尚功所廣；一卷者，政和中主管衡州露仙觀王楚也。則未知此書之爲王楚否？　見〈小學類〉　案：此考同書名而不同撰人之例。

6、於編書過程、成書方法、書之作年、撰序之年、表上之年均有所考述，間亦記及撰序、跋者。

　　《書義》十三卷，侍講臨川王雱元澤撰。……初，熙寧六年，命知制誥

呂惠卿充修撰經義，以安石提舉修定。又以安石子雱、惠卿弟升卿爲修撰官。八年，安石復入相，新傳乃成，雱蓋主是經者也。　見〈書類〉　案：此考述編書過程之例。

　　《春秋穀梁傳集解》十二卷，晉豫章太守順陽范甯武子撰。……甯以爲《春秋》惟《穀梁》氏無善釋，故爲之注解。其〈序〉云：「升平之末，先君稅駕於吳，帥門生故吏、兄弟子姪研講《六籍》、《三傳》。」蓋甯父汪爲徐、兗二州，北伐失利，屏居吳郡時也。汪沒之後，始成此書。所集諸家之說皆記姓名。其稱何休曰及鄭君釋之者，即所謂《發墨守》、《起廢疾》也；稱邵曰者，甯從弟也；稱泰曰、雍曰、凱曰者，其諸子也。汪，范晷之孫。晷在〈良吏傳〉。自晷至泰五世，皆顯於時。甯父子、祖孫同訓釋經傳，行於後世，可謂盛矣。　見〈春秋類〉　案：此考述成書方法之例。

　　《春秋傳》二卷，程頤撰。……〈序〉文崇寧二年所作，蓋其晚年也。見〈春秋類〉　案：此記序年之例。

　　《禮記解》二十卷，新安方愨性夫撰。政和二年表進，自爲之〈序〉。　見〈禮類〉　案：此記表上之年之例。

　　《春秋比事》二十卷，沈棐文伯撰。陳亮同父爲〈序〉曰：「文伯名棐，湖州人，嘗爲婺之校官，以文辭稱，而不聞其以《經》稱也。」　見〈春秋類〉　案：此記撰序者之例。

　　《春秋經解》十五卷，孫覺撰。……楊龜山爲之〈後序〉。海陵周茂振跋云：「先君傳《春秋》於孫先生，嘗言王荊公初欲釋《春秋》以行於天下，而莘老之書已出，一見而忌之。自知不復能出其右，遂詆聖經而廢之，曰：『此斷爛朝報也。』不列於學官，不用於貢舉云。」　見〈春秋類〉　案：此記撰跋者之例。

7、於著錄之書多作評論，或抑或揚，或抑揚兼備，間亦有指出其書之特點者。

　　《孝經刊誤》一卷，朱熹撰。抱遺經于千載之後，而能卓然悟疑辨惑，非豪傑特起獨立之士，何以及此？後學所不敢傲傚，而亦不敢擬議也。　見〈孝經類〉　案：此褒譽之例。

　　《韻略分毫補注字譜》一卷，進士耒陽秦昌朝撰。……竊謂小學當論偏傍尚矣，許叔重以來諸書是也。韻以略稱，止施於禮部貢舉，本非小學全書，於此而校其偏傍，既不足以盡天下之字，而欲使科舉士子盡用篆籀點畫於試

卷，不幾於迂而可笑哉！進退皆無據，謂之贅可也。　見〈小學類〉　案：此貶斥之例。

《無垢尚書詳說》五十卷，禮部侍郎錢塘張九成子韶撰。無垢諸經解，大抵援引詳博，文義瀾翻，似乎少簡嚴，而務欲開廣後學之見聞，使不墮於淺狹，故讀之者亦往往有得焉。　見〈書類〉　案：此抑揚兼備之例。

《春秋公羊傳解詁》十二卷，漢司空掾任城何休邵公撰。……其書多引讖緯，其所謂「黜周王魯」、「變周文從殷質」之類《公羊》皆無明文。蓋爲其學者相承有此說也。　見〈春秋類〉　案：此記書特點之例。

8、於著錄之書，多記其得書之由來，並考及其板本，如本之不佳者，則更求善本。

《九經字樣》一卷，唐沔王友翰林待詔唐玄度撰。……往宰南城出謁，有持故紙鬻於道者，得此書，乃古京本，五代開運丙午所刻也。遂爲家藏書籍之最古者。　見〈經解類〉　案：此記書乃自購之例。

《御注孝經》一卷，唐孝明皇帝撰并序。……家有此刻，爲四大軸，以爲書閣之鎮。　見〈孝經類〉　案：此記書之家藏者之例。

《梁谿易傳》九卷、《外篇》十卷，丞相昭武李綱伯紀撰。……其書未行於世，館閣亦無之。莆田鄭寅子敬從忠定之曾孫得其家藏本，頃倅莆田日，借鄭本傳錄。　見〈易類〉　案：此記藉傳錄而得書之例。

《詩集傳》二十卷、《詩序辨說》一卷，朱熹撰。……今江西所刻晚年本，得於南康胡泳伯量，校之建安本，更定者幾什一云。　見〈詩類〉　案：此記板本之例。

《尚書大傳》四卷，漢濟南伏勝撰，大司農北海鄭康成注。……印板刓缺，合更求完善本。　見〈書類〉　案：此記更求善本之例。

9、於著錄之書，就其書之分類、眞僞、存佚，甚而書之內容增損改定、書之刊刻、與書中所涉及之人物均有所考述。

《經典釋文》三十卷，唐陸德明撰。……案前世〈藝文志〉列於〈經解類〉。《中興書目》始入之〈小學〉，非也。　見〈經解類〉　案：此考分類之例。

《汲冢周書》十卷，晉五經博士孔晁注。相傳以爲孔子刪書所餘者，未必然也。文體與古書不類，似戰國後人依倣爲之者。　見〈書類〉　案：此

考書真偽之例。

《左氏膏肓》十卷，何休著《公羊墨守》等三書，鄭康成作《鍼膏肓》、《起廢疾》、《發墨守》以排之。……今此書並存二家之言，意亦後人所錄。《館閣書目》闕第七卷，今本亦止闕宣公。而於第六卷分文十六年以後爲第七卷，當並合之。其十卷止於昭公，亦闕定、哀，固非全書也。而錯誤殆未可讀，未有他本可正。　　見〈春秋類〉　　案：此考存佚之例。

《六經圖》七卷，東嘉葉仲堪思文重編。案《館閣書目》有六卷，昌州布衣楊甲鼎卿所撰，撫州教授毛邦翰復增補之。《易》七十，今百三十；《書》五十五，今六十三；《詩》四十七，今同；《周禮》六十五，今六十一；《禮記》四十三，今六十二；《春秋》二十九，今七十二。然則仲堪蓋又以舊本增損改定者耶？　　見〈經解類〉　　案：此記增損改定之例。

《孝經注》一卷，漢鄭康成注。……世少有其本。乾道中，熊克子復從袁樞機仲得之，刻于京口學宮。　　見〈孝經類〉　　案：此記刊刻之例。

《六家謚法》二十卷，翰林學士判太常寺周沆等編。六家者，周公、《春秋》、《廣謚》、沈約、賀琛、扈蒙也。……琛字國寶，山陰人，梁尚書左丞。蒙字日用，幽州人，國初翰林學士。　　見〈經解類〉　　案：此考人物之例。

丙、其他之著錄義例

1、振孫撰《解題》有原注。

《乾生歸一圖》十卷，英州石汝礪撰。……其所謂一者，自注云：「一則靈寂。」其〈玄首〉篇論道，專以靈明原注：「靈」字恐誤，或當作「虛」。無體無生爲主。　　見〈易類〉　　案：此有振孫原注之例。

2、振孫使用互著法。

《京房易傳》三卷、《積算雜占條例》一卷。吳鬱林太守吳郡陸績公紀注。……又有《參同契·律曆志》，見〈陰陽家類〉，專言占候。　　見〈易類〉

《項氏家說》十卷、《附錄》四卷，項安世撰。……附錄《孝經》、《中庸》、《詩篇次》、《丘乘圖》各爲一書，重見諸類。　　見〈經解類〉　　案：以上二條爲振孫使用互著法之例。

3、振孫重湖學，舉凡與本土學術有關者皆記述之。

《三禮圖》二十卷，國子司業太常博士河南聶崇義撰。自周顯德中受詔，至建隆二年奏之。蓋用舊圖六本參定，故題「集註」，詔國學圖於宣聖殿後北軒之屋壁，至道中改作於論堂之上，以版代壁。判監李至爲之〈記〉。吾鄉郡庠，安定胡先生所刱；論堂繪〈三禮圖〉，當是依倣京監。嘉熙戊戌風水，堂壞，今不存矣。　見〈禮類〉

《禮象》十五卷，陸佃撰。……岷隱戴先生分教吾鄉，作閣齋館池上，畫此圖於壁，而以「禮象」名閣，與論堂〈禮圖〉相媲云。　見〈禮類〉　案：以上二條乃振孫重湖學之例。

綜上所述，有關《解題》之體制、《解題》經錄之分類、《解題》經錄之部撰寫解題之義例，均一一舉例加以說明，並有所考論。統此以觀，則振孫經學目錄學之底蘊，亦庶可得而明悉矣。

第五章 《直齋書錄解題》經錄考證

易　類

周易注六卷、略例一卷、繫辭注三卷

《周易注》六卷、《略例》一卷、《繫辭注》三卷。魏尚書郎山陽王弼輔嗣注上、下經，撰《略例》。晉太常潁川韓康伯注〈繫辭〉、〈說〉、〈序〉、〈雜卦〉。

　　廣校案：《直齋書錄解題》（以下簡稱「《解題》」）著錄《周易》此本，頗疑爲南宋刊本。蓋《欽定天祿琳瑯書目》卷一〈宋版經部〉載：「《周易》一函五冊，上、下經六卷，魏王弼注；〈繫辭〉以下三卷，晉韓康伯注；《周易略例》一卷，王弼著、唐邢璹注；俱陸德明音義，共十卷。是書不載刊刻年月，而字法圓活，刻手精整，且於宋光宗以前諱皆缺筆，又每卷末詳記經注音義字數，宋版多此式，其爲南宋刊本無疑。」是《欽定天祿琳瑯書目》所著錄之《周易》，其分卷情況，與《解題》所著錄者相同，惟直齋於《解題》中未述及「唐邢璹注」、「俱陸德明音義」二事，疑爲直齋偶未記及。是故《解題》著錄之《周易》，或與《欽定天祿琳琅書目》所載者爲同一刻板之書。然檢晁公武《郡齋讀書志》（以下簡稱「《讀書志》」）卷第一〈易類〉則載：「《王弼周易》十卷。右上、下經，魏尚書郎王弼輔嗣注。〈繫辭〉、〈說卦〉、〈雜卦〉、〈序卦〉，弼之門人韓康伯注。又載弼所作《略例》，通十卷。」其實，公武此處乃將王、韓之書合併而統計之，故其所著錄，分卷應與《解題》同。紀昀《四庫全書總目》（以下簡稱「《總目》」）卷一〈經部〉一〈易類〉一云：「《周易註》十卷。浙江巡撫採進本。上、下《經註》及《略例》，魏王弼撰；繫辭傳、說卦傳、序卦傳、雜卦傳註，晉韓康伯撰。《隋書·經籍志》以王、韓之書各著錄，故《易註》作六卷《略例》作一卷《繫

辭註》作三卷;《舊唐書‧經籍志》、《新唐書‧藝文志》皆載弼《註》七卷,蓋合《略例》計之;今本作十卷,則併韓書計之也。考王檢《七志》已稱弼《易註》十卷,案《七志》今不傳,此據陸德明《經典釋文》所引。則併王、韓為一書,其來已久矣。」周中孚《鄭堂讀書記補逸》卷一〈經部‧易類〉一云:「《周易注》十卷。內府仿宋相臺岳氏刊本。上、下《經》六卷,魏王弼注;〈繫辭傳〉、〈說卦傳〉、〈序卦傳〉、〈雜卦傳〉三卷,晉韓康伯注;《略例》一卷,王弼撰,唐邢璹注。弼,字輔嗣,山陽高平人,正始中官尚書郎。康伯,名伯,以字行,潁川長社人,簡文時歷官太常。璹,里貫未詳,官至鴻臚寺少卿。《四庫全書》著錄〈隋志〉載《周易》十卷,注云:王弼注六十四卦六卷,韓康伯注〈繫辭〉以下三卷,王弼又撰《易略例》一卷。《經典釋文‧敘錄》所載同,惟《繫辭注》不詳其卷數,蓋皆王、韓注合併之本。《新》、《舊唐書》俱載有王弼《注》七卷,乃無韓《注》之本;又別出王弼、韓康伯《注》十卷。《郡齋讀書志》作《王弼周易》十卷《直齋書錄解題》析作《周易注》六卷、《略例》一卷《繫辭注》三卷《文獻通考》作《王弼易注略例繫辭注》十卷,則皆合併兩注之本也。其《略例》加入邢注,當始於宋時。」案:紀、周二氏所考《周易》王、韓《注》之分卷及兩注合併情況均甚詳悉;要之《解題》著錄此本,蓋依《隋書‧經籍志》,其與宋相臺岳氏刊本,疑同出一源。

自漢以來,言《易》者多溺於象占之學,至弼始一切掃去,暢以義理,於是天下後世宗之,餘家盡廢。然王弼好老氏,魏、晉談玄,自弼輩倡之。《易》有聖人之道四焉,去三存一,於道闕矣。況其所謂辭者,又雜以異端之說乎!范甯謂其罪深於桀、紂,誠有以也。

案:輔嗣治《易》,源於費直。晁公武《讀書志》卷第一〈易類〉「《王弼周易》十卷」條云:「《易》自商瞿受於孔子,六傳至田何,而大興為施讎、孟喜、梁丘賀。其後焦贛、費直始顯,而傳受皆不明,由是分為三家。漢末,田、焦之學微絕,而費氏獨存。其學無章句,惟以〈彖〉、〈象〉、〈文言〉等十篇解上、下經;凡以〈彖〉、〈象〉、〈文言〉等參入卦中者,皆祖費氏。東京荀、劉、馬、鄭皆傳其學。王弼最後出,或用鄭說,則弼亦本費氏也。」晁氏所述《易》學自春秋以迄三國之分家及授受源流,頗具條理。輔嗣《易》既出費氏,故其所撰《周易注》,乃掃除漢世以來象數之學及一切災異、讖緯之說,而暢之以義理,開闢後世以義理說《易》之先河。惟其所謂義理者,實以玄學釋《易》,故直齋深致不滿,後人亦多所聚訟。今人馬宗霍著《中國經學史》,其第七篇〈魏晉之

經學〉謂：「弼作《周易注》，雖所據者爲費氏《易》，與鄭君同，而舍象數以言理，說解迥異。孫盛謂弼以附會之辨，而欲籠統玄旨，雖有可觀者焉，恐將泥夫大道。是在當時亦有違言，然其書則大顯。」是一例也。然《總目》卷一〈經部〉一〈易類〉一「《周易注》十卷」條則云：「弼之說《易》，源出費直，直《易》今不可見；然荀爽《易》即費氏《易》，李鼎祚書尚載其遺說，大抵究爻位之上下，辨卦德之剛柔，已與弼《注》略近，但弼全廢象數，又變本加厲耳。平心而論，闡明義理，使《易》不雜於術數者，弼與康伯深爲有功；祖尚虛無，使《易》竟入於老莊者，弼與康伯亦不能無過。瑕瑜不掩，是其定評。諸儒偏好偏惡，皆門戶之見，不足據也。」周中孚《鄭堂讀書記補逸》卷一〈經部‧易類〉一「《周易注》十卷」條亦云：「漢時諸家言《易》，皆明象數，輔嗣始掃去一切，專申義理，於是讖緯之失，賴之以正。然其素尚老莊之學，爲魏晉談玄之祖，而注經亦多不免；康伯之注復遙爲之和，聖人之本旨幾晦，可謂得失參半者矣！」是《總目》「瑕瑜不掩」之評，鄭堂「得失參半」之論，似較直齋引申范甯「其罪深於桀、紂」之說爲客觀與圓融也。

弼父業長緒，本王粲族兄凱之子，粲二子坐事誅，文帝以業嗣粲。弼死時年二十餘。

案：《三國志》卷二十一〈魏書〉二十一〈王衛二劉傅傳〉第二十一載：「王粲字仲宣，山陽高平人也。……粲二子，爲魏諷所引，誅，後絕。」盧弼《集解》云：「〈鍾會傳〉注引《博物志》曰：『初，王粲與族兄凱俱避地荊州，劉表欲以女妻王粲，而嫌其形陋而用率，乃以妻凱。凱生業。蔡邕有書近萬卷，末年載數車與粲。粲亡後，相國掾魏諷謀反，粲子與焉。既被誅，邕所與書悉入業。』」《解題》所記與史同。又《三國志》卷二十八〈魏書〉二十八〈王毌丘諸葛鄧鍾傳〉第二十八裴松之《注》：「弼字輔嗣。何劭爲其〈傳〉曰：『弼幼而察慧，年十餘，好老氏，通辯能言。父業，爲尚書郎。……正始十年，曹爽廢，以公事免。其秋，遇癘疾亡，時年二十四，無子絕嗣。弼之卒也，晉景王聞之，嗟歎者累日。其爲高識所惜如此。』」是弼卒時，年僅二十四。

古易十二卷

《古易》十二卷，出翰林學士睢陽王洙原叔家。上、下經惟載爻辭，外〈卦辭〉一、〈彖辭〉二、〈大象〉三、〈小象〉四、〈文言〉五、上〈繫〉六、下

〈繫〉七、〈說卦〉八、〈序卦〉九、〈雜卦〉十。葉石林以為此即〈藝文志〉
所謂《古易》十二篇者也。

　　廣校案：《解題》著錄此本《通志堂經解》本題作《睢陽王氏易》，凡十二篇，
　　篇次與《解題》相同，末附葉夢得之語曰：「班固〈儒林傳〉稱孔子晚而好《易》，
　　讀之韋編三絕而為之傳。〈藝文志〉敘《易》云文王重《易》，爻作上、下篇；
　　孔子為之〈彖〉、〈象〉、〈繫辭〉、〈文言〉、〈序卦〉之屬十篇，故總稱《易》十
　　二篇。施、孟、梁丘三家，而其餘王氏以上，至周氏六家，二篇而已。二篇者，
　　傳上、下〈經〉之辭；而十二篇者，上、下經之外，又有十篇之說也。《古易》
　　書之序如此。吾嘗於睢陽王原叔家得《古易》本，自〈乾〉、〈坤〉而下，分〈咸〉、
　　〈恒〉為二篇，但有六爻之文，如〈乾〉、〈坤〉首言初九，潛龍勿用；九二，
　　見龍在田之類，至〈繇辭〉、〈彖辭〉、〈大象〉、〈小象〉、〈序卦〉、〈說卦〉、〈雜
　　卦〉、〈文言〉，與今上、下〈繫辭〉皆別為卷，正十二篇。乃知今本各以〈彖〉、
　　〈象〉之辭繫每卦之下，而取孔氏之《傳》謂之〈繫辭〉者，王輔嗣之誤也。
　　太史公引『天下同歸而殊塗，一致而百慮』為《易大傳》，則漢諸儒固未嘗以今
　　兩篇為〈繫辭〉。又漢儒多引『正其本，萬事理』與『差之毫釐，失之千里』為
　　《易傳》，而今無之。或者其書亦有脫亡歟？」《解題》此條所述，乃據葉氏剪
　　裁而成。惟葉氏云《易》十二篇，此作十二卷，蓋以一篇為一卷也。就夢得及
　　《解題》所記，則《古易》此本原出王洙家，或初歸葉石林，後乃輾轉為直齋
　　所得耳。至《宋史》卷二百三〈志〉第一百五十五〈藝文〉一〈經類・易類〉
　　著錄：「《古易》十三卷。出王洙家。」疑〈宋志〉之「十三」乃「十二」之誤。

案〈隋〉、〈唐志〉皆無《古易》之目，當亦是後人依倣錄之爾。

　　案：直齋謂此書「後人依倣錄之」，蓋以〈隋〉、〈唐志〉無其目，前既無所承，
　　故難以憑信也。惟此書雖出王洙家，然未必為洙所倣錄者。

周易古經十二卷

《周易古經》十二卷。丞相汲郡呂大防微仲所錄上、下經，並錄〈爻辭〉、廣
校案：《文獻通考》作「繇辭」。〈彖〉、〈象〉，隨經分上、下，共為六卷，上、下
〈繫辭〉二卷〈文言〉、〈說〉、〈序〉、〈雜卦〉各一卷。

　　廣校案：呂氏《周易古經》，凡十二篇《通志堂經解》收之，題為《呂氏周易古
　　經》，末附呂大防〈自序〉，曰：「右《周易古經》者，〈彖〉、〈象〉所以解經，

始各爲一書。王弼專治〈彖〉、〈象〉以爲注，乃分綴卦、爻之下，學者於是不見完經，而〈彖〉、〈象辭〉次第貫穿之意，亦缺然不屬。予因案古文而正之，凡經二篇，〈彖〉、〈象〉、〈繫辭〉各二篇，〈文言〉、〈說卦〉、〈序卦〉、〈雜卦〉各一篇，總一十有二篇。元豐壬戌七月既望，汲郡呂大防序。」是呂氏原稱十二篇，則《解題》之作十二卷者，亦以篇爲卷耳。至書分篇及次第，呂〈序〉亦較《解題》所述爲明晰。朱彝尊《經義考》卷十九「《呂氏大防周易古經》」條引董眞卿曰：「《呂氏周易古經》，上經第一，下經第二，上〈彖〉第三，下〈彖〉第四，上〈象〉第五，下〈象〉第六，〈繫辭〉上第七，〈繫辭〉下第八，〈文言〉第九，〈說卦〉第十，〈序卦〉第十一，〈雜卦〉第十二。」所言十二篇之次序《通志堂經解》本與之相同。衡以《解題》所述，則直齋所記者顯較含混矣。又此本卷數《讀書志》與馬端臨《文獻通考》均作二卷，疑《讀書志》「二」上原脫「十」字，而馬氏未察，尤而效之。惟《經義考》又謂此本「《書錄解題》十卷」。倘非朱氏之誤，則刊刻時有脫文，「十」下脫「二」字也。

古周易八卷

《古周易》八卷。中書舍人清豐晁說之以道所錄〈卦〉〈爻〉一、〈彖〉二、〈象〉三、〈文言〉四、〈繫辭〉五、〈說卦〉六、〈序卦〉七、〈雜卦〉八。

廣棪案：晁氏《古周易》，凡八篇《解題》以篇爲卷。《通志堂經解》有此本，末附李燾、吳仁傑二家跋語。李〈跋〉云：「右《周易古經》八篇，并呂氏、晁氏〈後記〉各一篇。謹案：元豐五年正愍呂公微仲始釐析王輔嗣篇第，別定爲十有二，如劉歆〈六藝略〉首所列施、孟、梁丘三家者，刻板置成都學宮，於文字句讀初無增損。建中靖國元年，景迂晁生以道又輯諸家異同，或斷以己意，有增有損，篇第則倣費長翁未解、輔嗣未注以前舊本，獨并十二爲八耳。」是仁甫以爲《古周易》原祇八篇，及王輔嗣注《周易》，乃改作《注》六卷、《略例》一卷、《繫辭注》三卷；其後呂微仲又釐析王《注》爲十二篇，文字句讀無所增損。至晁以道出，又并呂氏之十二篇爲八篇，以期恢復《古周易》篇第之舊，且輯諸家異同而斷以己意，故晁本文字增損頗多，殊有異於呂氏。李〈跋〉又云：「呂公於〈卦〉、〈爻〉、〈彖〉、〈象〉、〈繫辭〉並分上下，自〈咸〉以後爲下經、下〈彖〉、下〈象〉；自八卦成列以後爲下〈繫〉，而〈文言〉乃次下〈繫〉。晁氏俱不分上、下，更以〈文言〉先〈繫辭〉，餘同呂氏。」據李〈跋〉，則呂、晁二本，不惟篇數有異，其書之編次亦迥不相侔。《解題》於呂、晁二本之異同

未嘗詳論，故略徵李〈跋〉以爲補說。此本《讀書志》衢本卷第一〈易類〉亦著錄，惟題作「《晁以道古易》十二卷」，袁本「卷」作「篇」。《讀書志》云：「右從父詹事公撰。以諸家《易》及許慎《說文》等九十五書，是正其文字，且依漢田何本分《易經》上、下，并《十翼》，通爲十二篇，以矯費氏、王弼之失。」是《讀書志》於此本，其袁本稱十二篇者，亦以卷爲篇耳。惟《通志堂經解》此本所附以道〈自序〉，其〈序〉首已曰：「《周易》〈卦〉〈爻〉一，〈彖〉二，〈象〉三，〈文言〉四，〈繫辭〉五，〈說卦〉六，〈序卦〉七，〈雜卦〉八，繕寫謹第如上。」卷數與《解題》合；又《宋史》卷二百三〈志〉第一百五十五〈藝文〉一〈經類・易類〉亦謂：「晁說之錄《古周易》八卷。」是《讀書志》之作十二卷者，其錯誤顯明，公武或偶有失愼也。

其說曰：「以〈彖〉、〈象〉、〈文言〉雜入卦中自費氏始。孔穎達又謂輔嗣之意，〈象〉本釋〈經〉，宜相附近，分爻之〈象辭〉各附逐爻。則費氏初變古制時，猶若〈乾〉、〈坤〉二卦各存舊本歟？古經始變於費氏，而卒大亂於王弼，奈何後之儒者尤而效之。杜預分《左氏傳》於《經》，宋衷、范望散《太玄》，〈測〉、〈贊〉於八十一首之下，是其明比也。揆觀其初，乃如《古文尚書》，遷、固〈敍傳〉，揚雄〈法言敍篇〉云爾。」

案：《解題》此處乃節取以道〈自序〉成文，然較含混難明。茲仍錄晁氏〈自序〉原文，以觀其旨，則較清晰。〈自序〉云：「案：晉太康初發汲縣舊冢，得古簡編科斗文字，散亂不可訓知，獨《周易》最爲明了，上下篇與今正同。別有〈陰陽說〉，而無〈彖〉、〈象〉、〈文言〉、〈繫辭〉，杜預疑于仲尼造之於魯，尚未播之遠國，而漢〈藝文志〉：『《易經》十二篇，施、孟、梁丘三家。』顏師古曰：『上、下經及〈十翼〉，故十二篇。』是則〈彖〉、〈象〉、〈文言〉、〈繫辭〉始附〈卦〉而傳於漢歟？先儒謂費直等專以〈彖〉、〈象〉、〈文言〉參解〈易〉爻，以〈彖〉、〈象〉、〈文言〉雜入卦中者，自費氏始。其初費不列學官，惟行民間；至漢末，陳元方、鄭康成之徒皆學費氏，古十二篇之《易》遂亡。孔穎達又謂輔嗣之意，〈象〉本釋經，宜相附近，分爻之〈象辭〉各附當爻。則費氏初變亂古制時，猶若今〈乾卦〉，〈彖〉、〈象〉繫卦之末歟？古經始變於費氏，而卒大亂於王弼，惜哉！奈何後之儒生尤而效之，杜氏分《左氏傳》於《經》，宋襄、范望輩散《太玄》〈贊〉與〈測〉於八十一首之下，是其明比也。揆觀其初，乃如《古文尚書》，司馬遷、班固〈序傳〉，揚雄〈法言序〉冠之篇首，與學官書不同，槩可見也。唐李鼎祚又取〈序卦〉冠之卦首，則又效小王之過也。今悉

還其初，庶幾學者不執〈彖〉以狗卦，不執〈象〉以狗爻云。昔韓宣子適魯，見《易象》。是古人以卦爻統名之曰象也，故曰：易者，象也。其意深矣！豈若後之人，卦必以〈象〉明，〈象〉必以辭顯，紛紛多岐哉！嗚呼！學者曾未之知也。劉牧云：『〈小象〉獨〈乾〉不繫乎爻辭，尊君也。』石守道亦曰：『孔子作〈彖〉、〈象〉於六爻之前，〈小象〉繫逐爻之下，惟〈乾〉悉屬之於後者，讓也。』嗚呼！他人尚何責哉！」是以道乃據多種古書著作之體例以推考《古周易》舊本原貌，認爲漢之前雖孔子已撰十翼，因未播之遠國，故其時《古易》僅上、下《經》，汲冢簡書是其證也。至漢十翼始附載於《經》，故《漢書‧藝文志》謂：「《易經》十二篇。」是其時之《易》，《經》、《傳》猶剖分，各自爲篇，〈十翼〉十篇依次列於上、下《經》二篇之後。嗣後，費直雜《傳》於《經》，變亂古制，其《易》猶今之〈乾卦〉，〈彖〉、〈象〉均繫於每卦後，而《古易》十二篇亡矣。及魏之王輔嗣，更大亂《古易》，列〈彖〉與〈大象〉於六爻前以論卦體，退〈小象〉於逐爻後以釋各爻，不符古書撰作體例，而後儒竟有尤而效之者。此以道《古周易》八篇所以不得不編錄也。讀晁氏〈自序〉，不惟足知其著錄此書之主旨，猶可得悉以道《古周易》據依古書體例其第篇原貌，藉矯費、王二本之失。是以道於《古易》之恢復，功不可抹。至《解題》節錄晁氏〈自序〉亦有錯舛。晁〈序〉曰：「費氏初變亂古制時，猶若今〈乾卦〉，〈彖〉、〈象〉繫卦之末歟？」《解題》則改作「猶若今〈乾〉、〈坤〉二卦各存舊本歟？」似不知〈坤〉卦〈彖〉、〈象〉之篇次與〈乾卦〉大相逕庭，此不得不辨。至〈自序〉之「宋襄、范望輩散《太玄》〈贊〉與〈測〉於八十一首之下」句，「宋襄」，《解題》改作「宋衷」，甚當。〈自序〉作「襄」，形近而誤，《隋書‧經籍志》、顧櫰三《補後漢書藝文志》均作「宋衷」。衷，後漢時人，注《太玄經》。《解題》卷九〈儒家類〉載：「《太玄經》十卷。揚雄撰，五業主事章陵宋衷仲子解詁。吳鬱林太守陸績公紀釋文，晉尚書郎范望叔明解贊。」又謂：「初，宋、陸二家各依舊本解釋，范望折中長短，或加新意，既成此注，乃以〈玄首〉一篇加〈經贊〉之上，〈玄測〉一篇附〈贊〉之下，爲九篇，列爲四卷。〈首〉、〈測〉_{廣棪}案：盧文弨《新定直齋書錄解題》稿本（以下簡稱「盧校本」）作「二」。序，仍載之第一卷之首。蓋猶王弼離合《古易》之類也。」是直齋之批評宋、范變亂《太玄》，與以道所論，同出一轍也。

卷首列名氏二十餘家，文字異同則散見於卦_{廣棪案：盧校本「卦」上有「諸」。}云。

案：以道〈自序〉記其輯錄諸家異同，以稽考舛訛，並校讎此本之經過云：「若

夫文字之傳，始有齊、楚之異音，卒有科斗、籀、篆、隸書之四變，因而訛謬者多矣。劉向嘗以中《古文易經》校施、孟、梁丘《經》，至蜀李譔又嘗著《古文易》，則今之所傳者皆非古文也。安得睹夫劉、李之書乎？其幸而諸儒之《傳》今有所稽考者，具列其異同、舛訛於字下，亦庶幾乎同復於古也。」所惜《解題》所云：「卷首列名氏二十餘家」者，其姓名既不見於〈自序〉，亦不見於《通志堂經解》本；所謂「文字異同則散見於卦」者，今本亦乏載其文字異同。余僅見李仁甫所撰〈跋〉，末有謂：「晁氏專主北學，凡故訓多取許叔重《說文解字》、陸德明《音義》、僧一行、李鼎祚、陸希聲，及本朝王昭素、胡翼之、黃聱隅輩所論，亦時采掇，嘉祐以後獨否。」及《讀書志》謂：「以諸家《易》及許慎《說文》等九十五書，是正其文字。」則據李、晁二氏所記，猶可略悉以道參稽諸家群書之彷彿。

古易十二卷、音訓二卷

《古易》十二卷、《音訓》二卷。著作郎東萊呂祖謙伯恭所定，篇次與汲郡呂氏同。

廣棪案：呂伯恭所訂《古易》，凡十二篇《解題》作十二卷，蓋以篇為卷耳。惟今本均作一卷。《通志堂經解》本書名題為「《東萊呂氏古易》」。《四庫全書》亦著錄。《總目》卷三〈經部〉三〈易類〉三云：「《古周易》一卷。兩江總督採進本。宋呂祖謙編。……《古易》上、下經及十翼，本十二篇，自費直、鄭玄以至王弼遞有移掇，孔穎達因弼本作《正義》，行於唐代《古易》遂不復存。宋呂大防始考驗舊文，作《周易古經》二卷，廣棪案：《解題》作十二卷。晁說之作錄《古周易》八卷，薛季宣作《古文周易》十二卷，程迥作《周古易考》一卷，李燾作《周易古經》八篇，吳仁傑作《古周易》十二卷，大致互相出入。祖謙此書與仁傑書最晚出，而較仁傑為有據。凡分上經、下經、〈象上傳〉、〈象下傳〉、〈象上傳〉、〈象下傳〉、〈繫辭上傳〉、〈繫辭下傳〉、〈文言傳〉、〈說卦傳〉、〈序卦傳〉、〈雜卦傳〉，為十二篇。……其書與呂大防書相同，而不言本之大防，尤袤與吳仁傑書嘗論之。然祖謙非竊據人書者，稅與權〈校正周易古經序〉謂偶未見大防本。殆得其實矣。」是伯恭此本篇次與汲郡呂氏本同。然伯恭絕非竊據他人書者，今觀其所撰下經案語曰：「《易經》之分上、下，必始於文王作《周易》之時，近世晁氏編《古周易》乃合而為一，且後人妄有上、下經之辨，何其考之不詳哉！」而其〈自序〉更謂：「自康成、輔嗣合〈象〉、〈象〉、〈文言〉

於經」，學者遂不見古本。近世嵩山晁氏編《古周易》，將以復於其舊，而其刊補離合之際，覽者或以爲未安。祖謙僅因晁氏書，參考傳記，復定爲十二篇，篇目卷帙一以古爲斷，其說具於《音訓》云。」則伯恭之復定此書，殊屬有所爲而爲者。況其重定之後，朱子既爲之〈跋〉，而又爲刻其書於臨漳、會稽乎？故尤、稅二人所論，實爲得之。因《解題》於此事未嘗細論，故費辭補考之如上。

《音訓》則其門人王莘叟筆受。

案：朱子爲伯恭所定《古易》作〈跋〉云：「右《古文周易》經傳十二篇，亡友東萊呂祖謙伯恭父之所定；而《音訓》一篇，則其門人金華王莘叟之所筆受也。……《音訓》則妄，意其或有所遺脫。莘叟言書甫畢，而伯恭父沒。是則固宜然，亦未敢輒補也。」是朱子固有不愜於《音訓》者。然朱子裔孫鑑則嘗刊刻此書，鑑作〈跋〉且云：「先生廣校案：指朱子。著述經傳，悉加音訓，而於《易》獨否者，以有東萊先生書也。鑑既刊《啓蒙》、《本義》，念《音訓》不可闕，因取寶婺、臨漳、鄂渚本親正訛誤六十餘字，而併刊之。如〈豫爻〉之籫、〈損象〉之窒，則有未詳者。然非有害於文義，已足爲善本矣。」王柏〈序〉亦曰：「予暇日校正《音訓》，而有未能釋然于可疑者久之，方悟成公之謹于闕疑也，善於復古也。……抑嘗思之：不有《音訓》類其同異，則不知諸儒之得失；不見諸儒之異同得失，則不知伊洛以來傳義之精也。《音訓》之有益于後學如此。知其所以異，而能察其所當同，而後可以謂之善觀。今大綱領既正《音訓》甫畢而成公夢奠，精神全在卷第之下分行注中，讀者尤當留意焉。」是則莘叟筆受之《音訓》，雖未盡愜意於朱子，亦可算有功於有師矣。

朱晦庵刻之於臨漳、會稽，益以程氏是正文字及晁氏說。其所著《本義》，據此本也。

案：伯恭《古易》、《音訓》二書，朱子刻於臨漳、會稽者，今皆不存；朱鑑所刻《音訓》，茲亦不之見。故如《通志堂經解》、《四庫全書》等諸本《古易》，及清人宋咸熙所輯之《古易音訓》，均非朱子祖孫所刻之舊本。至《周易本義》之據此本《解題》卷一〈易類〉「《易傳》十一卷、《本義》十二卷、《易學啓蒙》一卷」條云：「煥章閣待制侍講新安朱熹晦庵撰。初爲《易傳》，用王弼本。復以呂氏《古易經》爲《本義》，其大旨略同而加詳焉。」是朱子著《本義》乃據伯恭《古易》之證。

古周易十二卷

《古周易》十二卷。國子錄吳郡吳仁傑斗南所錄。以爻為〈繫辭〉，今之〈繫辭〉為〈說卦〉。

> 廣棪案：《經義考》卷三十〈易〉二十九載：「吳氏仁傑《古周易》，〈宋志〉十二卷，未見。」總目卷三〈經部〉三〈易類〉三云：「《易圖說》三卷。兩江總督採進本。宋吳仁傑撰。仁傑字斗南，崑山人。《宋史・藝文志》載仁傑《古周易》十二卷、《易圖說》三卷、《集古易》一卷。今《古周易》世罕傳本，僅《永樂大典》尚有全文，此書其圖說也。」是仁傑《古周易》尚存於《永樂大典》中，彝尊偶有未照耳。今《通志堂經解》亦有此本及《易圖說》。納蘭成德〈序〉云：「《古易》一冊，附以《易圖說》三卷，宋河南吳仁傑斗南父著。……而《易圖說》者，則演之爲圖，以明其旨者也，是二書固相輔而行者與！仁傑《古易》本十二卷，今本止舉其略，而集諸家所訂于後。考張昺《吳中人物志》，仁傑有《集古易》，蓋此書也。」是納蘭成德以《古周易》與《集古易》爲同一書，然〈宋志〉則明載《古周易》十二卷、《集古易》一卷。書名、卷帙均殊異，納蘭氏之說恐未允恰也。而其〈序〉稱斗南爲河南人，乃舉其郡望。至《解題》云：「以爻爲〈繫辭〉。」「爻」下實闕「辭」字。斗南〈自序〉云：「仁傑案：史稱孔子晚而好《易》，讀之韋編三絕，而爲之傳。顏師古曰：『傳謂〈彖〉、〈象〉、〈繫辭〉之屬。』則知伏羲、文王、周公之作，周曰〈彖〉、〈象〉、〈繫辭〉；而《十翼》所謂〈彖〉、〈象〉、〈繫辭〉，乃其傳也。費氏本有傳字，故王弼於每卷必以首卦配傳名之。《音義》釋上〈經・乾傳〉云：『傳，謂夫子《十翼》。』又釋〈繫辭〉上云：『王肅本〈繫辭〉上傳。』由此言之《十翼》所謂〈彖〉、〈象〉、〈繫辭〉，本不與伏羲、文王、周公之名相亂，《古經》蓋曰〈彖傳〉、〈象傳〉、〈繫辭傳〉也。今《易》指孔子之〈象辭〉爲〈大象〉，而以釋爻辭之文爲〈小象〉者，案：《易》固有大、小〈象〉焉。〈大象〉指八卦八物之象，所謂八卦以象告，立象以盡意。如〈乾〉爲天，〈震〉爲雷之類。〈說卦〉載：『帝出乎〈震〉』至『成言乎〈艮〉』，蘇文忠公謂：『古有是說，孔子從而釋之者。』是已。〈小象〉指六十四卦八物相配之象，所謂象其物宜，是故謂之象。八卦成列，象在其中，如雷在天上大壯之類，孔子所著〈象傳〉是已。然則今〈大象〉當曰〈象傳〉，〈小象〉乃孔子所以釋爻辭者，當曰〈繫辭傳〉也。夫孔子釋爻辭之文謂之〈繫辭傳〉，則周公爻辭曰〈繫辭〉可矣。」是《解題》所述據斗南〈自序〉立說也，惟「爻」下闕「辭」字必矣。斗南〈自序〉又云：「雖然，謂爻辭爲〈繫

辭〉，謂〈小象〉爲〈繫辭傳〉，則今所謂上、下〈繫〉者，復何名哉？或曰：
二〈繫〉當謂之〈說卦〉，與今〈說卦〉通爲三篇。諸儒既以〈繫辭傳〉爲〈小
象〉，而上、下〈繫〉之名無所歸，故取〈說卦〉前兩篇名之，其實本〈說卦〉
也。歐陽公謂：『今〈繫辭〉之文，雜論《易》之諸卦，其辭非有所繫，不得謂
之〈繫辭〉。』葉少蘊左丞亦曰：『太史公引「天下同歸而殊塗，一致而百慮。」
爲《易大傳》，則漢諸儒固未嘗以今兩篇爲〈繫辭〉。』斯其爲〈說卦〉也，審
矣。」則《解題》「今之〈繫辭〉爲〈說卦〉」云云，亦依斗南說也。然朱子頗
不以斗南說爲然。《經義考》卷三十〈易〉二十九引朱子之語曰：「吳斗南《古
易》既畫分卦，繫以〈象辭〉，再畫本卦分六爻，而繫以爻辭，似涉重覆。又〈象
傳〉釋〈象辭〉，〈象傳〉釋爻辭。廣桉案：斗南〈自序〉稱〈大象〉為〈象傳〉，
又謂〈繫辭傳〉釋爻辭。朱子此句誤矣。〈繫辭傳〉則通釋卦、爻之辭，故統名之
曰〈繫辭傳〉，恐不可改〈繫辭傳〉爲〈說卦〉。蓋〈說卦〉之體，乃分別八卦
方位與其象類，故得以〈說卦〉名之；〈繫辭傳〉兩篇釋卦、爻之義例、辭意爲
多，恐不得謂之〈說卦〉也。」惟《總目》卷三〈經部〉三〈易類〉三「《易圖
說》三卷」條則云：「又謂〈序卦〉爲伏羲，〈雜卦〉爲文王。今之〈爻辭〉當
爲〈繫辭傳〉，廣桉案：爻辭乃〈大象〉之誤。〈繫辭傳〉當爲〈說卦傳〉，於諸家
《古易》之中，其說特爲新異，迥與先儒不合，然證以《史記》引『同歸殊塗』
二語爲〈大傳〉，不名〈繫辭傳〉，〈隋志〉謂〈說卦〉三篇，今止一篇，爲後人
亂其篇題，所言亦時有依據。錄而存之，用備一說云爾。」周中孚《鄭堂讀書
記補逸》卷一〈經部・易類〉一載：「《易圖說》三卷《通志堂經解》本。宋吳仁
傑撰。……按《書錄解題》、《通考》、〈宋志〉俱載斗南有《周易》十二卷。……
斗南所定《古易》，與朱子、呂東萊異，止可存備一說，不必爲訓，故朱子《語
錄》中亦辭而闢之。……其《古易》中以孔子之傳卦象者當曰〈象傳〉，傳〈大
象〉者當曰〈象傳〉，廣桉案：斗南〈自序〉僅謂〈大象〉為〈象傳〉。傳〈爻辭〉
者當曰〈繫辭傳〉，而今之〈繫辭〉上、下，當總名〈說卦〉，同一創解也。」
各家所論斗南之說，或意見分歧，或游移兩可，是則斗南之說，猶俟後人審慎
推敲，重作考證，始冀有以成定讞。

其言〈十翼〉，謂〈象傳〉、〈象傳〉、〈繫辭傳〉上、下，〈說卦〉上、中、下，
〈文言〉、〈序卦〉、〈雜卦〉，并上、下經為十二篇。

　案：斗南此書〈自序〉云：「仁傑謂十翼，〈象傳〉也，〈象傳〉也，〈繫辭〉上、
　下〈傳〉也，〈文言〉也，〈說卦〉上、中、下也，〈序卦〉也，〈雜卦〉也，并

上、下經，是爲十二篇。」《解題》所述，據斗南〈自序〉。

案漢世傳《易》者，施、孟、梁丘、京、費。費最晚出，不得立於學官。其學亡章句，惟以〈彖〉、〈象〉、〈文言〉等解上、下經。自劉向校中《古文易經》，諸家或脫「無咎」、「悔亡」，惟費氏與《古文》同，東京名儒馬、鄭皆傳之。其後諸家皆廢，而費學孤行，以至於今。其合〈彖〉、〈象〉、〈文言〉於經，蓋自康成、輔嗣以來，展轉相傳，學者遂不識古文本《經》。甚至今世考官命題，或連〈彖〉、〈象〉、〈爻辭〉爲一，對大義者，志得而已，往往穿鑿傅會，而經旨皆破碎極矣。

案：《漢書·藝文志》曰：「漢興，田何傳之。訖于宣、元，有施、孟、梁丘、京氏，列於學官，而民間有費、高二家之說。劉向以中《古文易經》校施、孟、梁丘經，或脫去『無咎』、『悔亡』，惟費氏《經》與《古文》同。」而《隋書》卷三十二〈志〉第二十七〈經籍〉一〈經〉著錄：「漢初傳《易》者有田何，何授丁寬，寬授田王孫，王孫授沛人施讎、東海孟喜、琅邪梁丘賀。由是有施、孟、梁丘之學。又有東郡京房，自云受《易》於梁國焦延壽，別爲京氏學，嘗立，後罷。後漢施、孟、梁丘、京氏凡四家並立，而傳者甚眾。漢初又有東萊費直傳《易》，其本皆古字，號曰《古文易》，以授琅邪王璜，璜授沛人高相，相以授子康及蘭陵毋將永。故有費氏之學行於人間，而未得立。後漢陳元、鄭眾皆傳費氏之學，馬融又爲其《傳》以授鄭玄；玄作《易注》，荀爽又作《易傳》。魏代王肅、王弼並爲之《注》。自是費氏大興，高氏遂衰。梁丘、施氏、高氏亡於西晉，孟氏、京氏有書無師。梁、陳，鄭玄、王弼二《注》列於國學；齊代唯傳鄭義；至隋，王《注》盛行，鄭學浸微，今殆絕矣。」觀此，則知直齋此段所述，多取材於漢、隋二〈志〉，而較簡略。惟所言「輔嗣以來，展轉相傳，學者遂不識古文本《經》」云云，則不盡符合史實。蓋〈隋志〉固無是說《舊唐書·經籍志》、《新唐書·藝文志》亦無之。且《解題》一書即著錄之《古易》凡五種，另且及於《九江周氏易》與程迥《古易考》；又呂微仲、晁以道諸人皆深於《古易》，直齋豈容不知，不意竟於此處發爲一前後矛盾之論，殊可惋矣！至謂宋世考官命題多誤，不遂大義，穿鑿傅會，破碎《經》旨；倘實況若此，則尤可哀也歟！

凡此諸家所錄，雖頗有同異，大較《經》自爲《經》，《傳》自爲《傳》，而於《傳》之中〈彖〉、〈象〉、〈文言〉亦各不相混。稍復古人廣棪案：盧校本作「文」，是。之舊，均有補於學者，宜並存之。

案：此段照應以上各條。所謂「諸家所錄」者，蓋指王原叔家之《古易》十二卷、呂微仲之《周易古經》十二卷，晁以道之《古周易》八卷、呂伯恭之《古易》十二卷及斗南之《古周易》十二卷。除二呂本篇次相同外，其餘皆相異也。上述《古易》五種《經》、《傳》分列，各不相混《解題》評之爲「稍復古文之舊，均有補於學者」，庶幾近之。

又有九江周燔所次，附見吳氏書篇末，今、古文參用，視諸本爲無據。

案：《經義考》卷二十九〈易〉二十八載：「周氏燔《九江易傳》九卷，佚。」繼引燔之〈自序〉及王應麟語。而所引應麟之語曰：「《古易》五家，呂大防十二篇，晁說之并十二爲八，睢陽王氏、東萊呂氏各定爲十二篇，周燔又改更次序。」是應麟亦謂燔改更次序也。考《九江易傳》九卷《通志堂經解》收之。其篇次爲上〈經・乾傳〉第一，上〈經・泰傳〉第二，上〈經・噬嗑傳〉第三，下〈經・咸傳〉第四，下〈經・夬傳〉第五，下〈經・豐傳〉第六，〈繫辭〉上第七，〈繫辭〉下第八，〈說卦〉第九，〈序卦〉、〈雜卦〉第十。燔〈自序〉曰：「《古文易》書，經自經，傳自傳，各分卷帙，不相參入。後人取〈彖〉、〈象〉散入卦、爻之下，使相附近，欲學者易曉。而今之《易》，經傳相配，自鄭康成、王弼始。……取其便於解經而已。惜乎先儒分之，失其次序，列〈卦象〉於〈象〉曰之後，而在六爻之前，上無所承，下無所據，六十四卦皆有此誤。諸卦〈象〉曰有七，其一爲〈卦象〉，其六爲〈爻象〉。而〈坤〉稱〈象〉曰者八，獨〈乾〉卦稱〈象〉曰者一，首尾錯亂，全與他卦不同。以〈象〉曰承『無首吉』之下，則『元亨』爲爻辭所隔矣；以『潛龍勿用』承『自強不息』之下，則卦、爻二〈象〉合爲一矣；分『潛龍勿用』於『動而有悔』之後，則〈小象〉與前爻不得相屬矣；分『乾元者始而亨』於『見天則』之後，則〈文言〉與前段不得相屬矣。由卦辭多義又深微，故差失次序比他卦爲甚，蓋不知仲尼之意，因世次爲先後，贊以天象，不可易也。卦自伏羲之所畫也，故贊之以〈卦象〉，如曰：『天行健，君子以自強不息。』是也。卦首諸辭，文王之所繫也，故贊之以〈彖〉，如曰：『大哉乾元，萬物資始。』是也。爻下諸辭，周公之所繫也，故贊之以〈爻象〉，如曰：『潛龍勿用，陽氣潛藏。』是也。故〈卦象〉當承本卦之下，在〈象〉之前。今進〈卦象〉於前，而後〈象〉次之，〈爻象〉又次之，〈文言〉又次之。至於『初九曰：「潛龍勿用，何謂也？」』以下乃夫子問答之辭，最次于後。諸卦之〈爻象〉，皆可以分配六位之下，唯〈乾〉六爻，仲尼三申其義，不可分也，故併以三節明之。於是經、傳始各得其歸趣矣。伏羲畫卦，初無語言文字；億

載之後，文王、周公得以繫其辭，不失伏羲之本旨者，有象存焉。故《易》之道本不可以言辭傳，以言辭傳《易》者，聖人之不得已也；慮後世浸遠，學者失其傳，而不能有所入也。若三聖不措一辭，則六十四卦殆爲虛設，當委棄廢絕不復見矣。故知學《易》，觀〈象〉爲本，而博之以文，演之以數，於是《易》道幾無餘蘊。……今將《易傳》，凡〈彖〉、〈象〉、〈文言〉曰等，比《經》皆低一字，使學者知其爲《傳》，非有高下之意也。……又〈說卦〉卷首『昔者』兩段差誤在此，今已附之〈繫辭〉上、下篇。自『天地定位』以下，乃爲〈說卦〉首篇，欲見聖人專說八卦之物，其次乃序六十四卦之時，以〈雜卦〉終焉。〈繫辭〉分章小有差者，亦隨而正之，庶幾於聖人之道有小補云。」是則燔之此書，仍一本《古文》之舊，其改更篇次似無根據，惟亦自成體例，所論亦能自圓其說。要之《古易》自漢以還，存亡絕續，今可見者僅五、六種，殊足珍惜。故《九江周氏易》雖不愜於直齋《解題》固無妨錄而存之，用備一說也。

又有程迥可久《古易攷》十二篇，見後。

案：《解題》卷一〈易類〉著錄：「《沙隨易章句》十卷、《外編》一卷、《占法》一卷、《古易攷》一卷、沙隨程迥可久撰。……《古易攷》十二篇，闕〈序〉、〈雜卦〉。」據此可藉知《古易攷》乃一卷，凡十二篇，其本闕〈序〉、〈雜〉二卦。此書《宋史》卷二百三〈志〉第一百五十五〈藝文〉一〈經類‧易類〉誤作「《占法古易考》一卷」，證以《解題》，固應作「《占法》一卷、《古易考》一卷」爲是。《經義考》卷二十八〈易〉二十七著錄程迥此書，云：「〈宋志〉一卷，未見。」又引〈宋藝文志序〉曰：「程迥可久作《易考》十二篇，別爲章句，不與《經》相亂。」又引胡一桂之語曰：「康節、百源《易》，實《古易》也。沙隨蓋本諸此，而篇第與二呂氏合，只以〈文言〉在〈繫辭〉之前爲不同耳。」是則此書，其體例及篇次，與二呂之本幾全同矣。

周易正義十三卷

《周易正義》十三卷，_{館臣案：《舊唐書‧經籍志》作十四卷，《唐書‧藝文志》作十六}卷。唐國子祭酒冀州孔穎達仲達撰。〈序〉云十四卷，《館閣書目》亦云今本止十三卷。

廣棪案：此書《舊唐書‧經籍志》作十四卷《唐書‧藝文志》作十六卷，然孔穎達〈自序〉明謂：「爲之《正義》，凡十有四卷。」當依〈自序〉爲是。《解題》

作十三卷，故後世頗生聚訟。《總目》卷一〈經部〉一〈易類〉一云：「《周易正義》十卷。內府刊本。魏王弼、晉韓康伯註，唐孔穎達疏。……〈序〉稱十四卷，〈唐志〉作十八廣棪案：應為十六。卷，《書錄解題》作十三卷。此本十卷，乃與王、韓註本同，殆後人從註本合併歟？」周中孚《鄭堂讀書記補逸》卷一云：「《周易注疏》十三卷。武英殿刊《十三經注疏》本。唐陸德明音義，孔穎達疏。……《四庫全書》著錄作《周易正義》十卷。按〈舊唐志〉載《周易正義》十四卷，〈新唐志〉作十六卷，《崇文總目》、《讀書志》、《通考》、〈宋志〉俱作十四卷，而仲達原〈序〉亦稱十四卷，則〈新志〉誤也。《書錄解題》又作十三卷，引《館閣書目》亦云今止十三卷。蓋作十四卷者，併其前仲達所作〈序論〉一卷計之也。」考今人傅增湘得宋監本《周易正義》，作〈景印周易正義序〉，刊見《圖書學季刊》第九卷第三、四期合刊中，廣棪案：此〈序〉後更稱為〈宋監本周易正義跋〉，收入《藏園群書題記》卷第一〈易類〉。所論此書卷帙多寡，最為有據。傅〈序〉曰：「余得此書後，粗事披尋，取北監本校之。……其關係最要者，即本書卷第是也。考孔穎達〈序〉云：『為之《正義》，凡十有四卷。』《舊唐書・志》及《郡齋讀書志》同。至《直齋書錄解題》乃作十三卷，且引《館閣書目》言：『今本只十三卷。』殿本《易疏》朱良裘〈跋〉謂：『廣羅舊本，得文淵閣所藏《易疏》殘帙，知孔《疏》、王《注》分六卷為十卷，合之韓《注》三卷，而十三卷自備，緣《注疏》合刻之始，體例未定，故爾乖違。』其說殊為未審。至陳仲魚得八行祖本，亦十三卷，乃為之說曰：『原本祇十三卷，今云十四卷者，殆兼《略例》一卷而言。』其說尤為差謬。蓋孔氏為王《注》作《正義》，於《略例》邢璹《注》未嘗加以詮釋，何緣併為一談？今以宋本觀之，第一為〈八論〉，第二〈乾〉，第三〈坤〉，以迄第十四為〈說卦〉、〈序卦〉、〈雜卦〉，則十四卷之次第完然具存，然後知朱、陳諸君所由懷疑不決者，可不煩言而解。夫目不睹原刊，而虛擬懸測，以曲為之說，宜其言之無一當也。」是則《總目》、鄭堂及朱、陳二氏所以致誤之由，皆緣於未睹宋監本原刊，懸擬曲說，故離真遂遠。繆荃孫《藝風堂藏書記》卷一〈經學〉第一載：「《周易正義》十四卷。影寫東洋單疏本，宜都楊惺吾同年守敬遺予，為阮文達公所未見，真驚人秘笈也。每半葉十四行，每行二十字。」此東洋單疏本之卷第全同宋監本。繆氏《藏書記》又云：「按此書宋本先藏徐星伯先生家，見程侍郎《遺集》詩注。陳東之《筆記》亦云：『雍熙三年官槧，末葉銜名有呂蒙正等十餘人。』注：此本無官銜。近聞由長沙何氏歸吾友徐梧生戶部，惜南北隔絕，未能借校異同也。」考雍熙，宋太宗年號；梧生，徐坊字，入民國後始卒。荃孫所言此宋

本，後即歸傅增湘，傅氏於〈景印周易正義序〉中曾縷述其得書經過曰：「群經注疏以單疏本爲最古，八行注疏本次之。顧單疏刊於北宋，覆於南宋，流傳乃絕罕。……《易》單疏本，自清以來，惟傳有錢孫保校宋本，然其書藏於誰氏，則不可知。後閱程春海侍郎《集》，乃知徐星伯家有之。嗣歸道州何氏，最後爲臨清徐監丞梧生所得。監丞藏書夙富，然嚴扃深鐍，秘不示人。同時嗜古如繆藝風，窮經如柯鳳蓀，與監丞號爲石交，亦未得寓目。監丞逝世，遺書漸出。余偶訪令子聖與，幸獲一睹，驚爲曠世奇寶，時時往來於懷。旋聞其書業已易主，廉君南湖曾爲作緣，以未能諧價而罷。昨歲殘臘，聞有人求之甚急，議垂成而中輟，然其懸價高奇，殊駭物聽。余詗知怦然心動，遂銳意舉債收之，雖古人之割一莊以易《漢書》，無此豪舉也。雙鑑樓中藏書三萬卷，宋刊秘籍亦踰百種，一旦異寶來歸，遂巍然爲群經之弁冕，私衷寵幸，如膺九錫。」然傅氏所得此本，殊非雍熙二年官槧本，實乃紹興年間覆雕本。故傅氏於〈序〉中續曰：「世傳此書爲北宋初刊本，乃據進書題端拱元年而言。茲詳檢卷中，桓、構等字皆已闕筆，則爲南渡後覆雕可知。考《玉海》載紹興九年九月七日，詔下諸郡，索國子監元頒善本校對鏤版。十五年閏十一月，博士王之望請群經義疏未有板者，令臨安府雕造。二十一年五月，詔令國子監訪尋《五經》三館舊監本刻版。上曰：『其他闕書亦令次第雕版，雖重修，所費亦不惜也。』由是經籍復全。循是推之，則《五經正義》覆刊當在紹興九年以後，二十一年以前。再證以廟諱之闕避、雕工之姓名、刻書之風氣，益可推勘得實，正不必侈言北宋監本以爲重也。」傅氏所得此紹興間國子監覆雕之《周易正義》既爲十四卷本，則直齋所藏之本止十三卷，恐屬一不全之本，或爲宋刻另一版本。故傅〈序〉又云：「第有不可解者，《五經正義》既爲紹興中葉覆刊，則當日頒行必遍於各州軍學，以直齋之見聞廣博，爲時不越百年，顧於奉敕重刊經籍乃獨未之寓目，其所著錄仍循十三卷之失，抑又何耶？豈其書已佚，已不可復得耶？嗟乎！以宋賢所未見之書，而余幸得私之篋笥，此堯圃所矜爲奇中之奇、寶中之寶者，可以侈然詡之而無愧矣。」噫！藏書家得書信有其宿緣，直齋距紹興僅百年而未之見，藏園於千載之後猶可得而寶之，其間因由，良難逆料。然以直齋之博洽，又身丁南宋之世，竟似未知有此紹興覆雕之本，殊不可解，殆或智者之一失歟！

案：《五經正義》本唐貞觀中穎達與顏師古等受詔撰《五經義贊》，後改爲《正義》，博士馬嘉運駁正其失。永徽二年，中書門下于志寧攷正增損，書始布下。

其實非一手一足之力，世但稱孔《疏》爾。

案：《解題》此處言貞觀間孔、顏受詔撰《正義》，而馬氏駁正，于氏增損。故其書雖稱孔《疏》，殊非出自穎達一人之手。然《四庫》本《解題》，館臣於此段所下案語則曰：「《唐書》：孔穎達、顏師古、司馬才章、王恭、馬嘉運、趙乾叶、王談、于志寧等奉詔撰，蘇德融、趙宏智覆審。《崇文總目》云：唐長孫無忌與諸儒刊定。」館臣所言蓋僅指受詔撰《周易正義》，與《解題》所言受詔撰《五經正義》事殊不相同。考孔穎達《周易正義·自序》曰：「今既奉敕刪定，……仍恐鄙才短見，意未周盡，謹與朝散大夫、太學博士臣馬嘉運，守太學助教臣趙乾叶等對共參議，詳其可否。至十六年又奉敕與前修《疏》人及給事郎、守四門博士、上騎都尉臣蘇德融等對較，使趙弘智覆更詳審。」則於奉詔共撰《周易正義》之人，十九言其姓氏，故館臣似不應祇引較後之《唐書·藝文志》與《崇文總目》所載，而忽視孔氏之〈自序〉也。

其說專釋一家注文為正。館臣案：《唐書》孔穎達、顏師古、司馬才章、王恭、馬嘉運、趙乾叶、王談、于志寧等奉詔撰，蘇德融、趙宏智覆審。《崇文總目》云：唐長孫無忌與諸儒刊定。

案：孔氏〈自序〉云：「及秦亡金鏡，未墜斯文。漢理珠囊，重興儒雅。其傳《易》者，西都則有丁、孟、京、田；東都則有荀、劉、馬、鄭。文體更相祖述，非有絕倫。唯魏世王輔嗣之《注》，獨冠古今；所以江左諸儒並傳其學；河北學者罕能及。其江南《義疏》十有餘家，皆辭尚虛玄，義多浮誕。原夫《易》理難窮，雖復玄之又玄，至於垂範作則，便是有而教有。若論住內住外之空，就能就所之說，斯乃義涉於釋氏，非為教於孔門也。既背其本，又違於《注》。……今既奉敕刪定，考察其事，必以仲尼為宗；義理可發，先以輔嗣為本。去其華而取其實，欲使信而有徵。其文簡，其理約，寡而制眾，變而能通。」則《周易正義》之撰，既「先以輔嗣為本」；誠如此，則於王《注》之未盡善處，亦每曲為迴護。故《總目》「《周易正義》十卷」條云：「至穎達等奉敕作《疏》，始專崇王《註》，而眾說皆廢。故〈隋志·易類〉稱：『鄭學寖微，今殆絕矣。』……今觀其書，如〈復·象〉『七日來復』，王偶用『六日七分』之說，則推明鄭義之善。〈乾〉九二『利見大人』，王不用『利見』九五之說，則駁詰鄭義之非。於『見龍在田，時舍也』，則曰：『《經》但云：「時舍」《註》曰：「必以時之通舍」者，則輔嗣以「通」解「舍」，舍是通義也。』而不疏『舍』之何以訓『通』。於『天玄而地黃』，則曰：『恐莊氏之言，非王本意，今所不取。』而不言莊說

之何以未允。如斯之類，皆顯爲偏袒。至說〈卦傳〉之分陰分陽，韓《註》：『二四爲陰、三五爲陽。』則曰：『輔嗣以爲初、上無陰陽定位，此《註》用王之說。』『帝出乎震』，韓氏無註，則曰：『〈益卦〉六二「王用享于帝吉」，輔嗣《註》云：「帝者，生物之主，興益之宗，出〈震〉而齊〈巽〉者也。則輔嗣之意，以此帝爲天帝也。』是雖弼所未註者，亦委曲旁引以就之。……至於詮釋文句，多用空言，不能如諸經《正義》，根據典籍，源委粲然，則由王《註》掃棄舊文，無古義之可引，亦非考證之疏失。」是則此書所以較他經《正義》稍遜者，蓋以「其說專釋一家注文爲正」之故。《解題》於孔《疏》之闕失，未有一言道及，特略引《總目》之說以申論之。

周易釋文一卷

唐國子博士吳郡陸德明撰。本名元朗，以字行。

廣棪案：德明《舊唐書》卷一百八十九上、《新唐書》卷一百九十八有〈傳〉。《新唐書・儒學・陸元朗傳》云：「元朗字德明，以字行，蘇州吳人，喜名理言，受學於周弘正。……秦王辟爲文學館學士，以經授中山王承乾，補太學博士。高祖已釋奠，……遷國子博士，封吳縣男，卒。論述甚多，傳於世。後太宗閱其書，嘉德明博辯，以布帛二百段賜其家。」《解題》所述蓋據此。

多援漢、魏以前諸家說，蓋唐初諸書皆在也。

案：德明《周易釋文・自序》曰：「永嘉之亂，施氏、梁丘之《易》亡，孟、京、費之《易》，人無傳者。唯鄭康成、王輔嗣所注行於世，而王氏爲世所重。今以王爲主，其〈繫辭〉已下，王不注，相承以韓康伯注續之，今亦用韓本。《子夏易傳》三卷、孟喜《章句》十卷、京房《章句》十二卷、費直《章句》四卷、馬融《傳》十卷、荀爽《注》十卷、鄭玄《注》十卷、劉表《章句》五卷、宋衷《注》九卷、虞翻《注》十卷、陸績《述》十三卷、董遇《章句》十二卷、王肅《注》十卷、王弼《注》七卷、姚信《注》十卷、王廙《注》十二卷、張璠《集解》十二卷、干寶《注》十卷、黃穎《注》十卷、蜀才《注》十卷、尹濤《注》六卷、費元珪《注》九卷、《荀爽九家集注》十卷。謝萬、韓伯、袁悅之、桓元、卞伯玉、荀柔之、徐爰、顧懽、明僧紹、劉瓛。自謝萬以下十人，並注〈繫辭〉；爲《易》音者三人。右《易》，近代梁褚仲都、陳周弘正並作《易義》，此其知名者。」是《解題》謂德明「多援漢、魏以前諸家說」者，殆即〈自

序〉所列各家之書也。又上列諸書《隋書·經籍志》中十九均著錄,誠如直齋
所云:「蓋唐初諸書皆在也」。

卦首注某宮、某世,用京房說。

案:《解題》卷一〈易類〉著錄:「《京房易傳》三卷、《積算雜占條例》一卷。
吳鬱林太守陸績公紀注。京氏學廢絕久矣。所謂《章句》者既不復傳,而《占
候》之存於世者僅若此,較之前〈志〉,什百之一二耳。今世術士所用世、應、
飛、伏、遊魂、歸魂、納甲之說,皆出京氏。」而《總目》卷一百九〈子部〉
十九〈術數類〉二載:「《京氏易傳》三卷。江蘇巡撫採進本。漢京房撰,吳陸績
註。……其書雖以《易傳》為名,而絕不詮釋《經》文,亦絕不附合《易》義。
上卷、中卷以八卦分八宮,每宮一純卦統七變卦,而註其世、應、飛、伏、遊
魂、歸魂諸例。」觀是,則《周易釋文》一書,其於卦首處注某宮、某世者,
確用京房說矣。

歸藏三卷

《歸藏》三卷。晉太尉參軍薛貞注。案:〈唐志〉十三卷,司馬膺注。

廣桉案:《隋書》卷三十二〈志〉第二十七〈經籍〉一〈經〉著錄:「《歸藏》十
三卷。晉太尉參軍薛貞注。」《舊唐書》卷四十六〈經籍志〉第二十六〈經籍〉
上〈易類〉一著錄:「《歸藏》十三卷。殷《易》,司馬膺注。」《新唐書》卷五十
七〈志〉第四十七〈藝文〉一〈易類〉著錄:「司馬膺注《歸藏》十三卷。」《崇
文總目》卷一〈易類〉著錄:「《歸藏》三卷。原釋:晉太尉參軍薛正注。《隋書》
有十三篇,今但存〈初經〉、〈齊母〉、〈本蓍〉三篇,文多闕亂,不可詳解。見
《文獻通考》。東桓案:馬貴與所引《總目》,《玉海·藝文類》引作《中興書目》,
未知孰是。薛正本名貞,此避仁宗嫌名。」錢東桓輯釋本,下同。綜上四條所述,
則《連山》凡十卷,司馬膺注。《歸藏》凡十三卷,薛貞注。《舊唐書·經籍志》
誤《歸藏》注者為司馬膺,蓋涉《連山》而錯植,而直齋未予細辨,竟誤從之。
至《解題》之著錄《歸藏》作三卷,則依《崇文總目》,乃以宋世《歸藏》僅存
三篇,故第稱三卷耳。

今惟存〈初經〉、〈本蓍〉、〈齊母〉三篇,錯謬不可讀,非古全書也。

案:《解題》此處據《崇文總目》。《經義考》卷三〈易〉二云:「《歸藏》,〈隋志〉
十三卷,晉太尉參軍薛貞注,〈唐志〉同,《崇文總目》三卷。佚。」《經義考》繼

引歐陽修曰：「周之末世，夏、商之《易》已亡，漢初雖有《歸藏》，已非古經，今書三篇，莫可究矣！」意《歸藏》十三卷，晉世猶完整未闕，故薛貞得以全而注之；逮唐，〈隋志〉仍著錄十三卷之數。惟至五代則漸次散佚，〈舊唐志〉雖仍著錄為十三卷，然已誤判其注者，至〈新唐志〉則并注者亦未著錄，蓋書僅存三篇，「莫可究矣！」《經義考》又引鄭樵曰：「《連山》亡矣！《歸藏》，隋有薛貞注十三卷，今所存者〈初經〉、〈齊母〉、〈本蓍〉三篇而已。言占筮事，其辭質，其義古，後學謂為不文，疑而棄之。獨不知後之人能為此文乎？」是則所存三篇均言占筮事，辭質義古，雖其詞或不文，應仍為古書之舊，不可棄也。《經義考》又載朱彝尊之說曰：「按：《歸藏》，隋時尚存，至宋猶有〈初經〉、〈齊母〉、〈本蓍〉三篇。其見于傳注所引者，如『熒熒之華，徽徽鳴狐。離監監，若雷之聲。有鳥將至而垂翼。上以高臺，下有雖池。有鳧鴛鴦，有雁鸕鷄，有白雲自蒼梧入大梁。空桑之蒼蒼，八極之既張。乃有夫羲和，是主日月職，出入以為晦明。舊言之擇，新言之念。君子戒車，小人戒徒。有人將來，遺我貨貝。以至則徹，以求則得。有喜將至，若以賈市，其富如何？漢昭昭九州，日月代極。平均土地，和合四國。不利出征，惟利安處。彼為貍，我為鼠。勿用作事，恐傷其父。鼎有黃耳，利取鮒鯉。〈剝〉，良人得其玉，小人得其粟。〈瞿〉，有瞿有鮁，宵梁為酒，尊于兩壺。兩鯬飲之，三日然後蘇。士有澤，我取其魚。』凡此，辭皆古奧，而孔氏《正義》謂《歸藏》偽妄之書，亦未盡然。若《三墳書》以《歸藏易》為氣墳·其爻卦〈大象〉曰：『天氣歸，地氣藏，木氣生，風氣動，火氣長，木氣育，山氣止，金氣殺。』各為之傳，則較傳注所引，大不倫矣。又按：《歸藏》之書有〈本蓍〉篇，亦有〈啓筮〉篇；有《齊母經》，亦有《鄭母經》。今見於郭景純《山海經註》曰：『瞻彼上天，一明一晦。有夫羲和之子，出於陽谷，曰共工，人面、蛇身、朱髮。』曰：『麗山之子，青羽、人面、馬身。』曰：『羽民之狀，鳥喙、赤目而白首。』曰：『滔滔洪水，無所止極。伯鯀乃以息石、息壤，以填洪水。』曰：『鯀去三歲不腐，剖之以吳刃，化為黃能。一作龍。』曰：『善彼九冥，是與帝辨。同宮之序，是為〈九歌〉。』曰：『不得竊〈辨〉與〈九歌〉，以國于下。』此〈啓筮〉之文也。《太平御覽》載〈啓筮〉文曰：「夏后享神于晉之靈臺，作璿臺。」曰：『夏后啓筮：「御飛龍登於天，吉。」』曰：『昔者，羿善射，畢十日，果畢之。』此《鄭母經》之文也。〈隋志〉謂《歸藏》漢初已亡，故班固〈藝文志〉不載。又謂晉《中經簿》有之。斯景純得援之以釋〈山經〉也。又按：《太平御覽》引《歸藏》文曰：『蓍末大於本為上吉，蒿末大於本次吉，荊末大於本次吉，箭末大於本次吉，竹末大於

本次吉。著一五神，篙二四神，荊三三神，箭四二神，竹五一神。筮五犯皆藏，五筮之神明皆聚焉。』當屬〈本著〉篇中語。又按《歸藏》六十四卦，其名或異，然亦皆依反對為序。以〈謙〉作〈兼〉，而〈分〉次之，則〈分〉為〈豫〉也。以〈蠱〉作〈蜀〉，而〈馬徒〉次之，則〈馬徒〉為〈隨〉。以〈損〉作〈員〉，而〈誠〉次之，則〈誠〉為〈益〉也。〈林禍〉在〈觀〉之前，則〈臨〉也。〈欽〉在〈恒〉之前，則〈咸〉也。〈瞿〉在〈散家人〉之前，則〈暌〉也。〈岑霽〉在〈未濟〉之前，則〈既濟〉也。唯〈規〉、〈夜〉二名，不審當何卦，非〈夬〉、〈姤〉，則〈噬嗑〉、〈賁〉當之矣！」是又《歸藏》之遺文佚句，散存於群經傳注及郭景純《山海經注》及《太平御覽》諸書中，猶甚多者。惟彝尊按語所引「漢昭昭九州，日月代極。平均土地，和合四國」云云，則明為劉漢代嬴秦而興之後事，殊非《歸藏》原文，恐乃後儒羼入之者。至《歸藏》書中之篇名，據上所引而考知者，又多增〈啟筮〉、《鄭母經》矣。

子夏易傳十卷

《子夏易傳》十卷。案〈隋〉、〈唐志〉有《卜商傳》二卷，殘缺。陸德明、李鼎祚亦時稱引。攷〈漢志〉初無此書。有孫坦者，為《周易析薀》，言此漢杜子夏也。未知何據。使其果然，何為不見於〈漢志〉？其為依託，明矣。隋、唐時止二卷，已殘缺，今安得有十卷？且其《經》文，〈彖〉、〈象〉、爻辭相錯，正用王弼本，決非漢世書。以陸德明所引，求之今《傳》，則皆無之。豈惟非漢世書，亦非隋、唐所傳書矣。其文辭淺俚，非古人語，始存之以備一家。

廣棪案：《子夏易傳》，《漢書·藝文志》乏載，此書卷數自唐以後不同。〈隋志〉、〈舊唐志〉、〈新唐志〉均作二卷。〈隋志〉書名下小注：「魏文侯師卜子夏傳，殘缺，梁六卷。」《解題》作十卷《宋史》卷二百二〈志〉第一百五十五〈藝文〉一〈經類·易類〉同。惟《通志堂經解》本則作十一卷。至著者與其書之真偽，歷代亦聚訟紛紜。劉向以為韓嬰作，見《唐會要》引王儉《七志》所引《七略》。荀勖則云丁寬，《唐會要》引《中經簿》。張璠謂馯臂子弓作，薛虞記，見陸德明《經典釋文》引，並云：「虞，不詳何許人。」〈隋志〉則謂卜商。至宋，除《解題》外，較直齋稍早之王堯臣等編次之《崇文總目》已疑此書之偽。《崇文總目》曰：「此書篇第略依王氏，決非卜子夏之文；又其言近而不篤。然學者尚異，頗傳習之。」見《經義考》卷五〈卜子商易傳偽本〉條引。陳騤編之《中興館閣書目》

亦謂：「按：〈隋志〉：『《周易》二卷，魏文侯師卜子夏傳，殘闕。』〈唐志〉：『《卜商傳》二卷。』今仍十卷。攷陸德明《音義》所引，與今本間有合者，若云：『地得水而柔，水得地而流，故曰〈比〉。』今本作『地藏水而澤，水得地而安』，但小異爾。至『束帛戔戔』作『殘殘』，又云：『五匹為束，三玄二纁象陰陽。』今本並無此文，蓋後人附益者多。」同上引。是《解題》疑此書之偽者，所述蓋依據王儉、陳騤之說而更精密耳。孫坦謂此書漢杜子夏撰，《解題》卷一〈易類〉載其說，曰：「《周易析蘊》二卷。孫坦撰。其首言《子夏傳》辭不甚粹，或取《左氏傳》語證之。晚又得十八占，稱天子曰『縣官』，嘗疑漢杜子夏之學。及讀杜《傳》，見引〈明夷〉對策，疑始釋。」可知坦考論之一斑。至直齋謂此卷本之《子夏易傳》，「豈惟非漢氏書，亦非隋、唐所傳書」，則論至允恰。胡應麟《四部正譌》卷上云：「《子夏易傳》十卷。陳振孫云：『〈漢志〉無卜氏《易》；至〈隋志〉始有《子夏易》二卷，其為依託甚明。且隋、唐時已殘缺，宋安得有十卷。其《經》文，〈彖〉、〈象〉、爻辭俱用王弼本；又陸德明所引隋《子夏易》語，今本十卷中皆無之。豈直非漢世書，併非隋、唐之舊矣。』余案：《子夏易》載《通考》者，今亦不傳。據陳氏所論推之，當是漢末人依託，至隋殘缺，唐、宋人復因隋目，取王氏本偽撰此書；正猶《乾坤鑿度》本漢世偽撰，至隋、唐亡逸，宋人復偽撰以行，偽之中又有偽者也。」胡氏闡述直齋之論至為清晰。誠如所言，則此十卷之書，確偽中之偽矣。

案晁以道〈傳易堂記〉曰：「古今咸謂子夏受於孔子而為之傳。然太史公、劉向父子、班固皆不論著，唐劉子玄知其偽矣，書不傳於今。今號為《子夏傳》者《崇文總目》知其為偽，而不知其所作之人，予知其為唐張弧之《易》也。」晁之言云爾。張弧有《王道小疏》五卷，見《館閣書目》，云：「唐大理評事，亦不詳何時人。」

案：晁氏〈傳易堂記〉，見《嵩山文集》卷十五。直齋雖引此〈記〉，然揣《解題》語氣，似不盡信以道所言。胡氏《四部正譌》卷上「《子夏易》十卷」條云：「晁景迂以此書張弧撰。案弧，唐大理評事，今有《素履子》傳於世，晁豈誤記此耶？」則應麟亦不以弧曾作《子夏易傳》為然，並疑以道誤記，乃以《素履子》為《子夏易》也。所惜應麟亦無確鑿證據以推翻晁氏之說。《通志堂經解》有《子夏易傳》，納蘭容若〈序〉之曰：「《崇文總目》雖疑之，而未能確指為何人。晁景迂始以為唐張弧作，弧嘗著《易王道小疏》，或即此書，未可知也。」是容若頗疑《易王道小疏》與《子夏易》為同一書。其實《解題》已明謂《子

夏易傳》十卷《王道小疏》五卷。兩者卷數、書名皆迥殊，納蘭之疑爲無當矣。檢《經義考》卷十四〈易〉十三載：「張氏弧《周易王道小疏》，〈宋志〉五卷《紹興書目》十卷。佚。按：世所傳卜子夏《易》，晁景迂謂是張弧僞作。而弧自有《王道小疏》，惜其書不傳，無從辨其辭旨之異同也。弧，未詳何時人，所著《素履子》三卷，題曰：『唐將仕郎、試大理寺評事。』考《子夏易傳》，開元中即詔儒官詳定，而資州李氏《集解》屢引之，意其爲唐初人乎？」是《王道小疏》亦散佚，故其卷數究爲五爲十，又其與《子夏易傳》辭旨異同若何，均無從考究。至彝尊據《素履子》所題，考出弧之仕履，較《解題》爲詳；又據李鼎祚《周易集解》屢引此書，以推弧爲唐初人，允屬精當，可略補《解題》所未及。

京房易傳三卷、積算雜占條例一卷

《京房易傳》三卷、《積算雜占條例》一卷，館臣案：晁公武曰：「〈隋志〉有京氏《章句》十卷，又有《占候十種》七十三卷。〈唐志〉亦作京氏《章句》十卷，而《占候》存者三種三十三卷。《章句》既亡，今所傳者京氏《積算易傳》三卷、《雜占條例法》一卷。所謂《積算易傳》，疑即〈隋〉、〈唐志〉之《錯卦》是也；《雜占條例法》，疑〈隋〉、〈唐志〉之《逆刺占候災異》是也。此本篇目與晁《志》異。」吳鬱林太守吳郡陸績公紀注。

廣棪案：西漢有二京房，宋葉夢得《京房易傳略論》嘗考之曰：「世傳京房《易》學，據《漢書·傳》，《易》自商瞿至田王孫，皆自有次第，故言《易》者，以田王孫爲正。孟喜從王孫學，好自稱譽，得《易》家候、陰陽、災變書，詐言王孫死時，枕喜股膝獨傳。已爲梁邱賀所排矣。京房受學焦延壽，延壽受學孟喜，孟喜且不爲當時所信，況延壽乎？史謂延壽獨得隱士之說，託之孟氏《易》，家不相同，皆京氏爲異黨。而受梁邱賀學者亦京房，顏師古謂別一人，亦受學田何，今世有京房《易》，皆陰陽、曆數之書；又有京氏《雜算》數十篇，其言龐雜，專主占筮，兩人莫知爲誰審爲。」是葉石林雖辨知京房有二，一受學於延壽，一受學於梁丘，至所傳《易傳》、《雜算》，則未審誰所爲。明毛晉〈京氏易傳跋〉曰：「漢時有兩京房，皆治《易》。一爲梁人焦延壽弟子，成帝時人，以明災異得幸；一爲淄川楊何弟子，宣帝時人，出爲齊郡太守。顏師古亦謂別是一人，非延壽弟子，爲課吏法者，或書字悞矣。按殷嘉、姚平、乘宏諸家所傳京氏之學，乃受焦氏學者《易傳》四卷，亦其所作。」考《漢書》卷三十〈藝文志〉第十〈六藝略〉著錄有《京氏段嘉》十二篇，師古曰：「嘉即京房所從受《易》者也，見〈儒林傳〉及劉向《別錄》。」則毛子晉固以嘉爲房之傳人，而

以《易傳》爲延壽弟子之京房所作矣。《總目》卷一百九〈子部〉十九〈術數類〉載：「《京氏易傳》三卷。江蘇巡撫採進本。漢京房撰，吳陸績註。房本姓李，吹律，自定爲京氏，字君明，東郡頓邱人，受《易》於焦延壽。元帝時以言災異得幸，爲石顯等所嫉，出爲魏郡太守，卒以譖誅。事蹟具《漢書》本傳。……房所著有《易傳》三卷、《周易章句》十卷、《周易錯卦》七卷、《周易妖占》十二卷、《周易占事》十二卷、《周易守林》三卷、《周易飛候》九卷、又六卷、《周易飛候六日七分》八卷、《周易四時候》四卷、《周易混沌》四卷、《周易委化》四卷、《周易逆刺占災異》十二卷、《易傳積算雜占條例》一卷，今惟《易傳》存。考〈漢志〉作十一篇，《文獻通考》作四卷，均與此本不同。然〈漢志〉所載古書，卷帙多與今互異，不但此編。《通考》所謂四卷者，以晁、陳二家書目考之，蓋以《雜占條例》一卷，合於《易傳》三卷，共爲四卷，亦不足疑。」是京房著述不僅此二種，惜多散佚。其《易傳》，〈漢志〉作十一篇，《通考》又將《易傳》與《雜占條例》二書，合稱四卷，故所著錄乃與《解題》相異也。而《解題》此條末處亦云：「或作四卷，而《條例》居其首。」是則《通考》作四卷，亦有依據者矣。

京氏學廢絕久矣。所謂《章句》者，既不復傳，而《占候》之存於世者僅若此，較之前〈志〉，什百之一二耳。

案：《經義考》卷七〈易〉六載：「《京氏房易傳》，《通志》三卷，〈漢志〉十一篇，馬氏《通考》四卷。存。《周易章句》，〈隋志〉十卷，《七錄》十卷，目錄一卷。《釋文·序錄》十二卷。佚。《周易錯卦》，〈隋志·五行家〉七卷，《七錄·經部》八卷。佚。《周易妖占》，〈隋志·五行家〉十二卷，《七錄》十三卷。佚。按《晉書》、《宋書·五行志》及《水經註》、《太平御覽》俱引之。《周易占事》，〈隋志·五行家〉十二卷，佚。《周易守林》，〈隋志·五行家〉三卷，佚。《周易飛候》，〈隋志·五行家〉九卷，又六卷，《七錄》八卷，《新》、《舊唐書志》六卷。佚。按京氏《飛候》，《太平御覽》每引之。《周易四時候》，〈隋志·五行家〉四卷，《新》、《舊唐書志》二卷。佚。《周易混沌》，〈隋志·五行家〉四卷，佚。《周易委化》，〈隋志·五行家〉四卷，佚。《周易逆刺占災異》，〈隋志·五行家〉十二卷，〈漢志〉：《災異孟氏京房》六十六篇，《京氏段嘉》十三篇。佚。《易傳積算雜占條例》，《通考》一卷，存。」觀是，則房之所著書，唐時猶多傳世，故〈隋志〉尚可得而著錄。延至五代、北宋之際，則僅存者四種，《新》、《舊唐書志》所著錄之《周易飛候》、《周易四時候》及《易傳》、《雜占》等是。至直齋撰《解題》時，

其所得見者惟《易傳》與《積算雜占條例》耳。又京氏《占候》諸書，〈隋〉、〈唐志〉所載凡十種、六十九卷，茲存者僅《雜占》一種一卷，故直齋言：「較之前〈志〉什百之一二耳」。

今世術士所用世、應、飛、伏、游魂、歸魂、納甲之說，皆出京氏。

案：晁以道〈京氏易傳序〉曰：「是書兆〈乾〉、〈坤〉之二象，以成八卦，凡八變，而六十有四。于其往來升降之際，以觀消息盈虛于天地之玄，而酬酢乎萬物之表者，炳然在目也。大抵辨三《易》，運五行，正四時，謹二十四氣，志七十二條，而位五星，降二十八宿。其進退以幾，而爲一卦之主者謂之『世』；奇耦相與，據一以起二，而爲主之相者謂之『應』；世之所位，而陰陽之肆者謂之『飛』；陰陽肇于所配，而終不脫乎本，以應顯佐神明者謂之『伏』；起乎世，而用乎內外，參乎本數，以紀月者謂之『建』；終之始之，極乎數而不可窮，以紀日者謂之『積』；會于中而以四爲用，一封備四卦者謂之『互』；〈乾〉建甲子于下，〈坤〉建甲午于上，八卦之上乃生一世之初，初一世之五位，乃分而爲五世之位。其五世之上，乃爲『游魂』之世；五世之初，乃爲『歸魂』之世。而歸魂之初，乃生後卦之初，其建剛日則節氣，乘日則中氣；其數虛則二十有八，盈則三十有六，蓋其可言者如此。若夫象遺乎意，意遺乎言，則錯綜其用，惟變所適。或兩相配而論內外二象，若世與內，若世與外；或不論內、外之象，而論其內、外之位；或三相參而論內、外與飛若伏；或相參而論內外應建伏；或不論內外而論世建與飛伏；或兼論世應、飛伏；或專論世應；或論世之所忌；或論世之所生。于其所起，見其所滅；于其所形，見其所生。故曰：『死于位，生于時；死于時，生于位。』苟非彰往而察來，微顯而闡幽者，曷足以與此。」此京房世、應、飛、伏、游魂、歸魂之說也，晁氏記之詳矣。其建、積、互三者，則《解題》未之及。至納甲之說，《京房易傳》下卷〈雜論卜筮〉一篇中述之已詳，茲不贅。檢《解題》卷十二〈卜筮類〉載：「《易傳積算法雜占條例》一卷，漢京房撰，詳已見《易》類。世所傳京氏遺學不過如此而已。今世卜者世、應、飛、伏、納甲之類，皆出京房。」所記與此相同。是則章學誠《校讎通義》所示「互著」之法《解題》亦早運用之矣。

晁景迂嘗爲京氏學，用其《傳》爲《易式》云。

案：景迂，以道號。《解題》卷一〈易類〉載：「《太極傳》六卷、《外傳》一卷、《因說》一卷。中書舍人晁說之以道撰。其學本之邵康節。自言學京氏《易》，紹聖間遇洛陽楊賢寶，得康節二〈易圖〉；又從其子伯溫得其遺編，始作《易傳》，

名曰《商瞿傳》。兵火後失之，晚年復爲此書。」是以道之《易》學，京氏而兼康節者也。《解題》卷十二〈卜筮類〉又載：「《京氏易式》一卷。晁說之以道撰。」以道〈自序〉云：「元祐戊辰仲冬，在袞州初學京氏《易》，乃據其《傳》爲《式》，以便其私，何敢示人。其後，江淮間有好事者頗傳去，今三十年矣，既校正其《傳》，而前日之《式》亦不得不修更也。惟是其已出者殆未容改過，奈何！益知昔人自期死而後傳其所著之書，其用意深矣。嗟夫！按《式》以求《傳》，因《傳》以明《易》，可不敬諸？」是以道之《易式》，實據《京房易傳》而撰《易傳》既入〈經錄・易類〉，則《易式》亦宜隨入其類以相歸屬。今《解題》收《易式》於〈子錄・卜筮類〉，似未得爲當也。

又有《參同契律曆志》，見〈陰陽家類〉，專言占候。

案：《解題》卷十二〈陰陽家類〉無《參同契律曆志》一書。惟同卷〈卜筮類〉載：「《京氏參同契律曆志》一卷，虞翻注。專言卜象，而不可盡通。字亦多誤，未有別本校。」是其書載於〈卜筮類〉。疑直齋初擬將此書歸〈陰陽家類〉，後則以其書專言卜筮，乃改隸〈卜筮類〉。《解題》此條文字，或一時未及更正耳。

關子明易傳一卷

《關子明易傳》一卷。後魏河東關朗子明撰，唐趙蕤注。〈隋〉、〈唐志〉皆不錄。或云阮逸僞作也。

廣棪案：此書一卷，凡十一篇，計〈卜百年義〉第一，〈統言易義〉第二，〈大衍義〉第三，〈乾坤之策義〉第四，〈盈虛義〉第五，〈闔闢義〉第六，〈理性義〉第七，〈時變義〉第八，〈動靜義〉第九，〈神義〉第十，〈雜義〉第十一。直齋以〈隋〉、〈唐志〉不錄，疑阮逸僞作。其實直齋之前，如陳師道《後山叢談》卷二已云：「世傳王氏《玄經》、薛氏《傳》，及關子明《易傳》、《李衛公對問》皆阮逸所著。逸嘗以草示蘇明允，而子瞻言之。」又《朱子語類》卷六十七載：「邵浩問：『李壽翁最好《麻衣易》與《關子明易》，如何？』朱子大笑曰：『偶然兩書皆是僞書。《關子明易》是阮逸作《陳無已集》中說得分明。』是則《解題》所謂「或云」者，殆指師道與朱子說也。然《讀書志》卷第一〈易類〉載：「《關子明易傳》一卷。右魏關朗撰。子明，朗字也。元魏太和末，王虯言於孝文，孝文召見之，著成《筮論》數十篇。唐趙蕤云：『恨書亡半，隨文詮解，才十一篇而已。』李邯鄲始著之目，云：『王通贊《易》，蓋宗此也。』」則公武未

以此書爲僞。元吳萊撰〈關氏易傳後序〉謂：「予始讀文中子《中說》，頗載關朗子明事。後得天水趙蕤所注《關子明易傳》十有一篇，大概《易》上、下〈繫〉之義疏耳。首述其出處本末，分卜百年數，別爲一篇，似皆出之王氏。或曰：『王氏《中說》本于阮逸《關氏易傳》肇于戴師愈，師愈，江東老儒也。』觀其《傳》，統言消息盈虛、爻〈象〉策數之類，獨與張彝相問答。彝嘗薦之魏孝文，而王氏之贊《易》，世傳關氏學也，是又豈盡假託而後成書歟？」是吳氏隱指陳、朱說之未當。《總目》卷七〈經部〉七〈易類存目〉一反駁之曰：「《關氏易傳》一卷。內府藏本。舊本題北魏關朗撰，唐趙蕤注。朗字子明，河東人。蕤字大賓，梓州鹽亭人。詳見〈子部・雜家類〉『《長短經》條』下。是書〈隋志〉、〈唐志〉皆不著錄。晁公武《讀書志》謂李淑《邯鄲圖書志》始有之。《中興書目》亦載其名，云阮逸詮次刊正。陳師道《後山叢談》、何薳《春渚紀聞》及邵博《聞見後錄》皆云阮逸嘗以僞撰之稿示蘇洵。則出自逸手，更無疑義。逸與李淑同爲神宗時人，故李氏《書目》始有也。吳萊《集》有此書〈後序〉，乃據文中子之說，力辨其眞。文士好奇，未之深考耳。」周中孚《鄭堂讀書記補逸》卷一〈經部・易類〉一亦曰：「《關氏易傳》一卷。范氏《二十種奇書》本。舊題北魏關朗撰，唐趙蕤注，實宋阮逸撰。……是書凡十一篇，前有〈朗傳〉，亦題趙蕤撰，阮逸亦有〈序〉。《津逮祕書》、《學津討原》均收入之，張本末附錢遵王曾〈跋〉，以爲郭時輩爲之。則臆斷也。」考《學津討原》本所附錢曾〈跋〉略云：「《關氏易傳》一冊。……此書本自王氏，據〈卜年〉一章中多附會語，安知非郭時輩爲之辭？如索引唐初名臣之類，又不知〈洞極〉亦有合否？尚俟博雅之士相質之。」則紀、周二人謂此書阮逸撰，錢氏謂郭時撰，惟遵王說似乏據也。今人黃雲眉《古今僞書考補證》，其〈經類〉「《關朗易傳》」條云：「眉按：……唐李鼎祚輯漢以來三十六家解《易》之說，成《周易集解》一書，其〈自序〉云：『臣少慕玄風，游心墳籍，歷觀炎漢，迄今巨唐，采群賢之遺言，議三聖之幽賾。集虞翻、荀爽三十餘家，刊輔嗣之野文，補康成之逸象，各列名義，共契玄宗。先儒有所未詳，然後輒加添削。』今觀其書，實能廣攬眾說，折衷諸長，而獨不引關氏《易傳》，則本無其書可知，此僞託之一旁證也。《文獻通考》又有阮逸《易筌》六卷，每爻必以古事系之，陳振孫嘗誚其牽合，而此書牽合之迹亦灼然可驗，其作僞之手段相似，此僞託之又一旁證也。又考注者趙蕤，字太賓，梓州鹽亭人。博學韜鈐，長於經世。開元中召之不赴，著有《長短經》十卷，見《唐書・藝文志》及孫光憲《北夢瑣言》。李白嘗師事之，見《唐詩紀事》。是其人似非注《易傳》者。且令蕤曾注此書，則此書不載於〈隋志〉，亦應載於〈新〉、

〈舊唐志〉，今乃始見於李淑《邯鄲圖書志》，李淑與阮逸同為神宗時人。則此書之產生，必在唐代以後，而阮逸之偽託，更無疑義矣。」是經黃氏之補證，所歷舉三例，鐵案如山，則此書乃阮逸之偽作，誠定讞矣。

周易集解十卷

《周易集解》十卷，館臣案：《唐書》作十七卷，晁公武謂今止十卷，而始末皆全，或後人併之也。

廣棪案：此書〈舊唐志〉乏載，〈新唐志〉著錄：「李鼎祚《集注周易》十七卷。」然鼎祚〈自序〉明言：「凡成十一卷。」故晁公武疑之。《讀書志》卷第一〈易類〉曰：「《李氏集解》十卷。右唐李鼎祚集解。……唐錄稱鼎祚書十七卷，今所有止十卷，而始末皆全，無所亡失，豈後人併之耶？」是公武疑後人將十七卷併作十卷也。而朱彝尊《曝書亭集》卷第四十二〈跋〉一有〈李氏周易集解跋〉一篇，中云：「題曰《周易集解》，〈自序〉稱一十卷，斯為完書。晁氏《志》惜其失七卷，蓋誤信《新唐書·藝文志》目錄也。」則彝尊固認為《集解》以十卷為完書，〈新唐志〉誤。而《四庫全書總目》於此事辨釋至明，殊堪息訟，茲不妨迻錄其說。《總目》卷一〈經部〉一〈易類〉一載：「《周易集解》十七卷。內府藏本。唐李鼎祚撰。……其書《新唐書·藝文志》作十七卷。晁公武《讀書志》曰：『今所有止十卷，而始末皆全，無所亡失，豈後人併之耶？』《經義考》引李燾之言，則曰：『鼎祚〈自序〉止云十卷，無亡失也。』朱睦㮮〈序〉作於嘉靖丁巳，亦云〈自序〉稱十卷。與燾說同。今所行毛晉汲古閣本乃作一十七卷，〈序〉中亦稱王氏《略例》附於卷末，凡成一十八卷。與諸家所說截然不同，殊滋疑竇。今考〈序〉中稱：『至如卦、爻、〈象〉、〈象〉，理涉重玄；經註、〈文言〉，書之不盡；別撰《索隱》六卷，錯綜根萌；音義兩存，詳之明矣』云云，則《集解》本十卷，附《略例》一卷為十一卷，尚別有《索隱》六卷，共成十七卷。〈唐志〉所載，蓋併《索隱》、《略例》數之，實非舛誤。至宋，而《索隱》散佚，刊本又削去《略例》，僅存《集解》十卷，故與〈唐志〉不符。至毛氏刊本，始析十卷為十七卷，以合〈唐志〉之文，又改〈序〉中一十卷為一十八卷，以合附錄《略例》一卷之數，又與朱睦㮮〈序〉不符。蓋自宋以來，均未究〈序〉中『別撰《索隱》』一語，故疑者誤疑，改者誤改；即辨其本止十卷者，亦不能解〈唐志〉稱十七卷之故，致愈說愈誣耳。今詳為考正，以袪將來之疑。至十卷之本今既未見，則姑仍以毛本著錄，蓋篇帙分合，無關宏旨，

固不必一一追改也。」是《總目》所推判〈唐志〉著錄作十七卷之由，固能成立；所惜其《索隱》六卷之說，似猶乏據。又《總目》似不知明萬曆間胡震亨等校刊《祕冊彙函》中即有十卷本之李氏《易傳》也。即《周易集解》。《解題》於〈唐志〉著錄作十七卷一事無所辨說，殆亦以十卷本爲完書耶？

唐著作郎李鼎祚集子夏、孟喜、京房、九家、《乾鑿度》、馬融、荀爽、鄭康成、劉表、何晏、王弼、宋衷、虞翻、陸績、王肅、干寶、姚信、王廙、張璠、向秀、王凱沖、廣棪案：盧文弨校柱（下稱「盧校注」）：「晁氏避其家諱，故袁本《(郡齋)讀書志》作『王凱同』」**侯果、蜀才、翟玄、韓康伯、劉瓛、何妥、崔憬、沈麟士、盧氏、崔覲、**廣棪案：盧校注：「《北史、儒林傳》云：『魏末大儒徐遵明講鄭氏《易》，傳范陽盧景裕及清河崔瑾。』即此盧氏、崔覲也。」又云：「胡孝轅云：『所集又有伏曼谷，姚規、朱仰之三家。』」**孔穎達等諸家，凡隋、唐以前《易》家諸書逸不傳者，賴此猶見其一二，而所取於荀、虞者尤多。**

案：鼎祚，兩《唐書》無傳《總目》嘗略考其生平云：「《周易集解》十七卷，內府藏本。唐李鼎祚撰。鼎祚《唐書》無傳，始末未詳。惟據〈序〉末結銜，知其官爲祕書省著作郎。袁桷《清容居士集》載資州有鼎祚讀書臺，知爲資州人耳。朱睦㮮〈序〉稱爲祕閣學士，不知何據也。其時代亦不可考《舊唐書·經籍志》稱錄開元盛時四部諸書，而不載是編，知爲天寶以後人矣。」考劉毓崧《通義堂集》卷一有此書之〈跋〉，所考鼎祚仕履較《總目》爲詳悉。其辭曰：「《新》、《舊唐書》無李鼎祚，據《集解》標題知爲資州人，而蜀中志乘亦罕見其名氏。今以〈自序〉及《元和志》、《寰宇記》、《輿地紀勝》，參之《通志》、《能改齋漫錄》等書，其事跡官階尚可考見大略。蓋鼎祚係資州盤石縣人《輿地紀勝》資州人物李鼎祚。注云：『盤石人』。盤石即資州治所《舊唐書·地理志》云：『資州盤石，漢資中縣。今州治。』州東有四明山，鼎祚兄弟讀書於山上，後人名其地爲讀書臺。《輿地紀勝》資州景物、古跡兩門，並載讀書臺，注云：『在州東二十里，李鼎祚兄弟讀書于其上，俗呼四明山。』明皇幸蜀，鼎祚進〈平胡論〉，後召爲左拾遺。見《輿地紀勝》昌州官吏門李鼎祚注。肅宗乾元元年，奏以山川闊遼，請割瀘、普、渝、合、資、榮等六州界，置昌州，見《元和郡縣志》昌州。是時仍官左拾遺。據《元和志》及《寰宇記》。嘗充內供奉，據《通志·藝文略》。曾輯梁元帝及陳樂產、唐呂才之書，以推演六壬五行，成《連珠明鏡式經》十卷，又名《連珠集》，《通志·藝文略·五行類·式經門》載《連珠明鏡式經》十卷，注云：『唐左拾遺內供奉李鼎祚撰。』《能改齋漫錄》卷五云：『嘗考唐左拾遺李鼎祚所修梁元帝、

陳樂產、唐呂才六壬書，名《連珠集》。』上之於朝，其事亦在乾元間。《新唐書‧藝文志‧五行類》載李鼎祚《連珠明鏡式經》十卷，注云：『開耀中上之。』代宗登極後，獻《周易集解》，其時為祕書省著書郎，仕至殿中侍御史。見《輿地紀勝‧資州人物門》。」至朱睦㮮〈序〉稱鼎祚為「祕閣學士」，《總目》謂「不知何據」。今人余嘉錫《四庫提要辨證》卷一〈經部〉一〈易類〉一「《周易集解》十七卷」條案語云：「至朱睦㮮稱為祕閣學士者，即指祕書郎言之。沈括《夢溪筆談》卷一云：『《集賢院記》：「開元故事，校書郎許稱學士，今三館職事皆稱學士，用開元故事也。」然則睦㮮之稱鼎祚為祕閣學士者，亦用唐、宋故事耳。」是知睦㮮所據者乃《夢溪筆談》，《總目》亦有所未照耳。又鼎祚集解《周易》，〈自序〉僅謂「集虞翻、荀爽三十餘家」，未嘗明示各家姓名《解題》此處則詳列諸家姓氏，實全據晁氏《讀書志》，惟《讀書志》「王凱沖」，晁氏作「王凱同」，又「九家」作「九家《易》」、「《乾鑿度》」作「《乾鑿度義》」為小異耳。《四庫全書》館臣於此處有案語，曰：「此書集子夏以來《易》說三十二家外，又引張氏倫、朱氏仰之、蔡氏景君三家注。」盧文弨《校注》則曰：「《北史‧儒林傳》云：『魏末大儒徐遵明講鄭氏《易》，傳范陽盧景裕及清河崔瑾。』此即盧氏、崔覲也。胡孝轅云：『所集又有伏曼谷、姚規、朱仰之三家。』」若綜館臣及盧氏所考，則又多增五家，凡三十七家。故《解題》謂：「凡隋、唐以前《易》家諸書逸不傳者，賴此猶見一二。」所言信不誣也。

九家者，漢淮南王所聘明《易》者九人，荀爽嘗為之集解。陸氏《釋文》所載〈說卦〉「逸象」，本於九家《易》。

案：《漢書》卷三十〈藝文志〉第十〈六藝略〉載：「《淮南道訓》二篇。」班固自注云：「淮南王安聘明《易》者九人，號九師說。」姚振宗《漢書藝文志條理》卷二云：「劉向《別錄》：『所校讎中《易》傳《淮南九師道訓》，除複重，定著十二篇。淮南王聘善為《易》者九人，從之采獲，故中書署曰《淮南九師書》。』據嚴氏、馬氏輯本。此云十二篇，或衍十字，或本〈志〉奪十字，無以詳知。」據上所引，則《淮南道訓》原稱《淮南九師書》，又稱《淮南九師道訓》，而班固所自注乃全依《別錄》。今人張舜徽撰《漢書藝文志通釋》，其書二〈六藝略〉（一）《易》「《淮南道訓》二篇」條云：「按：《別錄》既校《淮南九師道訓》，『定著十二篇』，則篇數早定矣。今〈漢志〉作二篇，傳寫者誤脫『十』字耳。《文中子》云：『九師興而《易》道微。』蓋其書多與《經》旨不符，所言皆陰陽災異，故散亡最早。班〈志〉著錄其書於《古五子》與《古雜》之間，可以推知

其內容。」是《淮南道訓》本「定著十二篇」，班〈志〉作二篇者，其間有脫文耳。又其書皆言陰陽災異者，是則九家《易》之內容亦可推知也。〈隋志〉有《周易荀爽九家注》十卷，應為同一書，則爽之治《易》，亦涉陰陽災異。至陸德明《經典釋文》卷二〈周易音義‧周易說卦〉第九「為羊」下釋云：「虞作『羔』，此六子依求索而為次第也。本亦有『以三男居前，三女後從。乾，健也』。章至此，韓無注；或有注者，非也。《荀爽九家集解》本，〈乾〉後更有四：為龍，為直，為衣，為言；〈坤〉後有八：為牝，為迷，為方，為囊，為裳，為黃，為帛，為漿；〈震〉後有三：為王，為鵠，為鼓；〈巽〉後有二：為楊，為鸛；〈坎〉後有八：為宮，為律，為可，為棟，為叢棘，為狐，為蒺藜，為桎梏；〈離〉後有一：為牝牛；〈艮〉後有三：為鼻，為虎，為狐；〈兌〉後有二：為常，為輔頰。注云：『常，西方神也。』不同故記之於此。」案：《釋文》所載「《荀爽九家集解》本」句下所記皆為逸象《解題》所言不誤也。

蜀才，范長生也，顏之推云。<small>館臣案：此書集子夏以來《易》說三十二家外，又引張氏倫、朱氏仰之、蔡氏景君三家注。</small>

　　案：此數語據晁氏《讀書志》。《讀書志》曰：「所謂蜀才者，人多不知。按顏之推云：『范長生也。』」考《顏氏家訓》卷第六〈書證〉第十七載：「《易》有蜀才注，江南學士，遂不知是何人。王儉《四部目錄》不言姓名，題云：『王弼後人。』謝炅、夏侯該並讀數千卷書，皆疑是譙周；而《李蜀書》，一名《漢之書》，云：『姓范名長生，自稱蜀才。』南方以晉家渡江後，北間傳記，皆名為偽書，不貴省讀，故不見也。」《讀書志》所言殆本此。

元包十卷

《元包》十卷，

　　廣校案：《元包》一書，計〈太陰〉第一，〈太陽〉第二，〈少陰〉第三，〈少陽〉第四，〈仲陰〉第五，〈仲陽〉第六，〈孟陰〉第七，〈孟陽〉第八，〈運蓍〉第九，〈說源〉第十。凡十卷。今本則作五卷，《總目》卷一百八〈子部〉十八〈術數類〉一「《元包》五卷附《元包數總義》二卷」條謂：「元嵩書，〈唐志〉作十卷，今本五卷，其或併或佚，蓋不可考。」李江〈元包序〉曰：「《包》之為書也，廣大含弘，三才悉備，言乎天道，有日月焉，有雷雨焉；言乎地道，有山澤焉，有水火焉；言乎人道，有君臣焉，有父子焉。理國理家，為政之尤者。昔文質

更變，篇題各異，夏曰《連山》，殷曰《歸藏》，周曰《周易》，而唐謂之《元包》，其實一也。包者，藏也，言善惡、是非、吉凶、得失，皆藏其書也。觀乎囊括萬有，籠罩八紘，執陶鑄之鍵，啓乾坤之扃，孕覆育載，通幽洞冥，窮天人之祕，研造化之精，推興亡之理，察禍福之萌，與鬼神齊奧，將日月並明，謂六《五經》而四《三易》，雖《太玄》莫之與京。」揣李江之意，則《元包》內容至廣弘，包藏一切，而其地位則與《五經》、《三易》並駕齊驅，雖揚雄之《太玄》，亦莫可冀及也。

唐衛元嵩撰。

案：元嵩非唐人，乃後周人。《崇文總目》卷一〈易類〉錄：「《元包》十卷，原釋：衛元嵩撰。元嵩，唐人。」《解題》及《通志》、《讀書志》、《文獻通考》均誤因之。楊楫〈元包舊序〉曰：「大觀庚寅夏六月，予被命來宰茲邑。蒞官之三日，恭謁衛先生祠，顧瞻廟貌，覽古石刻，先生實高士也。既而，邑之前進士張昇景初攜《元包》見遺，曰：『是《經》，先生所作也。自後周、隋、唐，迄今五百餘載，世莫得聞。頃因楊公元素內翰傳祕閣本，俾鏤板以貽諸同志。然妙用所寄，奇字居多，大率類揚雄準《易》，非深於道者有不能知。』……政和元年十月望日，奉議郎、知漢州什邡縣事，楊楫謹序。」是楫〈序〉中已明言元嵩爲後周人，或直齋諸人未見此〈序〉，故舛誤如此。

祕書少監武功蘇源明傳，四門助教趙郡李江注。

案：張行成〈元包數總義序〉曰：「唐蘇源明作《元包傳》，李江爲之《注》，徒言其理，未達其術。夫天下之象生於術，而數生於理。未形之初，因理而有數，因數而有象；既形之後，因象以推數，因數以推理。論理而遺數，譬如作樂而棄音律，造器而捨規矩，雖師曠之聰，工倕之巧，安能無失哉！」是蘇、李之《傳》、《注》，有「徒言其理，未達其數」之病矣。《解題》亦未及評論之。

其書以八卦爲八篇首，而『一世』至『歸魂』各附其下。先〈坤〉，次〈乾〉，次〈兌〉、〈艮〉、〈離〉、〈坎〉、〈巽〉、〈震〉。〈坤〉曰太陰，〈乾〉曰太陽，餘六子有孟、仲、少之目，每卦之下，各爲數語。用意僻怪，文意險澀，不可深曉也。

案：《崇文總目》云：「《元包》十卷。……《元包》以〈坤〉爲首，因八純之宮以生變，極于六十四，自繫其辭，言外卦體不列爻位，以謂《易》首〈乾〉尚文，《包》首〈坤〉尚質；夏《連山》，商《歸藏》，周《易》，唐《包》，其實一也。雖欲馳騁而放言，趣理近正《易》家之區比云。見《文獻通考》。《元包》十

卷：〈太陰〉、〈太陽〉、〈少陰〉、〈少陽〉、〈仲陰〉、〈仲陽〉、〈孟陰〉、〈孟陽〉、〈運蓍〉、《說原》。注：一本無〈說原〉第十卷。見《玉海·藝文類》。」《讀書志》卷第一〈易類〉亦著錄：「《元包》十卷。……〈坤〉為首，因八卦世變為六十四卦。又著〈運蓍〉、〈說源〉二篇，統言卦體，不列爻位，自云《周易》、《元包》，一也。」《解題》所言此書之體例與次第，與《崇文總目》、《讀書志》略同。至《解題》謂本書「用意僻怪，文意險澀」，李江撰〈序〉之時已謂其「文字奇詭，意義譎怪，紛而不釋，隱而不明」；楊楫作〈舊序〉，亦謂其「辭簡義奧，殆未可以象數盡」；張洸作〈跋〉，更謂其「字古理奧，好之者鮮」。今僅觀其〈太陰〉第一載：「☷〈坤〉，夽丼莫默，派森囷匿。靜而不躁，樸而不飭。群類囷育，庶物甡植。厥施惟熙，厥勛惟極。《傳》曰：『夽者，春之熙；丼者，夏之茂；莫者，秋之落；默者，冬之潛。母萬物者，熙然足以布和，茂然足以長物，落然足以育眾，潛然足以正炁。〈坤〉道備此四德，故曰：『夽丼莫默。』派森囷匿，何謂也？派者言其眾，森者言其植，囷者言其受，匿者言其藏，皆地之性也。靖而不躁，陰之德也；樸而不餙，質之體也；群類囷育，所化者眾；庶類甡植，所生者多也；厥施惟熙，其賚廣也；厥勛惟極，其功大也。昔王體之以立政，俟之以行簡，尚乃儉，務乃素，無起徵脩，無勤動為，為尒眾它不順。』」此段文字，誠如《解題》所云極「僻怪」、「險澀」者，雖與源明之《傳》比勘而讀之，猶憾其「不可深曉也」。

周易啟源十卷

《周易啟源》十卷。唐太子左諭德蔡廣成撰。皆設為問答之辭。其卷首題德恒、德言、德庸、德翰問者，不知何義也。

廣棪案：鄭樵《通志》卷第六十三〈藝文略·經類·易〉載：「《周易啓源》十卷。注蔡黃成。」此作「黃」字者，形近致誤。《宋史》卷二百二〈志〉第一百五十五〈藝文〉一〈經類·易類〉著錄：「蔡廣成《啓源》十卷。又《周易外義》三卷。」則廣成另著有《周易外義》。《讀書志》卷第一〈易類〉著錄：「《周易啓源》十卷。右蔡廣成撰。李邯鄲云：『唐人，田偉置於王昭素之下。』今從李說。有德恒、伯言、德膚、德翰四目，皆作問對，凡三十六篇。」是此書共十卷，凡三十六篇。《解題》所題德言，此作伯言；德庸此作德膚，恐《讀書志》作「伯」、「膚」二字皆誤也，應以《解題》為是。又《讀書志》所言之田偉《通志·藝文略》卷四〈目錄類〉作田瑋，乃撰《荊州田氏書目》三卷者。

補闕周易正義略例疏一卷

《補闕周易正義略例疏》一卷，館臣案：《宋史・藝文志》作三卷。**唐四門助教邢璹撰。**

> 廣棪案：《崇文總目》卷一〈易類〉著錄：「《周易正義補闕》七卷。原釋：邢璹。
> 見天一閣鈔本。不著撰人名氏，其說自謂裨穎達之闕。見《文獻通考》。東垣按：
> 《玉海》引《崇文目》同。《通考》作《周易正義補闕略例疏》一卷，引不著撰
> 人名氏云云，而舊本有『邢璹』二字，未知孰是，今姑兩存其說。陳詩庭云：『前
> 《周易正義》「孔穎達等」四字，下卷〈尙書斷章〉「成伯瑜」三字，及此「邢
> 璹」，茲與《通考》所引互異，疑世所傳天一閣本即朱錫鬯所鈔，而此數條皆其
> 增加者。』《宋史》卷二百二〈志〉第一百五十五〈藝文〉一著錄：「《易正義
> 補闕》七卷。」又：「邢璹《補闕周易正義略例疏》三卷。」《經義考》卷十五
> 〈易〉十四著錄：「邢氏璹《周易正義補闕》。〈宋志〉七卷《崇文總目》同。佚。
> 《周易略例疏》，《紹興書目》作正義。〈宋志〉三卷《紹興書目》二卷。存。止一
> 卷。」綜上三書所載，於此書之書名、著者、卷數頗互有異同。就書名稱謂而
> 論，作《周易正義補闕》，《崇文總目》及《經義考》同，〈宋志〉闕「周」字。
> 作《補闕周易正義略例疏》，〈宋志〉同《解題》。《文獻通考》則稱爲《周易正
> 義補闕略例疏》，《經義考》作《周易略例疏》。就書之著者而論《補闕》一書《崇
> 文總目》、《經義考》均作邢璹，〈宋志〉則不著撰人名氏。《略例疏》一書《崇
> 文總目》闕撰人，〈宋志〉及《經義考》則同隸邢氏。就書之卷數而論，《補闕》
> 均作七卷，《略例疏》則《崇文總目》作一卷，與《解題》同。〈宋志〉及《經
> 義考》作三卷，《經義考》又引《紹興書目》作二卷。考周中孚《鄭堂讀書記補
> 逸》卷一〈經部・易類〉一於此問題辨析頗詳，其辭曰：「《周易略例》一卷。
> 范氏《二十種奇書》本。魏王弼撰，唐邢璹注。璹里貫未詳，官至鴻臚寺少卿。《四
> 庫全書》著錄於王弼《周易注》中。按〈隋志〉載王弼《易略例》一卷，《經典
> 釋文》同；〈新〉、〈舊唐志〉俱合王《注》作七卷，又合王、韓《注》作十卷；
> 《崇文總目》亦合王、韓《注》作十卷，蓋《略例》舊本統列《注》本後。自
> 邢氏爲之《注》，至晁、陳書目、《文獻通考》始復表而出之。晁惟衢本《讀書志》
> 附「《石經周易》」下。惟〈宋志〉載王弼《略例》一卷，當無邢《注》在內，故
> 又別出邢璹《補闕周易正義略例疏》三卷。《經義考》引《紹興書目》作二卷。然
> 陳、馬二家所載，名與之同，惟作一卷，與今本同。疑〈宋志〉三卷爲字之誤，
> 獨今本書名無『補闕正義疏』五字爲異耳。至馬氏於是書下引《崇文總目》云：

『不著撰人名氏，其自謂裨穎達之闕。』則別是一書。其名止作《周易正義補闕》，凡七卷〈宋志〉亦載之，馬氏混而爲一，殊譌誤矣。《經義考》列爲二條，蓋已得之。然亦屬之邢璹，則又蹈天一閣鈔本、《崇文總目》之失矣。馬氏引《崇文目》明云『不著撰人名氏』，且引其『裨穎達之闕』一語，今書中並無之，可知其非璹書，迺天一閣本於其下注『邢璹』二字，蓋後人所妄加也。」就中孚所辨，則《周易正義補闕》，與《補闕周易正義略例疏》自是二書，前者七卷，不著撰人姓氏，其書乃「裨穎達之闕」者；後者一卷，邢璹撰，〈宋志〉作三卷，《紹興書目》作二卷，恐均字之誤。《解題》所著錄即此本，或稱《周易略例疏》，今本更省稱《周易略例》，乃同書異名而已。至璹之生平，所知甚少。《總目》卷一〈經部〉一〈易類〉一「《周易註》一卷。浙江巡撫採進本。」條下謂：「其《略例》之註，爲唐邢璹撰。璹里籍無考，其結銜稱四門助教。案《唐書・王鉷傳》稱『鴻臚少卿邢璹，子縡以謀反誅』，則終爲鴻臚少卿也。《太平廣記》載其奉使新羅，賊殺賈客百餘人，掠其珍貨貢於朝。其人殊不足道。其《註》則至今附弼書以行。」特逐錄之，以作知人論世。

案蜀本《略例》有璹所注，止有篇首釋「略例」二字，文與此同，餘皆不然。

案：《讀書志》卷第一〈易類〉「《石經周易》十卷、《周易指略例》一卷」條云：「《略例》有唐四門助教邢璹注，此與國子監本不同者也。以蜀中印本校邢璹注《略例》，不同者又百餘字。」《讀書志》之《周易指略例》，即《解題》之《補闕周易正義略例疏》，名異而實同。晁、陳二氏均曾據蜀本以校其所藏之邢注《略例》一卷之單行本，頗多異同；故晁謂「不同者又百餘字」，陳謂「止有篇首釋『略例』二字，文與此同，餘皆不然」，均言二本相異之處不少。惜蜀本《略例》已久佚，無法知其源委矣。

此本亦淺近無義理，姑存之。

案：邢璹〈自序〉曰：「王輔嗣《略例》，大則總一部之指歸，小則明六爻之得失。承乘逆順之理，應變情僞之端。用有行藏，辭有險易，觀之者可以經緯天地，探測鬼神，匡濟邦家，推辟咎悔。雖人非上聖，亦近代一賢臣。謹依其文，輒爲注解。雖不足敷弘《易》道，庶幾有裨於教義，亦猶螢燐增輝於太陽，涓流助深於巨壑，臣之志也。」是璹之立志如此。故其所注《略例》之書，僅依文輒解，乃「淺近無義理」，固宜然。惟周中孚《鄭堂讀書記補逸》則爲之迴護，云：「陳氏謂其注淺近無義理，然解王氏之書，勢不能多所奧博，如穎達之爲王《注》正義可見，亦何獨於璹耶！」所言亦屬有識。蓋璹書雖淺近，「庶幾有裨

於教義」，故與其過而棄之，不若過而存之，此直齋之用心也歟！

周易窮微一卷

《周易窮微》一卷，稱王輔嗣。凡為論五篇。《館閣書目》有王弼《易辨》一卷，其〈論彖〉，〈論象〉亦類《略例》，意即此書也。

　　廣棪案：此書《通志》卷第六十三〈藝文略・經類・易・論說〉著錄，作《周易窮微論》一卷，證之《解題》謂「凡為論五篇」及「〈論彖〉」、「〈論象〉」云云，書名疑應有「論」字為是。《宋史》卷二百二〈志〉第一百五十五〈藝文〉一〈經類・易類〉著錄王弼《易辨》一卷，與《中興館閣書目》同。《經義考》卷十〈易〉九載：「《周易窮微論》，《通志》一卷，佚。《國史志》：『王弼《論易》一卷，大類《略例》而不及。』《易辨》，《中興書目》一卷，佚。」蓋《國史志》之《論易》，乃《周易窮微論》之省稱，至所云「大類《略例》而不及」，則與《解題》所述似無甚差異也。

又言：「弼著此書已亡，至晉得之，王羲之承詔錄藏於祕府，世莫得見。」未知何所據而云。

　　案：《晉書》卷八十〈列傳〉第五十《王羲之》未載羲之承詔錄藏此書於秘府事。《玉梅》卷第三十六〈藝文・易〉下「魏王弼注《易》」條載：「《中興書目》：『弼有《易辯》一卷，或言晉得之，王羲之承詔錄藏秘府。』」則確記載有其事。至此書南宋時猶在，《解題》且得而著錄之。《館閣書目》竟謂「世莫得見」，故直齋乃有「未知何所據而云」之辨也。

周易物象釋疑一卷

《周易物象釋疑》一卷，唐東陽助撰。〈唐志〉作『東鄉助』《館閣書目》又云「守江陵尹」。東陽、東鄉，皆複姓也。

　　廣棪案：此書尤袤《遂初堂書目》誤作《周易物象辨疑》。至此書撰人之姓名仕里，〈自序〉末署「朝散大夫、守江陵少尹、柱國、賜金魚袋東鄉助上」，觀之自明，《解題》似無庸贅引〈唐志〉與《館閣書目》為說，更無須考及東陽、東鄉之為複姓也。惟直齋既見〈自序〉、〈唐志〉而不之信，其《解題》著錄此書之撰人竟作東陽助，實為費解而乏據。既無據而竟與助〈自序〉立異，所說自

不能成立，理宜予以糾正。

其〈序〉言隨事義而取象，若以龍敘〈乾〉，以馬明〈坤〉。凡《注》、《疏》未釋者，標出為此書。

　　案：助〈自序〉曰：「《易》以龍象〈乾〉，以馬明〈坤〉，隨事義而取象，是故《春秋》傳辭，多因物象，而六十四卦、三百八十四爻之文，觸類而長。洎甲子以六十爲運，而卦則六十四爲周；六十四而參六十，合九百六十年爲一元紀。助今采于往《疏》未釋，後學滯懵者，標出目爲《周易釋疑》，屬象比事，約辭伸理云爾。」《解題》所述蓋本此。助之此書，宣和四年蔡攸上之於朝。攸撰〈序〉曰：「助之作書，盡推互體變卦之法，以明爻〈象〉，可謂有意於此矣。而學之不明，言之不擇，傅致牽合，先後牴牾，學者蓋疑焉。雖然，後之學《易》者，必自助發之，故著其書以示來者。」則助撰此書，固功過參半矣。《崇文總目》卷一〈易類〉載：「《周易物象釋疑》一卷，原釋：唐東鄉助撰。取變卦互體開釋言象，蓋未始見康成之學，而著此書焉。見《文獻通考》。」考《經義考》卷九〈易〉八「鄭氏玄《周易注》」條下引朱震曰：「鄭氏傳馬融學，多論互體。」又引王應麟曰：「康成注《易》九卷，多論互體，江左與王輔嗣學並立。顏延之爲祭酒，黜鄭置王。……合〈彖〉、〈象〉於《經》，蓋自康成始。其說間見於鼎祚《集解》及《釋文》、《易》、《詩》、《三禮》、《春秋義疏》、《後漢書》、《文選注》，乃於讀《易》之暇，輯爲一卷，庶使先儒象數之學，猶可考焉。」是魏、晉以降，鄭學漸亡，故助或未知康成已有論互體之法。輔嗣治《易》重義理，鮮言象數，助乃得就「《注》、《疏》未釋者，標出爲此書」。是則《崇文總目》謂助「未始見康成之學而著此書」云云，似非憑虛立說也。

周易舉正三卷

《周易舉正》三卷，唐蘇州司戶參軍郭京撰。

　　廣棪案：此書《說郛》、宛委山堂本。《遜敏堂叢書》、《清芬堂叢書》所收均作一卷。檢《經義考》卷十四〈易〉十三「郭氏京《易舉正》」條引李燾曰：「京，開元後人。」《總目》卷一〈經部〉一〈易類〉一亦云：「《周易舉正》三卷，浙江巡撫採進本。舊本題唐郭京撰。京不知何許人也《崇文總目》稱其官爲蘇州司戶參軍。據〈自序〉言御注《孝經》，刪定〈月令〉，則當爲開元後人。」是郭京爲唐玄宗開元後人無疑矣。

自言得王弼、韓康伯手寫真本，正其訛謬，凡一百三十五條。如〈坤〉初六〈象〉「履霜，陰始凝也」，多「堅冰」二字；〈屯〉六二〈象〉「以從禽也」，闕「何」字；〈頤〉「拂經」，當作「拂頤」；〈坎〉卦「習坎」上當有卦名之類，皆於義為長。廣棪案：盧校注：「未免為其所欺。」

案：京撰此書〈自序〉曰：「京也歷代傳授《五經》為業，其于《易》道討覈偏深。曾得王輔嗣、韓康伯手寫註定傳授真本，讀誦比校今世流行本，及國學、鄉貢學人等本，或將《經》入《註》，用《註》作《經》；〈小象〉中間，以下句反居其上；爻辭註內，移後義卻處於前；又兼有脫漏，兩字顛倒，謬誤增省，義理不通。今並依定本舉正其謬，仍於謬誤之處以朱書異之，希好事君子、志學通儒詳而觀之，則《經》《註》通流，〈雅〉〈鄭〉不紊。都計一部中差謬處，總一百三節，列為一部，具述訛舛。因目為《周易舉正》，分為上、中、下三卷，傳諸志學者云。」此京自述其撰《舉正》之梗概也。《解題》「自言」云云實據此。惟〈自序〉謂「差謬處總一百三節」《解題》謂「正其訛謬凡一百三十五條」，兩者乃小異耳。至京得王、韓真本一事，後人頗有疑之者。《讀書志》卷一〈易類〉「《周易舉正》三卷」條云：「〈序〉稱京家藏王弼、韓康伯手札《周易》本及《石經》，校正一百三十五處，二百七十三字。蓋以繇、〈象〉相證，有闕漏處可推而知，託云得王、韓手札與《石經》耳。如〈渙〉之繇『利涉大川』下有『利貞』字，而〈象辭〉無之，則增入；〈漸〉之繇『女歸吉』下無『也』字，而〈象辭〉有之，則削去。他皆此類。」是晁氏疑京實託言得王、韓手札，所撰《舉正》諸條，實賴繇、〈象〉互證以推其闕漏耳。況京書中質正諸訛謬，亦未盡屬「於義為長」。《經義考》「郭氏京《易舉正》」條引趙汝楳曰：「郭京作《舉正》，自以為得王弼、韓康伯手寫注定傳授真本，於今《易》有所損益凡一百三條。〈坤〉初六〈象〉曰：『履霜，堅冰陰始凝也。』京本無『堅冰』二字。按：此乃舉《爻辭》以通文義，謂言履霜，而遽及冰者，霜為陰凝之極，故言始凝，以明堅冰之漸，儻去堅冰，但云始凝，則始字無因而發。或者京因魏許芝之對而云爾，卜史一時之言，可據以改《經》耶？〈比〉九五〈象〉曰：『舍逆取順，失前禽也。』京本『失前禽』在『舍逆取順』之上，意彼以釋辭在上爻辭在下，乃倒顛之。案：〈小象〉類此頗多。〈恆〉九四曰：『田无禽。』〈象〉曰：『久非其位，安得禽也？』〈解〉初六曰：『无咎。』〈象〉曰：『剛柔之際，義无咎也。』〈旅〉九三曰：『喪其僮僕。』〈象〉曰：『以旅與下，其義喪也。』凡是與此正同，此聖人互文明理之妙，庸可臆改。」《經義考》又引王應麟曰：「〈旅〉初六：『斯其所取災。』王輔嗣注云：『為斯賤之役。』郭京謂『斯』合作『傂』。愚

按：《後漢·左雄傳》：『職斯祿薄。』注云：『斯，賤也。』不必改『僜』字。」
是則京所舉訛正謬，未盡允恰。盧文弨重輯本《解題》，於此條後附注曰：「未
免爲其所欺。」盧氏此言恐亦有感而發也。

易傳解說一卷、微旨三卷

《易傳解說》一卷《微旨》三卷。

> 廣棪案：《解題》此條結處曰：「家舊惟有《微旨》，續得《解說》一編，始知其
> 詳。」兩相印證，是直齋舊藏有《微旨》三卷，續得《易傳解說》一卷，此條
> 乃就其家藏此二書而爲說。

唐宰相吳郡陸希聲廣棪案：盧校注：「唐昭宗時相。」撰。館臣案：《文獻通考》作「右
拾遺」。

> 案：希聲〈易傳自序〉曰：「予乾符初任右拾遺。」《崇文總目》、《讀書志》、《文
> 獻通考》乃據以爲說，謂希聲仕至右拾遺。惟《新》、《舊唐書》希聲本傳皆載
> 於昭宗時曾爲給事中、戶部侍郎及同中書門下平章事，故《解題》稱希聲爲宰
> 相，亦至允恰。《經義考》卷十五〈易〉十四「陸氏希聲《周易傳》」條引馮椅
> 曰：「希聲本蘇州吳縣人。」人即指吳郡也。

案〈唐志〉有《易傳》二卷，《中興書目》作六卷，別出《微旨》三卷。今所
謂《解說》者，上、下《經》共一冊，不分卷。

> 案：《易傳》二卷，希聲〈自序〉、〈新唐志〉、《崇文總目》所載皆同。《經義考》
> 引《中興書目》曰：「希聲著《易傳》十篇，傳上《經》爲第一篇，下《經》爲
> 第二篇，又有〈演文言〉、〈伸繫辭〉等八篇。又《易圖》一卷、《指說》一卷、
> 《釋變》、《微旨》各一卷，通爲十卷。又《文證》一卷，非十篇之目。今惟存
> 上、下《經傳》，分爲六卷《微旨》分爲三卷。」蓋以《易圖》等四篇佚其三卷，
> 故《中興書目》乃著錄《易傳》十篇爲六卷，另將《微旨》別出，分作三卷。
> 至其《易傳解說》本爲一冊不分卷，惟《解題》著錄仍作一卷。

有〈序〉言著《易傳》十篇，七篇以上解《易》義之淵微，八篇以下廣《易》
道之旁行，今第爲六卷；又撰《易圖》、《指說》、《釋變》、《微旨》各一卷，
通爲十卷。

> 案：希聲〈自序〉曰：「少小以來，所集諸家注說，貫以自得之理，著《易傳》
> 十篇，傳上《經》爲第一，下《經》爲第二，所以列〈彖〉、〈象〉之微辭，測

卦、爻之奧義。第三篇演〈文言〉之純粹，以顯聖人之頤。第四篇伸〈繫辭〉之微意，以彰《易》道之神。第五篇原作《易》之始，述列卦之序。第六篇釋〈說卦〉之義，辨反對之相資。第七篇窮畫卦象之由，生著奇偶之極。第八篇明權輿律呂之末，制作禮樂之原。第九通天下之理。第十成天下之務。別撰《易圖》一卷、《指說》一卷、《釋變》一卷、《微旨》一卷。又以《易經》文字，古今謬誤，又撰《證》一卷。」《解題》所述蓋據此序。希聲另撰之《證》一卷《解題》乏載《中興書目》作「《文證》一卷」，考之希聲〈自序〉「又以《易經》文字」云云，則稱作「《文證》」亦通。

其上、下《經》蓋第一、第二篇《經》文一句《傳》亦一句，門人以為難曉，故復為之〈解〉。然則其全書十卷，不盡傳矣。家舊惟有《微旨》，續得《解說》一編，始知其詳。

案：《崇文總目》卷一〈易類〉著錄：「《周易傳》二卷，原釋：唐右拾遺陸希聲撰。希聲作《易傳》十篇，〈易圖〉、〈指說〉、〈釋變〉、〈微旨〉四篇。初隴西李阮學其說，以為上、下《經》思屬甚妙，故希聲自為之〈解〉。餘篇差顯，不復為注，蓋近世之名家歟！今二篇外，餘篇逸。見《文獻通考》。」又葛立方《韻語陽秋》卷八曰：「希聲隱居宜興君陽山，今金沙寺其故宅也。嘗著《易傳》十卷。〈自序〉謂：『夢在大河之陽，有三人偃臥東首，上伏羲，中文王，下孔子，以《易》道界予，遂悟八卦小成之位，質之象數有符契。且云：「今年四十有七，已及聖人之年。」於是作《易傳》以授門人崔澈、王贊之徒，復自為之注。』」《解題》所述與《崇文總目》略同，是則李阮、王贊之屬，皆希聲門人也。

周易口訣義六卷

《周易口訣義》六卷

廣棪案：此書〈自序〉曰：「〈乾〉象既分，蒼牙應運；三才闢位，八卦昭彰。故能道濟不通，人用無極，自茲已降，視述多家。田何傳于丁寬，京房得之焦貢，遂使異聞競起，踳駁紛多，深乖述作之由，全誤聖人之見。若使廣求文句，博引證驗，浮誕日興，華僞滋蔓，誠謂周鼠終虧于鄭璞，魚目以混于隨珠。今則但舉宏機，纂其樞要。先以王《注》為宗，後約孔《疏》為理。至於卦繇六位，並備而釋之。〈象〉以詳略，闕而不敘。大抵舉其六卷，分為上、下兩《經》，直以『口訣』為名義，決要為旨。或《經》象未顯，輒提緯以證文；《傳疏》未

明，將考名以消義。遂使疑袪理悟，還希述作之功，學寡難周，恥騰波于翰海云爾。」足知此書撰作之旨及命名之義。此書《讀書志》作七卷，孫星衍曾刻此書於《岱南閣叢書》中，〈序〉語云：「其卷數不同，據〈序〉云六卷，謂爲七卷者，蓋因王弼《注》本上、下《經》及《略例》七卷，疑徵既闡王書，亦同爲七卷。實則此書止推弼經義，不及《略例》，當以〈序〉言爲是也。」星衍所辨至當。《解題》作六卷，與〈自序〉同，應不誤。而《讀書志》作七卷，反訛誤矣。

河南史之徵廣棪案：盧校本作「史證」**撰。**館臣案：《宋史・藝文志》作「史文徵」《文獻通考》作「史證」，鄭樵《通考》作「史之證」。宋人避諱「徵」字，此改從其舊。**不詳何代人《三朝史志》有其書，非唐則五代人也。避諱作「證」。**

案：《崇文總目》卷一〈易類〉云：「《周易口訣義》六卷，原釋：河南史證撰，不詳何代人。」《四庫全書》館臣輯《解題》，於此條姓名下加案語曰：「《宋史・藝文志》作『史文徵』《文獻通考》作『史證』，鄭樵《通志》作『史之證』。宋人避諱『徵』字，此改從其舊。」是則《永樂大典》本《解題》原作「史之徵」。惟《四庫全書總目》作史徵，並定徵爲唐代人。《總目》卷一〈經部〉一〈易類〉一載：「《周義口訣義》六卷《永樂大典》本。唐史徵撰。《崇文總目》曰河南史徵，廣棪案：《崇文總目》作史證。不詳何代人。晁公武《讀書志》曰：『田氏以爲魏鄭公撰，誤。』陳振孫《書錄解題》曰：『《三朝史志》有其書，非唐則五代人，避諱作證字。』《宋史・藝文志》又作史文徵，蓋以徽、徵二字相近而譌，別本作史之徵，則又以之、文二字相近而譌耳。今定爲史徵，從《永樂大典》；定爲唐人，從朱彝尊《經義考》也。」《總目》此處所云「別本」，雖未確指爲《解題》，然除《解題》作史之徵外，未見他本。至史氏之名字，究爲證、徵、之徵、文徵，仍須細作考核，殊不宜如《總目》之倉促定案也。

易證墜簡二卷

《易證墜簡》二卷，毗陵從事建溪范諤昌撰。天禧中人。〈序〉言任職毗陵，因事退閒。蓋嘗失官也。

廣棪案：此書《讀書志》稱《證墜簡》，作一卷，與《中興館閣書目》著錄同。范氏之名《祕書省續編到四庫闕書目》卷一作昌諤，葉德輝已證其誤。此書已佚，其〈序〉亦不可得而見。證以《讀書志》，則諤昌於宋眞宗天禧中任毗陵從

事，里貫建溪，固無誤也。

又言得於溢浦李處約，李得於廬山許堅。其上卷如郭京《舉正》，下卷辨〈繫辭〉非孔子命名，止可謂之〈贊〉；繫今爻辭，乃可謂之〈繫辭〉。又重定其次序。又有〈補注〉一篇，辨周、孔述作與諸儒異，為〈乾〉、〈坤〉二傳。末有〈四辭〉廣校案：盧校本作「四時」曷刻圖〉一篇。館臣案：《文獻通攷》作「〈四時曷刻圖〉」。《館閣書目》止一卷。

案：《解題》引范〈序〉，所記頗翔實，可藉悉此書概況。至〈序〉稱爻辭爲〈繫辭〉，淳熙間吳仁傑錄《古周易》，其〈自序〉中亦有此說，蓋緣諤昌說也。〈四辭曷刻圖〉，《文獻通考》作〈四時曷刻圖〉，《解題》似誤，宜改正。《讀書志》卷第一〈易類〉載：「《證墜簡》一卷。右皇朝天禧中毗陵從事建溪范諤昌撰。其書酷類郭京《舉正》。如〈震卦・象辭〉內云：『脫「不喪匕鬯」四字。』程正叔取之；〈漸卦〉上六，疑『陸』字誤，胡翼之取之。自謂其學出於溢浦李處約、廬山許堅。意豈果有師承，故程、胡有所取焉。」可與《解題》所述互補有無。

世或言劉牧之學出於諤昌，而諤昌之學亦出种放，未知信否？晁以道、邵子文、朱子發皆云爾。

案：惟王偁《東都事略》卷一百一十三曰：「華山陳摶讀《易》，以象學授种放，放授許堅，堅傳范諤昌。」又周中孚《鄭堂讀書記補逸》卷一〈經部・易類〉一「《易數鉤隱圖》三卷附《遺論九事》一卷」條亦云：「按宋人圖書之學，劉出於范諤昌，范出於李處約及許堅，李、許出种放，种出於陳希夷摶。」倘綜而論之，並證以《解題》所引范〈序〉之言，則此派之《易》學，其源流應爲陳摶授种放，放授許堅，堅授李處約，處約授范諤昌，而諤昌授劉牧也。

新注周易十一卷、卦德統論一卷、略例一卷、又易數鉤隱圖二卷

《新注周易》十一卷、《卦德統論》一卷、《略例》一卷，又《易數鉤隱圖》二卷，館臣案：《宋史》以《略例》為黃黎獻撰。《易數鉤隱圖》作一卷，鄭樵《通志》作三卷，又黃黎獻續者一卷。太常博士劉牧長民撰，黃黎獻為之〈序〉。又為《略例圖》，亦黎獻所序。

廣校案：長民之書，其書名、卷數及撰人，各家所著錄多有異同。《讀書志》有劉長民《易》十五卷、《鉤隱圖》三卷；《四庫闕書目・易類》有劉牧《注周易》

十卷、《易卦統論說》一卷、《鉤隱圖》三卷，黃黎獻《略例》一卷；《秘書省續編到四庫闕書目》卷一〈經類・易類〉有劉牧《卦德統論》不分卷、《鉤隱圖》三卷、黃黎獻《續鉤隱圖》一卷《略例義》一卷；《中興館閣書目・經部・易類》有劉牧《新注周易》十一卷、《卦德統論》一卷、《易數鉤隱圖》一卷、黃黎獻《略例》一卷、《隱訣》一卷；《宋史》卷二百二〈志〉第一百五十五〈藝文〉一〈經類・易類〉有劉牧《新注周易》十一卷、《卦德統論》一卷、《易數鉤隱圖》一卷、黃黎獻《略例》一卷、《室中記師隱訣》一卷。《四庫全書》館臣案語則曰：「《宋史》以《略例》爲黃黎獻撰。《易數鉤隱圖》作一卷，鄭樵《通志》作三卷，又黃黎獻續者一卷。」綜上各家所著錄《新注周易》應爲十一卷《讀書志》作十五卷者，乃合《卦德統論》一卷、《略例》一卷、《易數鉤隱圖》二卷而言。此書今已佚。《卦德統論》，或稱作《易卦統論說》，或作《卦德通論》，同書異名耳。《略例》應爲長民撰。據《秘書省續編到四庫闕書目》，黎獻所撰者乃《略例義》，後人失愼，二書乃混而爲一，宜分別明辨之。《易數鉤隱圖》，《解題》作二卷，各家或作三卷，或作一卷，今可見之《道藏》、《通志堂經解》、《四庫全書》諸本均作三卷，殆分卷有所不同耶？黃黎獻所撰之〈序〉已佚。

又有三衢劉敏士刻於浙右庾司者，有歐陽公〈序〉，文淺俚，決非公作。其書三卷，與前本大同小異。

案：《讀書志》卷第一〈易類〉著錄：「《鉤隱圖》三卷，皆《易》之數也，凡五十五圖，并遺事九，有歐陽永叔〈序〉，而其文殊不類。」而《總目》卷二〈經部〉二《易類》二著錄：「《易數鉤隱圖》三卷，附《遺論九事》一卷，宋劉牧撰。……南宋時劉敏士嘗刻於浙右漕司，前有歐陽脩〈序〉。吳澄曰：『脩不信《河圖》而有此〈序〉，殆後人所僞爲，而牧之後人誤信之者。』俞琰亦曰：『〈序〉文淺俚，非脩作。』其言有見，故今據而削之。」是則所謂歐公〈序〉者，〈序〉絕非脩撰，《四庫全書》本削之宜焉。

案敏士〈序〉稱「伯祖屯田郎中，臨川先生志其墓」。今觀〈誌〉文所述，但言學《春秋》於孫復而已。當慶曆時，其《易》學盛行，不應略無一語及之，且黎獻之〈序〉稱字長民，而〈誌〉字先之，其果一人耶，抑二人耶？

案：《臨川集》第九十七卷〈墓誌〉有〈荊湖北路轉運判官尙書屯田郎中劉君墓誌銘並序〉一文，中謂牧「字先之」；「學《春秋》於孫復」。確無一語及於牧之《易》學。故《總目》亦云：「牧字長民，其〈墓誌〉作字先之，未詳孰是，或有兩字也。」周中孚《鄭堂讀書記補逸》卷一〈經部・易類〉一著錄：「《易數

鈎隱圖》三卷,附《遺論九事》一卷《通志堂經解》本。宋劉牧撰。牧,字長民,一字先之,彭城人,官太常博士。」則字長民與字先之之劉牧,應同屬一人,非二人也。

刪定易圖論一卷

《刪定易圖論》一卷,直講盱江廣棪案:盧校注:「盱水執南城,見《前漢・地理志》,顏音香于反。」李覯泰伯撰。館臣案:《宋史・藝文志》作「李遇」,蓋南宋避諱所改。凡六篇,蓋刪劉牧《易圖》而存之者三焉。《館閣書目》作六卷,十九篇。覯先著《易論》十三篇,皆見《集》中,與此自為二書,當是合為十九也。

廣棪案:觀此書〈自序〉有言:「覯嘗著《易論》十三篇,援輔嗣之《注》以解義,蓋急乎天下國家之用,毫析幽微所未暇也。世有治《易》根於劉牧者,其說日不同,因購牧所為《易圖》五十五首觀之,則甚重複;假令其說之善,猶不出乎《河圖》、《洛書》、八卦三者之內,彼五十二皆疣贅也。而況力穿鑿以從傀異,考之破碎,鮮可信用;大懼詿誤學子,壞隳世教,乃刪其圖而存之者三焉。所謂《河圖》也《洛書》也,八卦也,於其序解之中,撮舉而是正之。諸所觸類,亦復詳說,成六論,庶乎人事修而王道明也,其小得失,不足喜慍者,不盡糾割。別有一本,黃黎獻為之〈序〉者,頗增多誕謾,自〈鄆〉以下,可無譏焉。」斯足見覯撰作此書之志。此書本一卷,計三圖六論,凡六篇。《中興館閣書目》著錄作《刪定易圖序論》,凡六卷,十九篇,蓋合《易論》十三篇而成。《宋史》卷二百二〈志〉第一百五十五〈藝文〉一〈經類・易類〉則作李遇《刪定易圖序論》六卷;「覯」改為「遇」,乃避宋高宗諱然也。《解題》此書名《刪定易圖論》者,疑「圖」下脫「序」字。

易補注十卷、又王劉易辨一卷

《易補注》十卷、又《王劉易辨》一卷,秘書丞宋咸貫之撰。咸嘗撰《易明》,凡一百九十三條,以正亡誤。及得郭京《舉正》於歐陽公,遂參驗為《補注》。皇祐五年表上之。

廣棪案:咸《易補注》十卷,余靖為之〈序〉,曰:「《易》之道深矣!自漢興,有施、孟、梁丘、京氏、費、高諸家之學,列於庠序,而傳異端,師異說,往往入於五行讖緯之術,故其學中絕焉。王氏之學傳自魏晉,盛于隋唐之際,大

都言陰陽變化、人事得失，不悖于三聖，不蕩于術數，故獨為學者所宗。近世言《易》者，復以奇文詭說相尚，自成一家之言，考之卦、繇、爻、〈象〉、〈彖〉、〈繫〉之微，有所不通矣。今廣平宋君貫之補注《周易》，蓋懲諸儒之失，而摘去異端，志在通王氏之說，合聖人之《經》，字有未安，意有未貫，必引而伸之，用明文王、周公之旨，初著《易明》數十篇，後得唐郭京《舉正》之說，意與己合，遂採郭氏《舉正》與《易明》相參，綴於《經》、《注》之下，辨墜簡之所缺，啟後人之未悟，朱墨發端，粲然可觀，其〈自敘〉詳矣。於戲！古之儒者以明經為本，兩漢名臣未嘗不以經進。自儒林、文苑派分以來，縉紳之士視經為蘧廬耳。貫之學必稽古，言必貫通，以詞章取科第，以通博副名實。皇祐元年，歲在荒落《補注》既成，聞于旅辰，俄頒中旨，附郵投進。其明年，蠻事平息，因談經義，遂得副本為示，洒周而研之。嘗觀劉氏《鉤隱圖》，言宓犧氏得龍圖龜書之文以畫八卦，又言天五地五大衍之用，其深于數者。及觀貫之之釋，以為宓犧稽象于天，取法于地，觀鳥獸之文，通萬物之情以畫卦，奚獨取于龍鳥之文耶？又其言〈乾〉、〈坤〉之策生於四象，其于尼父之《經》、輔嗣之《注》亡所戾，而有所明焉。固可秘之藏室，流之學宮，寧止是正文字而已哉！歎其言近旨，故題而序之。」讀此〈序〉，固知咸因《易明》而撰《補注》；《補注》成，則《易明》亦在其中矣。《易明》數十篇，凡一百九十三條，亦已繁富。至表上《補注》之年，余〈序〉謂於「皇祐元年，歲在荒落」。惟仁宗皇祐元年為己丑年，五年為癸巳年。《爾雅·釋天》云：「太歲在巳曰大荒落。」則應以《解題》所記「皇祐五年表上之」為是，余〈序〉作「元年」，乃「五年」之誤也。

別有《易訓》，未見。

案：《易訓》，《讀書志》卷第一〈易類〉著錄，云：「宋咸《易訓》三卷。右皇朝宋咸撰。咸〈自序〉云：『予既以補注《易》奏御，而男億請餘義，凡百餘篇，端因以《易訓》名之。』蓋言不敢以傳世，特教其子而已。頗論陸希聲、劉牧、鮮于侁得失云。」是公武得見此書。又咸〈自序〉已明言此書命名之由。

《易辨》，凡二十篇。劉牧之學，大抵求異先儒，穿鑿破碎，故李、宋或刪之，或辨之。

案：《易辨》，即《王劉易辨》。咸序此書曰：「近世劉牧既為《鉤隱圖》以畫象數，盡刊王文，直以己意代之。業劉者實繁，謂劉可專門，王可焚竄。咸聞駭之，摘〈乾〉、〈坤〉二卦中王、劉義，及《鉤隱圖》以辨之也，凡二十

篇，爲二卷，題曰《王劉易辨》云。」是可見咸撰此書之志，蓋欲爲弼《注》翻案也。此書實二卷《解題》作一卷，疑誤。直齋素不滿圖畫象數之學，與咸、觀同，故李刪而宋辨，而直齋則謂劉牧之學「求異先儒，穿鑿破碎」，亦抨擊不遺餘力矣。

周易言象外傳十卷

《周易言象外傳》十卷，翰林學士睢陽王洙原叔撰。其〈序〉言學《易》於處士趙期。論次舊義，附以新說，凡十二篇。以王弼《傳》爲「內」；摘其異者，表而正之，故曰「外」云。

> 廣桉案：《崇文總目》卷一〈易類〉著錄：「《周易言象外傳》十卷，原釋：皇朝王洙原叔撰。洙以通《經》侍講天章閣，鳩集前世諸儒《易》說，折衷其理，依卦變爲類。其論以王弼《傳》爲『內』，故自名曰《外傳》。見《文獻通考》。」又《中興館閣書目・經部・易類》著錄：「《周易言象外傳》十卷，侍講王洙撰，凡十二篇。〈序〉云：『論次舊義，附以新說，凡十二篇。以王弼《傳》爲內，摘其要者，表而正之，故云外也。』」趙士煒輯考本，下同。是《解題》所述，與《崇文總目》、《中興館閣書目》大同小異。《中興館閣書目》有「摘其要者」句，「要」字形近而訛，宜遵《解題》作「異」字爲是。洙固善《易》者，家藏有《古易》十二卷《解題》已著錄。所撰《外傳》已散佚，其全〈序〉亦不可得而見，惜哉！

周易析蘊二卷

《周易析蘊》二卷，孫坦撰。其首言《子夏傳》辭不甚粹，或取《左氏傳》語證之。晚又得十八占，稱天子曰「縣官」，嘗疑漢杜子夏之學。及讀杜〈傳〉，見引〈明夷〉對策，疑始釋。然坦不知何人《國史志》及《中興書目》皆不著。

> 廣桉案：《經義考》卷十六〈易〉十五著錄有此書，且據《玉海》著錄作十卷，未知孰是。然坦之事蹟非無可考《經義考》所引《玉海》曰：「皇祐三年九月，評事孫坦上《周易析蘊》十卷，帝嘉其勤博。」則坦爲仁宗時人，其《周易析蘊》撰成於皇祐三年九月前，上書時任評事。檢韓維《韓南陽集》卷十七又有〈開封府界提點諸縣鎮公事祠部員外郎充秘閣校理孫坦可度支員外郎制〉，則坦

又嘗任祠部員外郎、秘閣校理、度支員外郎等職。今人昌彼得等撰《宋人傳記資料索引》，於坦〈傳〉中又謂坦「元豐三年以天章閣待制知秦州，尋罷。八月除知江寧府」。是坦之仕履，可考見者殊不少。坦以《子夏易傳》爲漢杜子夏所撰，直齋甚不以爲然。《解題》「《子夏易傳》十卷」條曰：「攷〈漢志〉，初無此書。有孫坦者，爲《周易析蘊》，言此漢杜子夏也，未知何據。使其果然，何爲不見於〈漢志〉？其爲依託明矣。」是直齋以坦說爲無據，明矣。

易筌六卷

《易筌》六卷，太常丞建安阮逸天隱撰。每爻各以一古事繫之，頗多牽合。

　　廣棪案：逸《宋史翼》卷二十三〈列傳〉第二十三〈儒林〉一有傳。《經義考》卷十七〈易〉十六「阮氏逸《易筌》」條引《續資治通鑑長篇》曰：「景祐三年正月，詔鎭江節度推官阮逸校定舊鐘律；八月，以逸爲鎭安節度掌書記。皇祐五年九月，復勒停人阮逸爲戶部員外郎，以制鐘律成，特遷之。」則逸乃仁宗間人，且不止任太常丞也。其所撰《易筌》，已佚。《經義考》又引胡一桂曰：「《易筌》六卷，凡三百八十四筌。」則每爻爲一筌。又引王應麟曰：「《易》著人事，皆主商、周。帝乙歸妹，高宗伐鬼方，箕子之明夷，商事也。密雲不雨，自我西郊，王用享於岐山，周事也。阮逸云。」應麟所引逸之說，足證逸治《易》確每以古事繫爻也。

周易意學六卷

《周易意學》六卷。館臣案：《文獻通考》、鄭樵《通志》俱作十卷。

　　廣棪案：《讀書志》卷第一〈易類〉、《四庫闕書目·易類》及《宋史》卷二百二〈志〉第一百五十五〈藝文〉一〈經類·易類〉均作「《意學》十卷」。《四庫全書》館臣案語：「《文獻通考》、鄭樵《通志》俱作十卷。」《經義考》卷十六〈易〉十五「陸氏秉《周易意學》」條引胡一桂曰亦云十卷。疑本作十卷，或直齋所藏者僅爲六卷，又或《解題》「六」字乃「十」字之訛，未可知矣。

題齊魯後人陸秉撰。

　　案：《經義考》引胡一桂曰：「秉《周易意學》十卷。云欲撰《易決蘊》，難就。今祇成此書，亦如前代傳《易》之法，自題曰齊魯後人。」所記與《解題》同。

晁氏《讀書志》云：「秉字端夫，舊名東，嘗通判蜀州。寶元二年上其書，有詔嘉獎。」其說多異先儒，穿鑿無據。

案：《讀書志》卷第一〈易類〉著錄：「陸秉《意學》十卷。右皇朝陸秉撰。秉字端夫，舊名東。寶元二年以此書奏御，敕書嘉獎。秉嘗通判蜀州，首篇論《易》之名，頗采《參同契》之說。」《解題》引《讀書志》，文字有刪訂。至謂秉書「多異先儒，穿鑿無據」，殆以其「頗采《參同契》之說」故耶？

周易口義十三卷

《周易口義》十三卷，館臣案：《文獻通考》作《易傳》十卷《宋史》作《易解》十二卷，鄭樵《通志》作《口義》十二卷。廣棪案：盧校注：「《宋‧藝文志》：《口義》十卷、繫辭說卦三卷，陳氏合併數之也。〈宋志〉又有《易解》十二卷，晁《志》作《易傳》，僅十卷，乃瑗門人倪天隱所纂云。」直講海陵胡瑗翼之撰。

廣棪案：《四庫全書》館臣案語曰：「《文獻通考》作《易傳》十卷《宋史》作《易解》十二卷，鄭樵《通志》作《口義》十二卷。」又案：「晁公武云此書乃門人倪天隱所纂，非其自著。」盧文弨校注曰：「《宋‧藝文志》：《口義》十卷、繫辭說卦三卷，陳氏合併數之也。〈宋志〉又有《易解》十二卷，晁《志》作《易傳》，僅十卷，乃瑗門人倪天隱所纂云。」文弨考《解題》作「十三卷」者乃「合併數之」，其說應不誤。考《讀書志》卷第一〈易類〉著錄：「胡先生《易傳》十卷。右皇朝胡瑗撰。瑗字翼之，泰州人。通經術、樂律，教人有法，在湖州從其學者常數百人，成材而備朝廷器使者不可勝數。此解甚詳，蓋門人倪天隱所纂，廣棪案：陸心源《儀顧堂題跋》卷一『《周易口義跋》』條謂天隱字茅岡，桐廬人，學者稱為千乘先生。治平、熙寧中曾為合肥學官，嘗作《草堂吟》。晚年主桐廬講席，弟子千人，見彭汝礪《鄱陽集》、黃宗羲《宋元學案》。非其自著，故〈序〉首稱『先生』曰。」《經義考》卷十七〈易〉十六「胡氏瑗《易傳》」條引李振裕曰：「《宋‧藝文志》既列胡瑗《易解》，廣棪案：即《易傳》。後列《口義》十卷、繫辭說卦二卷，而《揚州志》亦仍其目，誤也。蓋安定講授之餘，欲著述而未逮，倪天隱述之，以其非師之親筆，故不敢稱《傳》，而名之曰《口義》。傳諸後世，或稱《傳》，或稱《口義》，各從其所見，無二書也。」而《總目》亦以為是。廣棪案：見《總目》卷二〈經部〉二〈易類〉二「《周易口義》十二卷」條。是則振孫以為《易傳》與《周易口義》固屬一書，乃瑗所講授，而天隱述之。惟清人耿文光撰《萬卷精華樓藏書記》，其書卷一〈經部〉一〈易類〉一「《周易口義》

十三卷」條引董眞卿曰：「胡氏《易傳》，《經》二篇《傳》十篇：〈上象〉一、〈下
象〉二、〈大象〉三、〈小象〉四、〈文言〉五、〈上繫〉六、〈下繫〉七、〈說卦〉
八、〈序卦〉九、〈雜卦〉十。」又曰：「胡氏著《周易口義》十卷繫辭說卦二卷，
授其弟子記之。大抵主王弼。」而耿氏繼下案語，曰：「案：依董氏之言，則《易
傳》與《口義》實爲二書，出于目見，李氏以爲一書，出於臆造，未敢深信。」
倘證以《宋史》卷二百二〈志〉第一百五十五〈藝文〉一〈經類・易類〉著錄：
「胡瑗《易解》一十二卷《口義》十卷〈繫辭〉、〈說卦〉三卷。」則耿氏之說
較矜愼，而振孫與《總目》以二書爲一書之說，似猶須細考也。

**新安王炎晦叔嘗問南軒曰：「伊川令學者先看王輔嗣、胡翼之、王介甫三家，
何也？」南軒曰：「三家不論互體，故云爾。然雜物撰德，具於中爻，互體未
可廢也。」南軒之說雖如此，要之，程氏專治文義，不論象數。三家者，文
義皆坦明，象數殆於掃除略盡，非特互體也。** 館臣案：晁公武云：「此書乃門人倪
天隱所纂，非其自著。」

案：《解題》卷一〈易類〉著錄：「《易筆記》八卷《總說》一卷，軍器少監新安
王炎晦叔撰。……於象數頗有發明。」是炎乃治象數之學者，與輔嗣等三家專
治義理者不同，故有此問。南軒，張栻之號，有《南軒易說》，頗言互體。惟直
齋治《易》，則多宗程氏「專治文義，不論象數」，故極推譽三家之「文義皆坦
明，象數殆於掃除略盡，非特互體」也，於此固已透露直齋治《易》學之消息。
至伊川研《易》，頗源翼之。《總目》曾詳考之曰：「邵伯溫《聞見前錄》記程子
〈與謝湜書〉，言讀《易》當先觀王弼、胡瑗、王安石三家。三原劉攽《周易詳
說》曰：『朱子謂程子之學源於周子，然考之《易傳》，無一語及太極。於〈觀〉
卦辭云：「予聞之胡翼之先生：居上爲天下之表儀。」於〈大畜〉上九云：「予
聞之胡先生曰：『天之衢亨，誤加「何」字。』」於〈夬〉九三云：「安定胡公移
其文曰：『〈壯〉於趾有凶，獨行遇雨；若〈濡〉有慍，君子夬夬，無咎。』」於
〈漸〉上九云：「安定胡公以『陸』爲『逵』。」考《伊川年譜》：皇祐中游太
學，海陵胡翼之先生方主教道，得先生文試，大驚，即延見，處以學職。意其
時必從而受業焉。世知其從事濂溪，不知其讀《易》多本於翼之。」其說爲前
人所未及，今核以〈程傳〉，良然。朱子《語類》亦稱胡安定《易》分曉正當，
則是書在宋時，固以義理說《易》之宗已。」是伊川《易》學，其師承翼之較
濂溪猶多，故所撰《易傳》不語及太極，而一再徵引翼之爲說也。其屢言讀《易》
當觀翼之，殆有由矣。

周易解義十卷

《周易解義》十卷，直講石介守道撰。止解六十四卦，亦無大發明。

廣棪案：此書《四庫闕書目‧易類》、《秘書省續編到四庫闕書目》卷一〈經類‧易類〉均著錄作《易議》十卷；《經義考》卷十八〈易〉十七則作《周易解》十卷，又引《紹興書目》作《易義》十卷；《宋史》卷二百二〈志〉第一百五十五〈藝文〉一〈經類‧易類〉作《口義》十卷；惟《讀書志》卷第一〈易類〉作《徂徠先生周易》五卷，及《文獻通考》卷一百七十五〈經籍考〉二《經易》作《石徂徠易解》五卷。各書所著錄此書之書名、卷數，頗有異同，其實均與《周易解義》爲同一書也。《經義考》嘗引董眞卿曰：「徂徠傳孫明復學《周義口義》十卷，建本作《解義》，說本王弼旨。」蓋其說《易》之旨本王輔嗣，故《解題》謂爲「無大發明」也。

晁景迂嘗謂^{廣棪案：盧校本「謂」作「言」。}：「守道說：孔子作〈彖〉、〈象〉於六爻之前，〈小象〉繫逐爻之下，惟〈乾〉悉屬之於後者，讓也。他人尚何責哉！」今觀此《解義》言王弼注《易》，欲人易見，使相附近，他卦皆然，惟〈乾〉不同者，欲存舊本而已。更無他說。不知景迂何以云爾。案：宋咸《補注》首章頗有此意，晁殆誤記也耶？^{廣棪案：盧校本「耶」作「耳」。又盧校注：「晁氏謂今之學者多不知古經多變於費氏，卒大亂於王弼。乃守道亦誤以王弼本爲孔子本來用意如此，故歎曰：『嗚呼，他人尚可責哉！』他人正與『今之學者』相應，陳氏援引，節去上段，語意便不分明。」}

案：《解題》此處引景迂語，本據《讀書志》而有所刪節。《讀書志》全文云：「《徂徠先生周易》五卷。右皇朝石介守道撰。景迂云：『《易》古文十二篇，先儒謂費直專以〈彖〉、〈象〉、〈文言〉參解《易》爻，以〈彖〉、〈象〉、〈文言〉雜入八卦中者，自費直始。孔穎達云：「王輔嗣又分爻之〈象辭〉，各附當爻。」則費氏初變古制時，猶若今〈乾卦〉，〈彖〉、〈象〉繫卦之末歟？《古經》始變於費氏，卒大亂於王弼。惜哉！今學者曾不之知也。石守道亦曰：「孔子作〈彖〉、〈象〉於六爻之前，〈小象〉係逐爻之下，惟〈乾〉悉屬之於後者，讓也。嗚呼，他人尚何責哉！」』家本不見此文，豈介後覺其誤而改之歟？」觀此《解題》所述實節去《讀書志》首段，及末後二句。故盧文弨重輯《解題》，對此大不以爲然。其校注此條曰：「晁氏謂今之學者多不知《古經》始變於費氏，卒大亂於王弼。乃守道亦誤以王弼本爲孔子本來用意如此，故歎曰：『嗚呼，他人尚何責哉！』他人正與『今之學者』相應，陳氏援引節去上段，語意便不分明。」其

實此事緣於景迂所記不眞，及張冠李戴，景迂所記者蓋本「宋咸《補注》首章
頗有此意」，而景迂誤謂守道所云。是故晁公武云：「家本不見此文」，直齋亦曰：
《解義》「更無他說。」故《解題》末謂：「晁殆誤記也耶？」，最得其眞矣。

易童子問三卷

**《易童子問》三卷，參政盧陵歐陽永叔撰。設為問答。其上、下卷專言〈繫
辭〉、〈文言〉、〈說卦〉而下皆非聖人所作。**

廣棪案：永叔此書分三卷，上卷二十二條，中卷十四條，皆雜論《易》義，下
卷一篇，則專言〈繫辭〉、〈文言〉、〈說卦〉而下皆非聖人所作，乃古之《易》
師為之。《解題》此條未述及中卷，所言又有所漏略，殊未切當。且歐公之說自
是偏見，宋、元間人已多不以為然。施德操曰：「歐陽公論《易》，謂〈文言〉、
《大繫》皆非孔子所作，乃當時《易》師為之。韓魏公心知其非，然未嘗與辨，
但對歐陽公終身不言《易》。」朱子曰：「歐陽作《易童子問》，正王弼之失數十
事。然因《圖》，《書》之疑，并〈繫辭〉不信，此是歐公無見處。」胡一桂曰：
「《易》之不可無《十翼》，審矣。歐陽公乃致疑於其書《易童子問》中直以〈繫
辭〉與〈文言〉為非夫子所作，是何其無見於《易》一至此耶！」上述諸條皆
引見《經義考》卷十八〈易〉十七「歐陽氏修《易童子問》」。因《解題》於歐
書全無評論，故費辭贅錄，以補其闕。

易意蘊凡例總論一卷

《易意蘊凡例總論》一卷，東海徐庸撰。

廣棪案：此書或稱《易意蘊》，見《讀書志》卷一〈易類〉。或稱《周易意蘊》，見
《通志》卷第六十三〈藝文略〉第一〈經類〉第一〈易・論說〉、《四庫闕書目・易類》、
《秘書省續編到四庫闕書目》卷一〈經類・易類〉。或稱《周易意蘊凡例總論》，見
《宋史》卷二百二〈志〉第一百五十五〈藝文〉一〈經類・易類〉、《經義考》卷十七
〈易〉十六。均同作一卷。而有關徐庸之生平及宦歷《解題》一無所述。《經義
考》引趙鏜《衢州府志》謂：「徐庸，其先汴人，有名鍊者，仕錢氏，官於衢，
因家焉。庸直集賢院，嘗表上《周易意蘊》。」《宋元學案》卷二《泰山學案・
長民私淑》「《集賢徐先生庸》」條亦謂：「徐庸，三衢人。直集賢院。著《周易
意蘊》，亦長民之學，當是私淑弟子也。」錄之以供參考。

皇祐中人，凡為〈論〉九篇。

案：《讀書志》曰：「徐庸《易意蘊》一卷。右皇朝徐庸撰。庸以《春秋》凡例《易》亦有之，故著書九篇，號《意蘊凡例總論》。其學祖劉牧、陸秉云。」《經義考》引胡一桂曰：「庸，東海人，皇祐初撰，以《注》、《疏》溰漫，故著〈論〉九篇，始於〈易緼〉，終於〈大衍〉。」《宋元學案》全祖望案語亦云：「先生皇祐時人。其論《易》九篇，祖劉長民，兼本陸秉。」是庸仁宗時人，其《易》學本劉、陸，而不滿王、孔，故著此書。

《館閣書目》又有《卦變解》。未見。

案：《中興館閣書目・經部・易類》著錄有《卦變解》二卷，《宋史》卷二百二〈志〉第一百五十五〈藝文〉一〈經類・易類〉同，其書已佚。徐庸嘗作〈自序〉，曰：「皇祐初，述《周易》凡例，犕驗〈彖辭〉，然未罄萬事之變。閱唐李氏所集諸儒《易注》，遂成《周易卦變解》二卷，益明卦有意象，爻有通變，以矯漢、魏諸儒旁通互體推致之失云。」是則《卦變解》乃庸繼《易意蘊》而作，特明卦之意象、爻之通變，以矯漢、魏諸儒之失者。其撰作之旨如此。

周易義類三卷

《周易義類》三卷，稱顧叔思撰，未詳何人。

廣楍案：《經義考》卷十九〈易〉十八著錄有顧氏棠《周易義類》三卷，並引《吳中人物志》曰：「棠字叔思，與張僅幾道皆為王安石門下士，安石作《三經義》，僅、棠與焉。」是叔思乃顧棠字，神宗時人，安石門下士。直齋因未詳其人，故《解題》將此書列於安石《易解》之前，殊失當也。

〈序〉言先儒論說甚眾，而其旨未嘗不同，卦、爻或有不同，而辭義未嘗不一。各立標目，總而聚之。

案：《經義考》引胡一桂曰：「《周易義類》三卷，以先儒論《易》不同，因取其辭說同者，分目而聚之，凡九十五條。」其書名《義類》，以此。

易解十四卷

《易解》十四卷，館臣案：《宋史・藝文志》作十九卷，鄭樵《通志》分載《易義》八卷《補注》、《精微》各三卷，與此合。尚書右丞皇甫泌撰。曰〈述聞〉，曰〈隱訣〉，

曰〈補解〉，曰〈精微〉，曰〈師說〉，曰〈明義〉。館臣案：《文獻通攷》作「《辨道》」。

廣棪案：《經義考》卷十七〈易〉十六「皇甫氏泌《易解》」條引《玉海》曰：「治平三年四月，工部侍郎皇甫泌上所著《周易精義》，賜帛。」是此書一名《周易精義》。至此書之卷數，《四庫全書》館臣案語曰：「《宋史·藝文志》作十九卷，鄭樵《通志》分載《易義》八卷，廣棪案：《易義》或即《周易精義》之省稱。《補注》、《精微》各三卷，與此合。」則此書亦有作十九卷者。《讀書志》卷第一〈易類〉著錄曰：「《周易述聞》一卷、《隱訣》一卷、《補解》一卷、《精微》三卷。右皇朝皇甫泌撰。又有〈紀師說〉、〈辨道〉，通爲八卷。」觀是，則〈述聞〉、〈隱訣〉、〈補解〉各一卷，而《通志》合稱爲《補注》三卷。《讀書志》之〈紀師說〉，即《解題》之〈師說〉，「紀」字疑衍；〈辨道〉即〈明義〉，《文獻通考》亦作〈辨道〉，兩者通爲八卷，亦即《通志》之《易義》八卷也。連上之六卷，恰爲十四卷，與《解題》著錄同。

其學得于常山抱犢山人，而莆陽游中傳之。劉彝、錢藻皆為之〈序〉。山人者，不知其名氏，蓋隱者也。

案：常山抱犢山人及莆陽游中，均不可考。劉彝《宋史》卷三百十七〈列傳〉第七十六有傳。又《宋元學案》卷一〈安定學案〉有〈知州劉先生彝〉及〈學士錢先生藻〉傳。蓋劉、錢皆胡瑗高弟也。所惜二人所撰之〈序〉，茲不得而讀矣。

泌嘗守海陵，治平以前人。

案：治平，英宗年號。考泌實仁宗、英宗時人。觀上引《玉海》所記，泌治平三年四月任工部侍郎，則其除尚書右丞則更在其後。昌彼得等撰《宋人傳記資料索引》曰：「皇甫泌，天聖、明道間以屯田員外郎知婺州。皇祐三年知江寧府。治平四年除工部侍郎，官至尚書右丞。」故直齋謂泌「治平以前人」，誤矣。

易解十四卷

《易解》十四卷，丞相荊公臨川王安石介甫撰。晁氏《讀書志》曰：「介甫《三經義》皆頒學官，獨《易解》自謂少作未善，不專以取士。」

廣棪案：此書《讀書志》卷第一〈易類〉著錄作二十卷，《文獻通考》同。《經義考》卷十九〈易〉十八亦著錄，並引楊時曰：「荊公於《易》只理會文義，未

必心通。《易》不比他經，須心通始得。」又引黃震曰：「荊公釋《易》中字義甚詳，《卦名解》始於剛柔始交之〈屯〉，展轉次第用〈序卦〉之法而論其次，頗有牽強處。」是則此書早爲時人所咎病可知。

易說三卷

《易說》三卷，丞相溫公涑水司馬光君實撰。雜說無詮次，未成書也。

　　廣棪案：此書《讀書志》卷第一〈易類〉作一卷《宋史》卷二百二〈志〉第一百五十五〈藝文〉一〈經類·易類〉作一卷，又三卷。《讀書志》曰：「溫公《易說》一卷。右皇朝司馬光君實撰。雜解《易》義無詮次，未成書也。」《解題》所述與之同。此書之未完成《經義考》卷十九〈易〉十八「司馬光《易說》」條引朱子說及陳同甫〈序〉均言及之。朱子曰：「嘗得溫公《易說》於洛人范仲彪炳文，盡〈隨〉卦六二之半，其後缺焉。後數年，好事者於北方互市，得版本，始亦喜其復全，然無以考其眞僞也。」陳同甫〈序〉曰：「晚得溫公《易說》一編，視諸老猶最通暢，今流傳人間世。薰本雖未完，其論太極陰陽之道，〈乾〉〈坤〉律呂之交，正而不頗，明而不鑿，獵獵與濂、洛貫穿，中間分剛柔、中正配四時，微疑未安，學者宜心會爾。」然《總目》據《永樂大典》以考之，則以爲此書乃宋代原本，非有所殘佚。《總目》卷二〈經部〉二〈易類〉二曰：「《溫公易說》六卷《永樂大典》本。宋司馬光撰。考蘇軾撰光〈行狀〉，載所作《易說》三卷、《注繫辭》二卷。《宋史·藝文志》作《易說》一卷，又三卷，又《繫辭說》二卷。晁公武《讀書志》云：『《易說》雜解《易》義無詮次，未成書。』朱子《語類》又云：『嘗得溫公《易說》於洛人范仲彪炳文，盡〈隨〉卦六二，其後闕焉。後數年，好事者於北方互市，得版本，喜其復全。』是其書在宋時所傳本已往往多寡互異，其後乃并失其傳。故朱彝尊《經義考》亦注爲已佚，今獨《永樂大典》中有之，而所列實不止於〈隨〉卦，似即朱子所稱後得之本。其釋每卦或三、四爻，或一、二爻，且有全無說者；惟〈繫辭〉差完備，而〈說卦〉以下僅得二條，亦與晁公武之言相合。又以陳友文《集傳精義》、馮椅《易學》、胡一桂《會通》諸書所引光說核之，一一具在，知爲宋代原本無疑。其解義多闕者，蓋光本撰次未成，亦如所著《潛虛》，轉以不完者爲眞本，並非有所殘佚也。」是則溫公此書所釋各卦，每不完備，乃未成之書；其原本殆即如此，非有殘佚也。

東坡易傳十卷

《東坡易傳》十卷，端明殿學士眉山蘇軾子瞻撰。蓋述其父洵之學也。

廣棪案：此書《讀書志》袁本〈前志〉卷一上〈易類〉第二十五作《毗陵易傳》。《總目》卷二〈經部〉二〈易類〉二「《東坡易傳》九卷」條載：「是書一名《毗陵易傳》，陸游《老學庵筆記》謂：『是初遭元祐黨禁，不敢顯題軾名，故稱毗陵先生，以軾終於常州故也。』」《宋史》卷二百二〈志〉第一百五十五〈藝文〉一〈經類・易類〉作九卷，《總目》與之同；《讀書志》作十一卷，明刻本則多作八卷。蘇轍孫蘇籀《欒城遺言》云：「公言先曾祖晚歲讀《易》，玩其爻象，得其剛柔、遠近、喜怒、逆順之情，以觀其辭，皆迎刃而解。作《易傳》未完，疾革，命二公述其志。東坡受命，卒以成書。初，二公少年皆讀《易》，爲之解說，各仕他邦。既而東坡獨得文王、伏羲超然之志，公乃送所解於坡。今〈蒙〉卦猶是公解。」故《總目》亦謂「此書實蘇氏父子兄弟合力爲之」。則《解題》云：「蓋述其父洵之學也。」殆得其情矣。《讀書志》評此書，曰：「《東坡易傳》十一卷。右皇朝蘇軾子瞻撰。自言其學出於其父洵。且謂卦不可，爻別而觀之。其論卦，必先求其所齊之端，則六爻之義未有不貫者，未嘗鑿而通也。」《總目》亦曰：「今觀其書，如解〈乾卦・象傳〉『性命之理』諸條，誠不免杳冥恍惚，淪於異學。至其他推闡理勢，言簡意明，往往足以達難顯之情，而深得曲譬之旨。蓋大體近於王弼，而弼之說惟暢玄風，軾之說多切人事，其文辭博辯，足資啓發。」二者所言，足徵蘇氏父子兄弟《易》學之一斑。

周易聖斷七卷

《周易聖斷》七卷，諫議大夫閬中鮮于侁子駿撰。多辨王弼、劉牧之非。

廣棪案：王偁《東都事略》卷九十二載：「侁字子駿，閬州人，舉進士第，元祐初拜左諫議大夫，以請外，除集賢殿修撰，知陳州，卒。」《讀書志》卷第一〈易類〉曰：「《周易聖斷》七卷。右皇朝鮮于子駿撰。本之王弼、劉牧，而時辨其非。且言眾言淆亂折諸聖，故名其篇曰《聖斷》。」《解題》所述實據之。

伊川易解六卷

《伊川易解》六卷，館臣案：《文獻通攷》、《宋史・藝文志》俱作十卷。崇政殿說書

河南程頤正叔撰。

廣棪案：此書《讀書志》卷第一〈易類〉稱《程氏易》十卷。《宋史》卷二百二〈志〉第一百五十五〈藝文〉一〈經類·易類〉作《易傳》九卷。書名、卷數均與《解題》相異。《總目》卷二〈經部〉二〈易類〉二則作《易傳》四卷，並曰：「王偁《東都事略》載是書作六卷《宋史·藝文志》作九卷《二程全書》通作四卷。考楊時〈跋語〉稱伊川先生著《易傳》，未及成書，將啓手足，以其書授門人張繹，未幾繹卒，故其書散亡，學者所傳無善本，謝顯道得其書於京師，以示余，錯亂重複，幾不可讀。東歸，待次毘陵，乃始校正，去其重複，踰年而始完云云。則當時本無定本，故所傳各異耳。」是則此書書名、卷數所以相異之故，庶幾可悉矣。

止解六十四卦，不解〈大傳〉，而以〈序卦〉分置諸卦之首，蓋唐李鼎祚《集解》亦然。

案：《總目》曰：「其書但解上、下《經》，及〈彖〉、〈象〉、〈文言〉，用王弼《注》本；以〈序卦〉分置諸卦之首，用李鼎祚《周易集解》例。惟〈繫辭傳〉、〈說卦傳〉、〈雜卦傳〉無注，董眞卿謂亦從王弼。今考程子〈與金堂謝湜書〉，謂《易》當先讀王弼、胡瑗、王安石三家；謂程子有取於弼，不爲無據；謂不注〈繫辭〉、〈說卦〉、〈雜卦〉以擬王弼，則似未盡然，當以楊時草具未成之說爲是也。」所考較《解題》爲詳核。

伊川平生著述惟《易傳》爲深，而亦不解〈大傳〉。

案：《讀書志》云：「然考正叔之解，不及象數，與胡翼之相類。」《經義考》卷二十〈易〉十九「程氏頤《易傳》」條引郝敬曰：「程正叔《易傳》，大抵因王輔嗣之舊，廓而充之，於象數闊略。」是宋、元時人皆言頤不重象數。考頤《易傳·自序》亦言：「《易》有聖人之道四焉：以言者尚其辭，以動者尚其變，以制器者尚其象，以卜筮者尚其占。吉凶消長之理，進退存亡之道備於辭。推辭考卦，可以知變，象與占在其中矣。君子居則觀其象而玩其辭，動則觀其變而玩其占。得其辭，不達其意者有矣；未有不得於辭，而能通其意者也。至微者理也，至著者象也，體用一源，顯微無間，觀會通以行其典禮，則辭無所不備。故善學者，求言必自近，易於近者，非知言者也。予所傳者辭也，由辭以得其意，則在乎人焉。」蓋頤認爲象占均在言辭之中，推辭考卦，可以得意，可以知變；故其治《易》，僅傳其辭，而不解〈大傳〉。其於〈自序〉中，言之明且詳矣。

橫渠易說三卷

《橫渠易說》三卷，_{館臣案：《文獻通攷》、《宋史·藝文志》俱作十卷。}崇文校書長安張載子厚撰。

　　廣校案：《讀書志》卷第一〈易類〉著錄：「《橫渠易說》十卷。_{廣校案：王先謙合校本誤作一卷。}右皇朝張載子厚撰。載居橫渠，故以名其書，其解甚略，〈繫辭〉差詳。」今《玉海》、《宋史》卷二百二〈志〉第一百五十五〈藝文〉一〈經類·易類〉作十卷。《總目》卷二〈經部〉二〈易類〉二曰：「《橫渠易說》三卷，_{內府藏本。}宋張子撰。〈宋志〉著錄作十卷，今本惟上《經》一卷，下《經》一卷，〈繫辭傳〉以下至〈雜卦〉為一卷，末有〈總論〉十一則，與〈宋志〉不合。然《書錄解題》已稱《橫渠易說》三卷，則〈宋志〉誤也。楊時喬《周易古今文》稱：『今本祇六十四卦，無〈繫辭〉，實未全之書。』則又時喬所見之本偶殘闕耳。」惟《總目》謂〈宋志〉誤，似未當。周中孚《鄭堂讀書記補逸》卷一〈經部·易類〉一云：「《橫渠易說》三卷_{《通志堂經解》本。}宋張子撰。_{張子名載，字子厚，先世大梁人，徙居郿縣橫渠鎮。嘉祐二年進士，官至同知太常禮院。《四庫全書》著錄。}《郡齋讀書志》、《通考》、《玉海》、〈宋志〉俱作十卷，惟《書錄解題》作三卷，與今本同，蓋當時別有十卷之本也。」中孚所推判，較《總目》為有理。衡諸公武與時喬之言，則「祇六十四卦，無〈繫辭〉」者為三卷，亦即《解題》著錄之本；「其解甚略，〈繫辭〉差詳」者為十卷本，此則中孚所云別有十卷之本也。

乾生歸一圖十卷

《乾生歸一圖》十卷，_{館臣案：《文獻通攷》作二卷。}英州石汝礪撰。嘉祐元年序。取「乾」為生生之本，萬物歸于一也。有論有圖，亦頗與劉牧辨，然或雜以釋、老之學。其所謂一者，自注云：「一則靈寂。」其〈玄首〉篇論道，專以靈明_{原注：「靈」字恐誤，或當作「虛」。}無體無生為主。又曰：「因靈不動，而生寂體。」豈非異端之說乎？

　　廣校案：此書《讀書志》卷第一〈易類〉著錄《文獻通考》同。《讀書志》曰：「《乾生歸一圖》二卷。右皇朝石汝礪撰，先辨卦、彖、爻、象之別，後列數圖，頗雜以釋、老之說。」所述略同於《解題》。此書有論有圖，疑論佔八卷，圖佔二卷。《讀書志》僅記其圖，故謂二卷，或「二」字為「十」之訛，因書已佚，

不可詳悉矣。《經義考》卷十七〈易〉十六著錄有此書，下引《廣東通志》曰：「石汝礪，英德人，號碧落子。《五經》都有解說，於《易》尤契微妙。嘗曰：『《易》不須注，但熟讀自見。互相發明，總一〈乾〉元亨利貞之道。』晚年進所著《易解》、《易圖》於朝，爲荊公所抑。蘇軾謫惠州，遇之聖壽寺，與之談《易》，至暮方散。」則《廣東通志》所記汝礪所言，亦據其〈序〉「取『乾』爲生生之本，萬物歸于一」之義。至所稱之《易解》、《易圖》，或即將《乾生歸一圖》分而爲二耶？其論作《易解》，其圖即《易圖》也。

易義海撮要十卷

《易義海撮要》十卷，館臣案：《宋史・藝文志》作十二卷。

　　廣棪案：本書就房審權《周易義海》而撮其要，故《讀書志》即云《周易義海》。然李衡作〈撮要序〉，開首則簡稱「《易義海》」，《解題》遵之，故亦稱《易義海撮要》。此書《宋史》卷二百二〈志〉第一百五十五〈藝文〉一〈經類・易類〉作十二卷。考之周汝能、樓鑰合撰此書〈識後〉曰：「江都李公衡屬意於《易》，得蜀房生《易海》刪之，以爲《撮要》。《經》、《繫辭》、《說》、《序》、《雜》集解凡五，始以家名者百，公略其半，以卷計亦百，今十有一。第十二卷〈雜論〉，一是又創於公手，以補房生之缺。」則《解題》作十卷者，疑誤。《撮要》尚存者爲十二卷，而《解題》作十卷，或「十」下脫「二」字也。

熙寧中，蜀人房審權編《義海》，凡百卷。

　　案：《讀書志》卷第一〈易類〉著錄：「《周易義海》一百卷。右皇朝房審權撰。集鄭玄至王安石凡百家，摘取其專明人事者爲一編，或諸家說有異同，輒加評議，附之篇末。」衡〈撮要序〉亦曰：「《易義海》，熙寧間蜀人房審權所編。房謂自漢至今專門學不啻千百家，或泥陰陽，或拘象數，或推之於互體，或失之於虛無。今於千百家內斥去雜學異說，摘其專明人事、羽翼吾道者，僅百家，編爲一集，仍以《正義》冠之端首，釐爲百卷，目之曰《周易義海》。或諸家說有同異，理相疑惑者，復援父師之訓、朋友之論，輒加評議，附之篇末。」直齋未見房書，惟就《讀書志》與〈撮要序〉而作解題，亦可略悉其書百卷之梗概矣。

近時江都李衡彥平刪削，而益以東坡蘇氏、伊川程氏、漢上朱氏之說。若房氏百卷之書，則未之見也。

案：衡〈撮要序〉云：「衡得是書而讀之，其間尚有意義重疊、文辭冗瑣者，載加刪削，而益以伊川、東坡、漢上之說，庶學者便於觀覽云。紹興庚辰十一月辛巳，江都李衡彥平逐安雙清堂書。」《解題》所述殆據衡〈序〉。朱彝尊《曝書亭集》卷第三十四〈序〉一有〈周易義海撮要序〉，云：「自漢以來，說經者惟《易》義最多。《隋・經籍志》六十九部，〈唐志〉增至八十八部，〈宋志〉則二百一十三部，今之存者，十之一二而已。唐資州李氏合三十五家《易》說，題曰：《集解》，南北朝以前遺文墜簡，藉以得見指歸。宋熙寧間，蜀人房審權集鄭康成以下，至王介甫《易》說百家，擇取專明人事者，編成百卷，曰《周易義海》。至紹興中，江都李衡彥平刪其冗複，益以正叔、子瞻、子發三家，目為《義海撮要》，凡十卷，廣校案：依周汝能、樓鑰〈識後〉，應為十一卷。而附以〈雜論〉，補房氏之闕略焉。其擇之也必精《義海》失傳而是編傳，後之學者所樂得而講習也。」則房之《義海》，及衡之《撮要》，其有裨益於《易》學，與李氏《周易集解》等同。所惜房書，及衡編之《撮要》，公武撰《讀書志》時猶在；而至直齋之撰《解題》，房書已不獲睹矣。

衡，乾道中由侍御史改起居郎《館閣續書目》云：「紹興監察御史。」誤矣。

案：彝尊〈周易義海撮要序〉云：「彥平，宣和末入辟雍；乾道中官祕書修撰，尋除侍御史，改起居郎，以言事去國，退居崑山，聚書講學，世目為樂庵先生者也。」朱氏所記乃據《宋史・李衡傳》。廣校案：見《宋史》卷三百九十〈列傳〉第一百四十九。《解題》與之同。《館閣續書目》謂衡紹興間任監察御史，則未知所據。《宋史》載衡於孝宗隆興二年（1164）前宦歷，僅任吳江主簿與溧陽知縣，殊非監察御史。故《解題》謂之誤，宜焉。

易解二卷

《易解》二卷，翰林學士錢塘沈括存中撰。所解甚略，不過數卦，而於〈大〉、〈小畜〉、〈大〉、〈小過〉獨詳。

廣校案：括〈傳〉附見《宋史》卷三百三十一〈列傳〉第九十〈沈遘〉。《東都事略》卷八十六載：「沈括字存中，吳興人。舉進士。熙寧間為太子中允，遷集賢校理、太常丞。未幾以右正言，知制誥，權三司使，遷翰林學士。」可補《解題》之未及。惟據《宋史》，括應為錢塘人，而《東都事略》作吳興人，恐誤。蓋直齋亦籍吳興，倘括為吳興人，必不會錯籍錢塘也。《經義考》卷二十一〈易〉

二十著錄：「沈氏括《易解》，《通考》二卷，未見。」則此書彝尊亦未見，應已散佚。茲藉《解題》所述，猶可略知其概況。

了翁易說一卷

《了翁易說》一卷，左司諫延平陳瓘了翁撰。晚年所著也。止解六十四卦，辭旨深晦。

　　廣棪案：此書文淵閣傳抄本作《了齋易說》一卷。了翁子正同嘗跋《易說》曰：「先公晚年益絕世，念致一性命之理，嘗著《易說》以遺諸孤。正同謹以家藏刊於昆陵官舍，庶幾流傳不沒先志。」是此書乃瓘晚年所著無疑。至此書止解六十四卦《解題》謂其「辭旨深晦」，此點《總目》亦嘗論及之。其書卷二「《了翁易說》一卷」條云：「其造語頗詰屈，故陳振孫《書錄解題》病其辭旨深晦；然晁公武《讀書志》謂其以《易》數言天下治忽多驗，廣棪案：《讀書志》並無著錄《了翁易說》，《總目》誤據《經義考》。則瓘於《易》實有所得，非徒以艱深文淺易者，正未可以難讀廢矣。」洵亦有見。蓋《宋史》卷三百四十五〈列傳〉第一百四瓘本傳亦載：「瓘謙和不與物競，閒居矜莊自持，語不苟發。通於《易》，數言國家大事，後多驗。」所言與正同同。是則瓘之治《易》，志在經世，冀有裨於天下國家，故其書雖造語詰屈，辭旨深晦，亦不足深病。所謂大醇小疵，殊未可因噎廢食也。

葆光易解義十卷

《葆光易解義》十卷，泉州教授莆田張弼舜元撰。

　　廣棪案：此書或稱《葆光易解》，無「義」字。《讀書志》則稱《張弼易》。其卷數則有作九卷與二十五卷者。見下引董真卿語。

紹聖中，以章惇、廣棪案：盧校本「惇」作「厚」。蓋避光宗諱。黃裳等薦，賜號葆光處士。後又以為福州司戶、本州教授。

　　案：《四庫全書》館臣案語曰：「晁公武《讀書志》：『弼於紹聖中，張惇薦於朝，賜號葆光處士。後黃裳等再薦，廣棪案：《讀書志》原作『紹聖二年，黃裳等再薦之』。詔為福州司戶，本州教授。』考《宋史》，紹聖中無張惇，此本又作章厚，疑為章惇所薦，以避光宗諱，故名章厚耳。又教授上脫『本州』二字，今改正。」

是則《永樂大典》本《解題》，其「章惇」作「章厚」，又脫「本州」二字。然館臣引《讀書志》則誤作「張惇」，今考衢、袁二本均作「章惇」，無作「張惇」者，故館臣引《宋史》所考，殊無意義。《經義考》卷二十一〈易〉二十著錄張氏弼《葆光易解》，下引董眞卿曰：「莆陽張汝弼，廣棪案：作「汝弼」誤。泉州教授，賜號葆光處士。《周易解義》十卷，紹聖三年，章惇進其書九卷，建本二十五卷。」又引胡一桂曰：「舜元，莆陽人，紹聖二年，章惇箚進其《周易解義》九卷。三年，授福州司戶參軍，充泉州州學教授。」晁、董、胡三家之記進書年份頗有異同，要以胡說得其實。

其學多言取象。館臣案：晁公武《讀書志》：「弼於紹聖中，張惇薦於朝，賜號葆光處士。後黃裳等再薦，詔為福州司戶，本州教授。」考《宋史》，紹聖中無張惇，此本又作章厚，疑為章惇所薦，以避光宗諱，故名章厚耳。又教授上脫「本州」二字，今改正。

案：此書黃裳〈序〉曰：「舜元讀《易》于山中，輒自大悟，以謂後世之學《易》者，類以臆論，徒說義理，第為虛言，無補於事。蓋夫聖人不以前民用，則何事乎為《易》；不用乎象數，則何以前民用。於是範天地之化而得象，圍天地之化而得數。聖人言意本於爻象，象數本於神《易》。舜元推於爻卦之變動，禍福之兆，休廢之理，密與人事，合若符節。因民之言動，而貳之以是非，使之趨吉而背凶；因民之向往，而貳之以迷悟，使之違惡而依善。一氣之起滅，五行之衰盛，有常有幸，或依或違。使之知所避，以幸而逐免；使之知所修，以常而獲報。而彼末學方用區區之說，與人徒論人事，雖執以歸，竟無其實。然則舜元之學，當與秦、漢之高士議其優劣，諸生其勤而承之，不可失也。」董眞卿亦曰：「黃裳、龔原皆序之，稱其明於象數。古今之說未能當意，默誦〈繫辭〉二十年，一日釋然而悟，得大例幾百條。毛伯玉謂其專主輔嗣，然亦主卦變，如朱子發。」《經義考》引林至曰：「馬融、虞翻、崔憬多論互體，近世張弼專用以解《易》。其說曰：『《大傳》二與四同功而異位，三與五同功而異位。』此正論互體。」又引何喬遠曰：「弼刻意於《易》，以為〈繫辭〉者，聖人所以翼《易》，其大例當在於此。乃置諸家傳注，獨執《經》誦之，凡三十年，釋然領悟，不覺引鼓自搗，窮日不已。久而益信，推明為書。根象數，原義理，雖與前此談《易》者異同，而用於爻象之辭，一字皆有所本，有漢、晉《易》家所不到者。」是則前人亦多言弼之《易》學，根於象數，與直齋所說相同。

易講義十卷

《易講義》十卷，給事中遂昌龔原深之撰。

　　廣棪案：此書《宋史》卷二百二〈志〉第一百五十五〈藝文〉一〈經類‧易類〉著錄作《易傳》十卷；惟《讀書志》卷第一〈易類〉附「王介甫《易義》二十卷」條謂：「龔原注《易》二十卷。」則「二」字疑衍，應作「十卷」爲是。此書今存日本國林信敬《佚存叢書》本，正作《周易新講義》十卷《宛委別藏》及《粵雅堂叢書》本所從出也。

嘉祐八年進士。初以經學爲王安石引用，元符後入黨籍。

　　此段當在《正易心法》之前。隨齋批注。

　　案：隨齋批注云：「此段當在《正易心法》之前。」今《四庫全書》本已移此條於《正易心法》前，惟《永樂大典》本之原次則不可知，蓋館臣未出案語說明也。原之《易》學，原本介甫。鄒浩爲其《續解易義》十七卷撰〈序〉即曰：「先生蓋王文公門人之高弟也。三聖之所祕，文公既已發之於前；文公之所略，先生又復申之於後，始而詳說之，終以反說約。故自熙寧以來，凡學《易》者，靡不以先生爲宗師。」阮元《揅經室外集》卷五亦曰：「《周易新講義》十卷，日本國林信敬《佚存叢書》本。宋龔原撰。原字深之，遂昌人，少與陸佃同師王安石，進士高第，元豐中爲國子直講，官至寶文閣待制，事蹟詳《宋史》本傳。」《續四庫全書總目提要》有柯劭忞撰《周易新講義》十卷《佚存叢書》本。提要一篇，所考原其人其書至爲詳盡，其文曰：「《周易新講義》十卷，宋龔原撰。原字深甫，又字深之，處州遂昌人。《宋史》本傳：原進士高第，陳振孫《書錄解題》作『嘉祐八年進士』，歷官至兵、工部二侍郎，除寶文閣待制，知廬州。《東都事略》：原由起居舍人擢中書舍人《宋史》不載，宜據補。原爲王安石門人，晁公武《讀書志》：安石《三經義》皆頒學官，獨《易解》自謂少作未善，不專以取士。故紹聖後，復有龔原、耿南仲注《易》，偕行於場屋。鄒浩爲原書作〈序〉，謂自熙寧以來，凡學《易》者，靡不以原爲宗師。其一時崇尚如此。今耿南仲書著錄於前《提要》。原書久佚，惟日本有活字本，宜都楊守敬刊入《佚存叢書》，廣棪案：《佚存叢書》六十冊，乃日本林衡編，寬政文化間活字本。《周易新講義》十卷收入第五帙，為第四十一至五十冊，文化五年刊，柯說誤作楊氏刊。又據朱彝尊《經義考》補鄒浩〈序〉一篇。按彝尊亦未見原書，浩〈序〉乃從《道鄉集》錄出也。原雖學於安石，其注《易》實爲王弼之支流，原〈自序〉『《易》無常體，以萬物爲體；無常名，以萬物爲名』，與弼之清言無以異。楊時謂：『龔

深父說《易》元無所見，一生用功都無是處。』龜山爲程子之學，宜與原鑿枘矣。《宋史》本傳：安石改學校法，引原自助，原亦爲盡力。其後司馬光召與語，譏切王氏。原反覆變抹不少怠。光嘆曰：『王氏習氣尙爾耶！』原服膺王氏始終不易，蓋其學派如此。陳振孫《書錄解題》稱原元符後入黨籍，原本傳亦謂陳瓘擊蔡京，原與瓘善，或謂原實使之落職。居和州，知爲蔡京所擯斥。其立身要自有本末也。」周中孚《鄭堂讀書記補逸》卷一〈經部·易類〉一「《周易新講義》十卷」條亦謂：「直齋又稱其元符後入黨籍，則晚節猶有可取者。」則中孚與柯氏實同一見地。

正易心法一卷

《正易心法》一卷，舊稱麻衣道者授希夷先生，崇寧間廬山隱者李潛得之，凡四十二章，蓋依託也。朱先生云：「南康戴主簿師愈撰，乃《不唧溜底禪》、《不唧溜底修養法》、《日時法》。」

　　廣棪案：錢遵王《讀書敏求記》卷一之上〈經〉著錄：「《麻衣道者正易心法》一卷。《正易心法》，希夷受并消息。正謂卦畫，若今經書正文也。據周、孔辭傳，亦是注腳。每章四句者，心法也；訓於其下，消息也。李潛云：『道者得之廬山異人。』文公先生極辨其謬，謂如『雷自天下而發，山自天上而墜』之類，皆無理妄談。後假守南康，見有湘陰戴師愈，廣棪案：章鈺《校證》已作師愈，並謂師愈有《易圖》，見朱子《集》。首及《易》說，語無倫次。後至其家，見其案間所著雜書，宛然麻衣語氣，以是始疑前時所料，三、五十年以來者，即是此老。然是時，戴病已昏，不久即死，遂不復可窮詰矣。偶閱此書，并識文公語於後。」其後《總目》卷一百一〈子部〉二十〈術數類存目〉一有「《正易心法》一卷」條，即據《敏求記》而有增益；惟遵王之說，實亦據《四部正譌》與《古今僞書考》也。此書雖依託，然非全出杜撰。《續四庫全書總目提要》中有柯劭忞撰《正易心法》提要汲古閣本。一篇，云：「此書爲戴師愈僞造，朱子已言之鑿鑿。惟究係宋人僞造，如謂一卦之中凡具八卦，有正有伏，有互有旁；又謂一變爲七，七變爲九，卦爻自一變至七變，謂之歸魂。尙捃摭經師舊說，不盡出於杜撰矣。」可爲例證。

王炎曰：「洺山館臣案：《文獻通攷》作「洺水」。廣棪案：盧校本「洺山」作「洺水」。李壽翁侍郎喜論《易》。炎嘗問侍郎：『在當塗板行《麻衣新說》，如何？』李

曰：『程沙隨見囑。』炎曰：『恐託名麻衣耳。以撲錢背面喻八卦陰陽純駁，此鄙說也。以泉、雲、雨為陽水，以澤為陰水，與夫子不合。』李曰：『然。然亦有兩語佳。』炎曰：『豈非「學者當於羲皇心地上馳騁，不當於周、孔腳下盤旋」耶？然此二語亦非也。無周、孔之辭，則羲皇心地，學者何從探之？』李無語。李名椿。

    案：洺山《四庫全書》館臣案：「《文獻通考》作洺水。」考盧文弨重輯本「洺山」作「洺水」《通考》及館臣案語均誤。據《宋史》卷三百八十九〈列傳〉第一百四十八李椿本傳，壽翁乃洺州永年縣人。臧勵龢等編之《中國古今地名大辭典》「洺州」條云：「北周置，隋廢，唐復置，改名廣平郡，尋復故。宋曰洺州廣平郡，金因之，元為廣平路，故治即今直隸永平縣。」是洺州在今河北省域內。惟洺州境內有洺水，而無洺山。《中國古今地名大辭典》又云：「洺水，古寢水，一名南易水，一名千步水，亦謂之漳水。源出山西遼縣太行山，東南流經河南武安縣，東入直隸之邯鄲、永年，迤臨洺關，東北迤雞澤、南和、任縣，合劉累河，北入大陸澤。」觀是，則洺州永年縣乃洺水流經處，故可稱壽翁為「洺水李壽翁」。又頗疑《解題》之「洺山」原為「洺州」之誤，未可知也。檢《正易心法》第四十一章，其〈心法〉曰：「《易》彌滿，九流可入、當知活法，要須自悟。」其〈消息〉曰：「《易》之為書，本於陰陽。萬物負陰而抱陽，何適而非陰陽也。是以在人，惟其所入耳。文王、周公以庶類入，宣父以八物入，斯其上也。其後或以律度入，或以曆數入，或以仙道入，以此知《易》道無往而不可也。苟惟束於辭訓，則是犯法也，良由未悟耳。果得悟焉，則辭外見意，而縱橫妙用，惟吾所欲，是為活法也。故曰：學《易》者當於羲皇心地中馳騁，無於周、孔言語下拘攣。」是乃王、李對話所本，特炎將「言語下拘攣」，誤記為「腳下盤旋」耳。壽翁治《易》，倘忽視周、孔辭訓，則其欲探羲皇心地，恐終無由得達也。

太極傳六卷、外傳一卷、因說一卷

《太極傳》六卷、《外傳》一卷、《因說》一卷，中說舍人晁說之以道撰。其學本之邵康節，且言學京氏《易》。紹聖間遇洛陽楊賢寶，得康節二易圖，又從其子伯溫得其遺編，始作《易傳》，名曰《商瞿傳》。兵火後失之。晚年復為此書。

    廣棪案：此書共三種，凡八卷。說之〈自序〉曰：「僕年二十有四，偶脫去科舉

事業，決意爲五經之學，不專爲一家章句也。是時，王氏之說列於學官者既尊，而又日有新說，至自金陵，學者恥其得之後也，從而士子又務爲新異之說，寒士非其黨者，莫能嚮邇以一言也，僕恨焉。豈無古人之師乎？果於《易》得孟喜，京房、鄭康成、虞翻、關子明之徒，使小王之說不得一日容也。雖然，因是數家異乎王氏則有之，其於聖人制作之本意，又不知果合否？逮紹聖戊寅，邂逅洛陽楊老朝散賢寶，語及《易》而異之，良非僕平生所嘗聞之之言也。懇從楊老，有求，乃得康節先生自爲《易圖》二卷，雖輗輪俱存，而楊行年將七十，中風，語音清濁不端，無由詰問。二三年少在旁·雖以其哂笑，僕獨敬楊老而尊其《圖》，謂必可入也。楊且指〈乾〉、〈坤〉、〈坎〉、〈離〉四卦，爲僕言曰：『得是四卦，則見伏羲之《易》矣，而文王《易》，在其中也。』越明日，知迷人識歸路，有感於二《圖》可指循環，無方體也。楊老曰：『吾昏病，而忘之已久，今日因子之言，則如初授此《圖》時也。』自是入洛，與先生之子伯溫遊，得先生之遺編殘稿而藏之。服勤不知晝夜，二十年間，輒作《易傳》四種，名曰《商瞿傳》，視其有師也。無何，靖康元年丙午冬，金賊猖狂，至南京，所爲《商瞿傳》者，與平生衣冠、五世圖書，悉以灰燼。既而避難高郵，從親朋之請，追作《易傳》數帙，未有條理。建炎二年戊申正月，眞州巨寇遽至，而高郵之《傳》又復灰燼。是時老病之軀，存乎灰燼之外者幸也。乃避地海陵，病能飲食，而於《易》則曰不能，可乎？益爲親朋以追作。起是年四月十八日辛未，迄七月一日癸未，凡用七十有二日，稿草具。或志其舊，或得厥新，凡六卷，名之曰《太極傳》。又有《外傳》一卷、《因說》一卷，備爲《易》一家之書。後有好古識變之君子，恐未必以僕言爲妄作也。嗚呼，吾道其亦艱哉！其亦艱哉！」《解題》所述，全依說之〈自序〉而檃括精約之。

又有《易玄星紀譜》、《易規》二書，見本集中。

案：《易玄星紀譜》，說之有〈自序〉，述其著作之意。《經義考》卷二百六十九〈擬經〉二載之，文繁不錄。《讀書志》卷第十〈儒家類〉著錄：「《易玄星紀譜》一卷。右從父詹事公撰。以溫公《玄曆》及邵康節《太玄準易圖》合而譜之，以見揚雄以首準卦非出私意，蓋有星候爲之機括。且辨正古今諸儒之失，如〈羨〉，不當準〈臨〉，〈夷〉不當準〈大狀〉之類。凡此難與諸家口舌爭，觀《譜》則彼自屈矣。此《譜》之所以作也。」足見其書之內容及撰作主旨。《易規》一書，說之〈自序〉曰：「某山縣無事，輒以所聞讀《易》自娛，若著書則不敢，而又未能忘言於斯世也，作《易規》十有一篇。」今《易玄星紀譜》見載《景

迁生集》卷十《四庫全書》本。《易規》見載該《集》卷十一《解題》所記不誤。

又有《傳易堂記》，述漢以來至本朝傳授甚詳。

案：《傳易堂記》，載《景迁生集》卷十六〈記〉。此〈記〉述魯商瞿受《易》於孔子，下迄北宋邵雍父子之《易》學，其述授受源流，至為詳悉。〈記〉末署年為「大觀元年丁亥十有一月甲戌」，蓋徽宗時也。

易正誤一卷

《易正誤》一卷，不知何人作。但稱其名曰歜，又稱元祐以來云云，則近世人也。據〈序〉為書三篇，曰〈正誤〉，曰〈脫簡〉，曰〈句讀〉。今所存惟〈正誤〉一篇，大抵增益郭、范之說，故併附二書冊後。

廣棪案：郭指郭京，有《周易舉正》三卷，京自言得王弼、韓康伯手寫真本，以正唐時所見《周易》之訛謬，凡一百三十五條。范指范諤昌，有《易證墜簡》二卷，其書上卷如郭京《舉正》，下卷辨〈繫辭〉非孔子命名，止可謂之〈贊〉，而爻辭乃可謂之〈繫辭〉。則歜之此書，殆繼郭、范之後而有所增益，故直齋之言如此。其書既已散佚，亦無由深考矣。

梁谿易傳九卷、外篇十卷

《梁谿易傳》九卷、《外篇》十卷，丞相昭武李綱伯紀撰。案〈序〉，〈內〉、〈外篇〉凡二十三卷。內篇訓釋上、下《經》、〈繫辭〉、〈說〉、〈序〉、〈雜卦〉，并〈總論〉合十卷，外篇：〈釋象〉七、〈明變〉一、〈訓辭〉二、〈類占〉一、〈衍數〉二，合十有三卷。今內篇闕〈總論〉，外篇闕〈訓辭〉及〈衍數〉下卷，存有十卷。蓋罷相遷謫時所作。

廣棪案：綱《梁谿易傳》，原內篇十卷，外篇十三卷，《解題》著錄作「《梁谿易傳》九卷、《外篇》十卷」，乃僅就直齋一己所藏而計算之，蓋有所闕也。惟其著錄作「《梁谿易傳》九卷」，證以綱所撰〈內篇自序〉，「九卷」上脫「內篇」二字。綱〈內篇自序〉曰：「余以罪謫海上，端憂多暇，取《易》讀之。屏去眾說，獨以心會。即象數之幽渺，究理義之精微。於以窺聖人之制作，燦然如據機衡以觀天日月星辰，經緯昭回之文、吉凶妖祥之理，皆可歷數而周知。喟然嘆曰：『不學《易》而涉世，其蹈禍固宜，罪大不死，乃得窮聖經於荒絕之鄉，

心醉神開，恍若有授之者，豈非幸耶！昔人作《易》於憂患者，非特智慮不用於時，欲有所表現於後；蓋以險阻艱難備嘗之矣，人之情偽盡知之矣，然後思深慮危，足以發難言之妙蘊，以貽範於將來。余雖固陋，困窮流離之甚，其敢忘此。乃以所妄見者著《易傳內外篇》，訓釋上、下《經》、上、下〈繫〉、〈說卦〉、〈序卦〉、〈雜卦〉、〈總論〉，合為十卷；《外篇》:〈釋象〉七、〈明變〉一、〈訓辭〉二、〈類占〉一、〈衍數〉二，合為十有三卷；凡二十有三卷。雖未足以測聖人之意，然發明《易》學必由象數以極義理之歸，庶幾或自此書始也。引義比類，反覆參錯，文辭繁費，所不得已，覽者取其意而勿誚焉可也。書始於建炎歲次己酉中夏，時赴謫所，南征次鬱林；成於庚戌季春，時自海上北歸，次寧遠，凡期年云。』則此書實撰於宋高宗建炎三年己酉五月至建炎四年庚戌三月遷謫之時。《解題》所述，即就綱此〈序〉隱括之。然綱另有〈外篇自序〉，中云：「余年運而往，行將知命，學《易》於憂患之中，既以所妄見者為之《傳》，又作〈釋象〉七篇、〈明變〉一篇、〈訓辭〉二篇、〈類占〉、〈衍〉各一篇，合為十有二卷。目為《易傳外篇》，以剝解《易》體，庶幾聖人難盡之意，或因是而可窺；至於洞象術之表，達變通之幾，占筮之巧妙，辭義之精微，有不可以筆舌傳者，覽者當自得焉。蓋《易》者，學道之筌蹄，此書又學《易》之筌蹄，魚兔已得，則筌蹄雖忘焉可也。書始於建炎三年己酉之中秋，時謫居海上，行次雷陽；成於四年之仲春，時蒙恩北歸，行次容南；凡半年云。謹志歲月，總其大略為之〈序〉，冠於目錄之首。」則綱撰作《外篇》，起步略遲於《內篇》，而半年撰成；惟〈衍數〉本僅一篇，其後作二篇者，或隨後增補耳。《解題》均未能詳及，故略引綱〈序〉分析補述之。

其書未行於世，館閣亦無之。莆田鄭寅子敬從忠定之曾孫得其家藏本，頃倅莆田日，借鄭本傳錄。

案：《宋元學案》卷四十六〈玉山學案〉有〈鄭氏家學·直閣鄭先生寅〉傳，曰：「鄭寅字子敬，忠惠子也。累官知吉州。召對，以言濟王冤狀，忤權臣，黜。端平初，召為左司郎，兼權樞密副都承旨。首請為濟王立廟，又力陳三邊無備，宿患未除，正紀綱，抑僥倖，裁濫賞，汰冗兵，以張國勢。出知漳州，惟直寶章閣。先生博習典故，得王父玉山之傳，李燔、陳宓皆重之。玉山，汪應辰也。」直齋充興化軍通判，倅莆田，常借鄭寅家藏書以傳錄。《解題》著錄此書，及《中興綸言集》二十八卷、《解題》卷五〈詔令類〉。《長樂財賦志》十六卷、《解題》卷五〈典故類〉。《鄭氏書目》七卷《解題》卷八〈目錄類〉。《打馬圖式》一卷、《解

題》卷十四〈雜藝類〉。《周益公集》二百卷《解題》卷十八〈別集類〉下。等均借鈔自寅也。直齋於寅至推譽。《解題》「《中興綸言集》」條云：「寅，知樞密院僑之子，靖重博洽，藏書數萬卷，於本朝典故尤熟。」又「《鄭氏書目》」條云：「寅，知樞密院僑之子，博聞彊記，多識典故。端平初召爲都司，執法守正，出爲漳州以沒。」而直齋目錄之學，其主張與見地亦有遵循鄭寅者，拙著《陳振孫之生平及其著述研究》第四章中已述及之，茲不贅。

今攷《梁谿集》，紹興十三年所編，其〈訓辭〉二，〈序〉已云有錄無書，則雖其家亦亡逸久矣。豈有其〈序〉而書實未成耶？

案：證以綱〈內篇自序〉，其《內》、《外篇》凡二十三卷，均於建炎四年庚戌季春時完成。故謂綱書有所亡佚則可，疑其書「實未成」則不可。直齋殆未深思矣。

其書於辭、變、象、占無不該貫，可謂博矣。

案：此書雖佚，惟視其篇目，足徵博洽。況其〈外篇自序〉曰：「《易》有聖人之道四焉：以言者尚其辭，以動者尚其變，以制器者尚其象，以卜筮者尚其占。《易》本於數，而數不與焉。極其數，遂定天下之象，數兼於象故也。有數而後有象，有象而後有變，有變而後有占，而鼓天下之動則存乎辭。辭所以該極象數，各指其所之，而明吉凶以示人者也。古之學者必備是五者，然後足以窺聖人作《易》之旨。故有推步、氣候、律曆之學，所以知數也；有正卦、互體、俯仰之學，所以觀象也；有卦變、時來、消長之學，所以察變也；有五行、世應、游魂、歸魂之學，所以考占也；有訓詁其言、解釋其義之學，所以修辭也。近世言者，唯尚言辭，務明其義，而象數、變占之學，皆失其傳，則不得聖人之旨多矣。今卦爻之象變具在，含蓄妙意，發揮至理，示人甚明，顧勿深考；而占筮、術數之法，載於經傳者，斑斑可考。苟能精以思慮，默契於心，則古人之學不能到也。聖人作《易》之旨，雖非即此而可窮，亦非舍此而能得，不鑿不拘，惟其是之從而已。」是則綱此書，於辭、變、象、占之學必甚該貫，直齋所論，信不誣也。

周易外義三卷

《周易外義》三卷，不知何人作。載於《三朝史志》，則其來亦久矣。大抵於《易》中所言及制度、名物者，皆詳著之。於《易》之本旨，無所發明，故

曰「外義」。

　　廣棪案：《宋史》卷二百二〈志〉第一百五十五〈藝文〉一〈經類·易類〉著錄：
　　「蔡廣成《啓源》十卷，又《周易外義》三卷。」則此書或廣成所撰。葉德輝考
　　證本《祕書省續編到四庫闕書目》卷一〈經類·易類〉亦有此書，云：「《周易外
　　義》三卷。輝按：〈宋志〉云：蔡廣成撰。《陳錄》云：不知何人作。《遂初目》
　　無卷數。」德輝雖未詳作考訂，亦未否定廣成撰此書之可能。趙士煒《宋國史藝
　　文志輯本》，其〈經類·易類〉亦著錄此書，惟不著撰者，蓋依《解題》也。《經
　　義考》卷四十一〈易〉四十有此書，云《通考》作三卷，又引胡一桂曰：「多按
　　諸經傳，釋《注》、《疏》之言。」故此書於《易》旨之闡釋，應一無發明。

皇極經世十二卷、敘篇系述二卷

《皇極經世》十二卷、《敘篇系述》二卷，處士河南邵雍堯夫撰。

　　廣棪案：此條後有云：「書謂之《經世》，篇謂之《觀物》，凡六十二篇。」則此
　　處乃僅就《皇極經世》十二卷之分篇而言，殊未涉及《敘篇系述》二卷。有關
　　《經世》、《敘系》之分篇《經義考》卷二百七十一〈擬經〉四「邵子雍《皇極
　　經世書》」條所引「祝泌曰」言之甚詳明。祝泌曰：「《經世書》六卷，曰〈元經
　　會〉、〈會經運〉、〈運經世〉。其下四卷，以律呂、聲音之變觀萬物。不名『經會』、
　　『經運』，而曰『經世』，憂世變也。其書有總一書之卷目，有分篇旨之卷目。〈元
　　經會〉十二篇，〈會經運〉十二篇，〈運經世〉十篇，凡三十四篇。律呂、聲音
　　之變化十六篇，〈內篇〉十二篇。此康節分篇之卷數，各分次第也。康節慮其書
　　之未有統也，復以〈觀物篇〉通一部之數而繫之，以總其書六十二篇。又有《外
　　篇》二，不以〈觀物〉繫之，書實六十四篇。」是則雍此書，計《經世》十二
　　卷，六十二篇；《敘系》二卷，二篇，則屬《外篇》。二者統計凡十四卷，六十
　　四篇。《外篇》則其子伯溫為之。

其學出於李之才挺之，之才受之穆修伯長，修受之种放明逸，放受之陳搏。
蓋數學也。

　　案：《宋元學案》卷十〈百源學案〉下〈附錄〉：「圖數之學，由陳圖南搏、种明
　　逸放、穆伯長修、李挺之之才遞傳于先生。伯長剛躁多怒罵，挺之事之甚謹。
　　先生居伯源，挺之知先生事父孝謹，勵志精勤，一日叩門勞苦之曰：『好學篤志，
　　何如？』先生曰：『簡策之外，未有適也。』挺之曰：『君非迹簡策者，其如物

理之學何！』他日，又曰：『不有性命之學乎！』先生再拜，願受業。其事挺之
也，亦猶挺之之事伯長，雖野店，飯必襴，坐必拜。」所言雍之學派師承，與
《解題》無二。

曰：元會運世。以元經會，以運經世，自帝堯至於五代，天下離合，治亂興
廢，得失邪正之迹，以天時而驗人事，以人事而驗天時，以陰陽剛柔窮聲音
律呂，以窮萬物之數。末二卷論所以為書之意，窮日月星辰、飛走動植之數，
以窮萬物之理；述皇王帝霸廣棪案：盧校本改作「皇帝王霸」。之事，以明大中至
正之道。

案：此條頗有脫訛，「以運經世」前脫「以會經運」；又「皇王帝霸」應為「皇
帝王霸」，考見下。《讀書志》卷第一〈易類〉著錄：「邵康節《皇極經世》十二
卷。右皇朝邵雍撰。雍字堯夫，諡康節。隱居博學，尤精於《易》，世謂其能窮
作《易》之本原，前知來物。其始學之時，睡不施枕者至三十年。此書以元經
會，王先謙案：袁本、盧氏《群書拾補》此下有『以會經運』四字。以運經世；起
於堯即位之二十一年甲辰，終於周顯德六年己未，編年紀興亡治亂之事，以符
其學。後又有《繫述敘篇》，其子伯溫解。」據此證之前引祝泌曰：「〈元經會〉、
〈會經運〉、〈運經世〉」云云，是《解題》脫「以會經運」一句甚明。《經義考》
又引王應麟之說曰：「《皇極經世》十卷，以元經會，以會經運，以運經世。天
者，日月星辰陰陽也。地者，水火土石剛柔也。變者，暑寒晝夜。化者，雨風
露雷。感者，性情形體。應者，走飛草木。人，目鼻耳口。物，聲色氣味。事，
皇帝王霸，體用也。業，《易》、《詩》、《書》、《春秋》，心也。天開於子，地闢
於丑，人生於寅。孔子贊《易》自羲軒，而下祖三皇也；序《書》自堯舜，而
下宗五帝也；刪《詩》自文武，而下子三王也；修《春秋》自桓文，而下孫五
霸也。一元之運，始於日甲月子星甲辰子，自開闢以來，推其年數，雍得之於
李挺之，挺之得於穆伯長。自天地運化，陰陽消長，皆以數推之，以窮萬物之
變。程伯淳謂加一倍法。其書以日月星辰水火土石，盡天地之體用；以暑寒晝
夜雨風露雷，盡天地之變化；以性情形體走飛草木，盡萬物之感應，以元會運
世歲月日辰，盡天地之終始；以皇帝王霸、《易》、《詩》、《書》、《春秋》，盡聖
賢之事業。《易》用九、六，經世用十、十二。一元統十二會，十二會統三十運，
三十運統十二世，一世統三十年，一年統十二月，一月統三十日。是十二與三
十迭為用也。」應麟之說足與《解題》相發明，又可校正《解題》「皇王帝霸」
一語之應為「皇帝王霸」也。廣棪案：盧文弨重輯本亦作「皇帝王霸」。

其子伯溫為之《敘系》，具載〈先天〉、〈後天〉、〈變卦〉、〈反對〉諸圖；又為
《易學辨惑》一篇，敘傳授本末真偽。

案：《經義考》卷二百七十一〈擬經〉四著錄伯溫《皇極經世內外篇解》一書《敘
系》即其《外篇解》。朱彝尊注曰「未見」，想已散佚。《經義考》又引楊時喬之
語曰：「伯溫學宗家傳《篇解》得父精意，出處皆當。」略可推知其書之成就。
至《易學辨惑》，《總目》卷二〈經部〉二〈易類〉二載：「《易學辨惑》一卷《永
樂大典》本。宋邵伯溫撰。……案沈括《夢溪筆談》載：『江南鄭夬字揚庭，曾
為一書談《易》，見兵部員外郎秦玠，論夬所談。玠駭然曰：「何處得此法？玠
嘗遇一異人，授此曆數，推往古興衰運歷無不皆驗，西都邵雍亦知大略」云云。
蓋當時以邵子能前知，故引之以重其術。』伯溫謂邵子《易》受之李之才，之
才受之穆脩，脩受之陳摶，平時未嘗妄以語人。惟大名王天悅、滎陽張子望嘗
從學，又皆蚤死；秦玠、鄭夬欲從學，皆不之許。天悅感疾且卒，夬賂其僕於
臥內竊得之，遂以為學。著《易傳》、《易測》、《明範》、《五經時用》數書，皆
破碎妄作，穿鑿不根，因撰此書以辨之。」此即《解題》所云「敘傳授本末真
偽」者。

然世之能其學者，蓋鮮焉。

案：如上所述，王天悅、張子望皆早死，則雍《皇極經世》之學幾無傳人。《宋
元學案》卷十〈百源學案〉下〈附錄〉載：「明道云：『堯夫欲傳數學于某兄弟，
某兄弟那得工夫。要學，須是二十年工夫。堯夫初學于李挺之，師禮甚嚴，雖
在野店，飯必襴，坐必拜；欲學堯夫，亦必如此。』」又載：「先生與商州趙守
有舊，時章惇作商州令。一日，守請先生與惇會，惇縱橫議論，不知敬先生也。
因語及洛中牡丹之盛，守因謂惇曰：『先生，洛人也，知花甚詳。』先生因言洛
人以見根撥而知花之高下者為上，見枝葉而知者次之，見蓓蕾而知者下也。惇
默然。後從先生遊，欲傳數學，先生謂須十年不仕乃可，蓋不之許也。」又載：
「邵子文伯溫字。云：『邢和叔亦欲從先君學，先君略為開其端倪·和叔援引古
今不已。先君曰：「姑置是！此先天學，未有許多言語。且當虛心滌慮，然後可
學。」』」〈附錄〉又有百家案曰：「先生數學，不待二程求而欲與之。及章惇、
邢恕，則求而不與。蓋兢兢乎慎重其學，必慎重其人也。」《解題》謂「世之能
其學者蓋鮮」，觀是，則可推知其由矣。

雍諡康節。

案：《宋史》卷四百二十七〈列傳〉第一百八十六〈道學〉一〈邵雍〉載：「熙

寧十年，卒，年六十七，贈秘書省著作郎。元祐中，賜諡康節。」

觀物外篇六卷

《觀物外篇》六卷，康節門人張崏子望記其平生之言，雖十纔一二，而足以發明成書者為多，故名《觀物外篇》。崏登進士第，仕為太常寺主簿。

廣棪案：《宋元學案》卷三十三〈王張諸儒學案〉有〈常簿張先生崏學案〉曰：「張崏，字子望，榮陽人也。登進士第，官至太常寺簿。《觀物外篇》二卷乃其所述。子文曰：『先君《易》學，獨以授之天悅與子望，皆早世，故世不得其傳。』陳直齋曰：『其記康節之言，十纔一二而已，足以發明成書。』」《學案》頗據《解題》以成文。惟《宋元學案》言此書作二卷，則略異。《讀書志》卷第一〈易類〉亦著錄：「邵康節《觀物外篇》六卷。右邵雍之歿，其門人記其平生之言，合二卷。雖以次筆授，不能無小失，然足以發明成書者為多，故以《外篇》名之，或分為六卷。」是《解題》所述亦有參酌晁書者。此書或作二卷，或作六卷，殆分卷不同耳。

觀物內篇解二卷

《觀物內篇解》二卷，康節之子右奉直大夫伯溫子文撰。即《經世書》之第十一、十二卷也。

廣棪案：雍《皇極經世》凡十二卷《解題》已著錄。其書卷一至卷六為〈元會運世〉，卷七至卷十為〈聲音律呂〉，卷十一、十二為〈觀物內篇〉，凡文十二篇，暢論《易》理與象數。伯溫所解者，即此十一、十二卷，故《解題》云：「即《經世書》之第十一、十二卷也。」《經義考》卷二百七十一〈擬經〉四著錄有「邵氏伯溫《皇極經世內外篇解》」，云「未見」，又無卷數。考其《外篇解》，乃解《敘篇系述》，凡二卷；合此《內篇解》二卷，則書凡四卷也。

廣川易學二十四卷

《廣川易學》二十四卷，中書舍人董逌彥遠撰。

廣棪案：《經義考》卷二十二〈易〉二十一著錄：「董氏逌《廣川易學》，《通考》二十四卷，佚。」逌《宋史》無傳。陸心源《宋史翼》卷二十七〈列傳〉第二

十七〈文苑〉二有傳，載迪生平曰：「董迪，字彥遠，山東東平人。徽宗時官校書郎。蔡居安會館職，食瓜，令坐上徵瓜字。中居安所徵為優。欲畢，彥遠連徵數事，皆所未聞，悉有依據。後數日補外。靖康官國子監祭酒。建炎元年四月，率諸生至南京勸進，除宗正少卿。二年五月除江東提刑，旋召為中書舍人，充徽猷閣待制。著有《廣川易學》、《廣川詩學》及《廣川書跋》、《畫跋》、《藏書志》等書。」則迪所宦固不止中書舍人也。《解題》另著錄有《廣川詩故》四十卷、《廣川書跋》十卷、《畫跋》五卷、《廣川藏書志》二十六卷，與《宋史翼》同，惟《宋史翼》誤《廣川詩故》作《廣川詩學》耳。

吳園易解十卷

《吳園易解》十卷，秘閣修撰鄱陽張根知常撰。卷後有〈序論〉五篇、〈雜說〉、〈泰論〉各一篇。

廣棪案：此書或作九卷，書名或作《吳園周易解》，其所以異之故，周中孚辨之甚詳悉。《鄭堂讀書記補逸》卷一〈經部·易類〉一曰：「《吳園周易解》九卷，附錄一卷《墨海金壺》本。宋張根撰。根字知常，號吳園，饒州德興人。登進士第。大觀中，官至龍圖閣直學士，出為淮南轉運使，以朝散大夫終於家。《四庫全書》著錄作《吳園易解》。《書錄解題》、《文獻通考》同，惟作十卷，蓋併附錄數之。〈宋志〉止作《易解》九卷，則不數附錄。此本有『周』字，疑傳鈔者增之也。卷末有其孫垓〈跋〉，文已殘缺。」《解題》稱根為秘閣修撰，即據垓〈跋〉所言，蓋〈跋〉中有「召對，時年四十一，寖膺擢用，將漕淮南、江西，陞秘閣修撰」之語也。至本書主旨及附錄各篇《總目》考之允恰。《總目》卷二〈經部〉二〈易類〉二云：「《吳園易解》九卷，湖北巡撫採進本。宋張根撰。……根所撰述甚多，垓〈跋〉稱有《宋朝編年》數百卷《五經》諸子皆為之傳注。晁公武《讀書志》載有《春秋指南》十卷，今亦未見，惟此《易解》僅存。明祁承㸁家有其本，此為徐氏傳是樓所鈔，自〈說卦傳〉『〈乾〉，健也』節以下，蠹蝕殘闕。……書中次第，悉用王弼之本，詮義理而不及象數，不襲《河》、《洛》之談，注文簡略，亦無支蔓之弊。末有〈序語〉廣棪案：應作〈序論〉。五篇、〈雜說〉一篇，皆論〈繫辭〉，於經義頗有發明。又〈泰卦論〉廣棪案：應作〈泰論〉。一篇，於人事天道倚伏消長之機，尤三致意焉，蓋作於徽宗全盛時也，亦可云識微之士矣。」《總目》足補《解題》所未及。

根自號吳園先生。

案：汪藻《浮溪集》卷十七〈序跋〉有〈吳園先生春秋指南序〉，撰於「紹興十年七月」，藻自稱門人。中有云：「政和間，余過山陽，吳園先生張公在焉。」則汪氏已稱根爲吳園先生。《經義考》卷二十二〈易〉二十一「張氏根《吳園易解》」條引董眞卿曰：「吳園先生，參政忠定公燾之父也。《易解義》廣棪案：應作《易解》。九卷《序論》五卷，又〈雜說〉、〈泰論〉。」則元人董氏亦稱根爲「吳園先生」，蓋其自號也。

漢上易傳十一卷、叢說一卷、圖三卷

《漢上易傳》十一卷、《叢說》一卷、《圖》三卷，翰林學士荊門朱震子發撰。紹興初在經筵表上，具述源流云：「陳摶以《先天圖》傳种放，放傳穆修，修傳李之才，之才傳邵雍；放以《河圖》、《洛書》傳李溉，溉傳許堅，堅傳范諤昌，諤昌傳劉牧；修以《太極圖》傳周敦頤，敦頤傳程顥、程頤。是時，張載講學於二程、邵雍之間，故雍著《皇極經世》書，牧陳天地五十有五數，廣棪案：盧重輯本「數」上有「之」字。敦頤作《通書》，程頤著《易傳》，載造《太和》、《參兩》等篇。臣今以《易傳》爲宗，和會雍、載之論，上采漢、魏、吳、晉，下逮有唐及今，包括異同，庶幾道離而復合。」蓋其學專以王弼盡去舊說、雜以莊老、專尚文辭爲非是，故其於象數頗加詳焉。

廣棪案：《解題》書名作《漢上易傳》，「傳」上疑脫「集」字。《讀書志》卷第一〈易類〉「朱子發《易集傳》十一卷、《圖》三卷、《叢說》一卷」條云：「其書多采先儒之說以成，故曰《集傳》」是應有「集」字之證。至稱「漢上」《總目》卷二〈經部〉二〈易類〉二「《漢上易傳》十一卷、《卦圖》三卷、《叢說》一卷」條云：「書題漢上，蓋因所居以爲名。」震，荊門軍人，斯又書稱「漢上」之來由也。考震〈進周易表〉曰：「臣聞商瞿學於夫子，自丁寬而下，其流爲孟喜、京房。喜書見於唐人者，猶可考也。一行所集房之《易傳》，論卦氣、納甲、五行之類，兩人之言，同出於《周易·繫辭》、〈說卦〉，而費直亦以夫子《十翼》解說上、下《經》，故前代號〈繫辭〉、〈說卦〉爲《周易大傳》。爾後，馬、鄭、荀、虞各自名家，說雖不同，要之去象數之源猶未遠也。獨魏王弼與鍾會同學，盡去舊說，雜之以莊老之言，於是儒者專尚文辭，不復推原〈大傳〉天人之道。自國家龍興，異人間出，濮上陳摶以《先天圖》傳种放，放傳穆修，修傳李之才，之才傳邵雍；放以《河圖》、《洛書》傳李溉，溉傳許堅，堅傳范諤昌，諤

昌傳劉牧；修以《太極圖》傳周敦頤，敦頤傳程顥、程頤。是時，張載講學於二程、邵雍之間，故雍著《皇極經世》之書，牧陳天地五十有五之數，敦頤作《通書》，程頤述《易傳》，載造《太和》、《參兩》等書，或明其象，或論其數，或傳其辭，更兼而明之，更唱迭和，相爲表裏，有所未盡，以待後學。臣頃者遊宦西洛，獲觀遺書，問疑請益，遍訪師門，而後粗窺一二，造次不捨十有八年，起政和丙申，終紹興甲寅，成《周易集傳》九卷、《周易圖》三卷、《周易叢說》一卷，以《易傳》爲宗，和會雍、載之論，上採漢、魏、吳、晉、元魏，下逮有唐及今，包括異同，補苴罅漏，庶幾道離而復合，不敢傳諸博雅，姑以自備遺忘。豈期清問俯及芻蕘。昔虞翻講明秘說，辨正流俗，依經以立注，嘗曰：『使天下一人知己，足以不恨。』而臣親逢陛下曲訪淺陋，則臣之所遇，過於昔人遠矣。其書繕寫一十三冊，謹隨狀上以聞。謹進。」則《解題》所述，全遵此〈表〉。震又有《圖》三卷，〈自序〉曰：「卦圖所以解剝象，推廣〈說卦〉，斷古今之疑，發不盡之意，彌縫《易傳》之闕者也。」是《圖》之效用亦大矣。

〈序〉稱九卷，蓋合〈說〉、〈序〉、〈雜卦〉為一也。

　　案：《解題》此「〈序〉」字，疑應作「〈表〉」。蓋震〈進周易表〉明言「《周易集傳》九卷」。其後作十一卷者，或遞有所增訂也。《周易集傳》九卷、《圖》三卷、《叢說》一卷，合共十有三卷。〈表〉云「其書繕寫一十三冊」，則以一卷爲一冊矣。

周易窺餘十五卷

《周易窺餘》十五卷，資政殿學士金華鄭剛中亨仲撰。

　　廣棪案：亨仲〈自序〉云：「《窺餘》，窺竊《易》家餘意，綴輯而成也。老來心志，凋落健忘，自覺所學漸次遺失，恐他時兒童輩有問，寖就荒唐，無有對。故取平時所誦今昔《易》學，與意會者，輒次第編錄，時自省覽。此《窺餘》之所爲作，所爲名〈序〉之所爲縷縷也。」是此書命名之所由固如此。

不解〈乾〉、〈坤〉二卦，獨自〈屯〉卦始。剛中嘗得罪秦檜，豈其於〈乾〉、〈坤〉之意有所避耶？

　　案：亨仲〈自序〉云：「或問曰：『子爲書始〈屯〉、〈蒙〉，何也？』曰：『予於〈乾〉、〈坤〉不敢談也。《易》者，天地萬物之奧，〈乾〉、〈坤〉則又《易》之奧，聖人妙《易》書之神而藏之。〈乾〉、〈坤〉其所示人者，猶委曲載之〈文言〉，

孰謂學者可以一言定乎？尊〈乾〉、〈坤〉而不敢論，自〈屯〉、〈蒙〉而往，以象求爻，因爻識卦，萬有一見其髣髴，則隨子索母，沿流尋源，〈乾〉、〈坤〉之微，或可得而探也，今始未敢妄有窺焉。』則亨仲之不解，〈乾〉、〈坤〉二卦，實因尊之不敢妄窺；殊非以獲譴秦檜，而有所迴避也。直齋不信亨仲〈自序〉，而自為此說，蓋未盡當。

周易疑難圖解二十五卷

《周易疑難圖解》二十五卷，三山鄭東卿少梅撰。以六十四卦為圖，外及〈六位〉、〈皇極〉、〈先天〉、〈卦氣〉等圖，各附以論說。末有〈繫辭解〉。

廣棪案：《經義考》卷二十五〈易〉二十四著錄：「鄭氏東卿《易卦疑難圖》，《通考》二十五卷，未見。」書名闕「解」字，應以《解題》為準。《經義考》下引馮椅語，謂此書三十卷，紹興丁巳東卿自序。則卷數又有所不同，惟書成於紹興七年丁巳則可信。此書自朱彝尊已曰未見，茲藉《解題》所述，猶幸略悉其梗概，蓋東卿乃治《周易》象數圖書之學者。

自言其學出於富沙丘先生，以為《易》理皆在於畫中，於是日畫一卦，周而復始，久而後有所入。

案：東卿〈自序〉曰：「此為朋友講習而作也。富沙丘先生告某曰：『《易》盡在畫中，當求諸畫中，始得其理。若《易》之用，則畫有所不盡。』於是畫一則置之座，則六十四卦周而復始，積日累月，幾五年而後有所入。醫、卜、算、曆之書，黃、老、丹、灶之說，經、傳、子、史凡與《易》相涉者，皆博觀之。不泥於文字，而一探其意旨以求吾之卦畫，則始之六十四卦，皆一理也。一理皆本於吾之一心，心外則無理，理外則無心。心理混融，與象數、體用冥而為一。言乎天地之大、蚊蟲之細，皆不出於吾心之內焉，聖人豈欺我哉！」《解題》所述，本於此。

沙隨程迥可久曰：「丘程字憲古，嘗有詩曰：『《易》理分明在畫中』又曰：『不知畫意空箋注，何異丹青在畫中。』其學傳之東卿云。」

案：迥之說，未知所出。然清李清馥《閩中理學淵源考》卷十四載：「丘程字憲古，號富沙，建陽人。政和二年進士。邃於《易》學，其學傳之鄭東卿。嘗有詩曰：『《易》理分明在畫中，誰知《易》道盡難窮。不知畫意空箋註，何異丹青欲畫風。』詩不甚佳，然《解題》引詩，其末句押韻處竟與首句重複，則錯

謬殊不可解，直齋殆不應如是也。

永嘉所刊本作三冊，不分卷，無〈繫辭解〉。

　　案：此書永嘉刊本，分冊而不分卷，又無〈繫辭解〉，顯屬另一板本。此一板本，南宋以來公私目錄均未見著錄之者《解題》此條，殊可貴矣。

易索十三卷

《易索》十三卷，知岳州太和張汝明舜文撰。上、下《經》六卷外，〈觀象〉三，〈觀變〉、〈玩辭〉、〈玩占〉、〈叢說〉各一。汝明，元祐壬申進士，大觀初為御史省郎。

　　廣校案：舜文《宋史》卷三百四十八〈列傳〉第一百七有傳。《宋史翼》卷二十二〈列傳〉第二十二〈循吏〉五亦有張汝明傳。《宋史翼》之張汝明，字晦叔，福建興化人，嘉泰二年進士，與《易索》之張汝明應屬二人。惟《宋人傳記資料索引》將二人混而爲一，亦可算失愼之至。《經義考》卷二十一〈易〉二十著錄此書，並引董眞卿曰：「汝明，吉州左利人。登元祐壬申第，知岳州。《易索》每卦以索曰釋經。又有〈觀象〉、〈觀變〉、〈玩辭〉、〈玩占〉、〈叢說〉，通十三卷。」眞卿所記與《解題》互補有無。

游酢定夫誌其墓。

　　案：《四庫全書》本《游廌山集》乃後人掇拾重編之書，僅四卷，其《集》中未收此文。

易解義十卷

《易解義》十卷，題凌公弼撰。未詳何人。善解析文義，頗簡潔，有所發明。《館閣書目》有《集解》六卷，稱朝奉大夫凌唐佐撰，亦不著本末，豈即其人耶？

　　徽猷閣待制新安凌唐佐字公弼，建炎初知應天府，以劉豫虛實書奏被殺，後其妻田氏以死狀聞，詔贈待制。隋齋批注。

　　廣校案：此書書名、卷數《解題》所記有二種之不同。實同書異名而分卷有所出入耳。《經義考》卷二十二〈易〉二十一著錄：「凌氏唐佐《周易集解》，《通考》作凌公弼《易解義》。〈宋志〉六卷，《通考》十卷。佚。」所分卷亦與《解題》

同。惟直齋於此書撰者，頗多疑慮，故隨齋批注曰：「徽猷閣待制新安凌唐佐字公弼，建炎初知應天府，以劉豫虛實書奏被殺。後其妻田氏以死狀聞，詔贈待制。」已足解直齋之困惑。考隨齋批注所據者乃羅願撰之〈凌待詔唐佐盧諫議臣忠傳〉，見《羅鄂州小集》卷六。該〈傳〉曰：「凌待詔唐佐，字公弼，休寧人，登元符進士第，授大名府司戶。」又曰：唐佐「暇日與諸生講學，作《易傳》數萬言進之，以部使者劾罷。」是則公弼乃唐佐之字，其人好《易》。〈傳〉中所言數萬之《易傳》，或即與此十卷本《易解義》同為一書？或先成數萬言之《易傳》，後就此而擴充成十卷本之《易解義》？是耶？非耶？茲已不可曉悉矣。

易小傳六卷

《易小傳》六卷，丞相吳興沈該守約撰。專釋六爻，兼論變卦，多本《春秋左氏傳》占法。卦為一論。又有〈繫辭補注〉十餘則，附之卷末。

廣棪案：《總目》卷二〈經部〉二〈易類〉二曰：「《易小傳》六卷，直隸總督採進本。宋沈該撰。該字守約，一作元約，未詳孰是。吳興人。登嘉王榜進士。紹興中官至左僕射，兼修國史，故宋人稱是書為《沈丞相易傳》。嘗箚進於朝，高宗降敕褒諭，尤稱其每卦後之論。其書以正體發明爻象之旨，以變體擬議變動之意，以求合於觀象玩辭，觀變玩占之義。其占則全用《春秋左傳》所載筮例，如蔡墨所謂〈乾〉之〈姤〉曰『潛龍勿用』，其〈同人〉曰『見龍在田』者。……陳振孫《書錄解題》稱該又有〈繫辭補注〉十餘則，附於卷末。今本無之，蓋已久佚矣。」是《總目》所述多據《解題》。至此書之命名，該〈繳進御筆獎諭石刻箚子〉云：「夫觀變玩占《易》道之小者也；雖小道，亦有可觀者焉。名之曰《易小傳》，以別於〈大傳〉云爾。」是可知其命名用意所在。惜《解題》與《總目》均未嘗道及此書之命名，特表出之以告同好。

昭德易詁訓傳十八卷

《昭德易詁廣棪案：盧校本作「故」，館本作「詁」，此從《通攷》。訓傳》十八卷，敷文閣直學士清豐晁公武子止撰。

廣棪案：《經義考》卷二十五〈易〉二十四著錄：「晁氏公武《易詁訓傳》，一名《易廣傳》。〈宋志〉十八卷，佚。」下引董真卿曰：「公武，字子止，彭城人。高、孝時官至尚書，直敷文閣。《易詁訓傳》十八卷。」

博采古今諸家，附以己聞；又考載籍行事，以明諸爻之變。其文義音讀之異者，列之逐條，曰《同異考》。乾道中上之。其議論精博，不主一家，然亦略於象數。

> 案：此書既名爲《易詁訓傳》，推其體例當一仿《毛詩故訓傳》之例以注《易》。就《解題》所闡述者，知此書內容繁富淵贍，所惋惜者爲其「略於象數」耳。惟《經義考》引王應麟曰：「晁子止爲《易廣傳》，馮當可答其書云：『判渾全之體，使後學無以致其思，非傳遠之道也。』」則以此書涵蓋過廣，闡說過明，故當可於言辭中似有憾焉者。

晁氏居京師昭德坊，故號「昭德晁家」。沖之叔用，其父也。

> 案：王應麟《困學紀聞》卷二十〈雜識〉曰：「晁子止《昭德讀書志》。宣德門前天街東第四昭德坊，晁文元宅，致政後，闢小園，號養素園，多閱佛書，起密嚴堂。」文元，晁迥字也。又晁瑮《嘉靖新修清豐縣志》卷七〈鄉賢〉曰：「晁公武，字子止，沖之之子，世號昭德先生。」沖之亦以文鳴《解題》卷二十著錄有《具茨集》十卷，其卷二十一有〈晁叔用詞〉一卷。

先天易鈐一卷

《先天易鈐》一卷，〈序〉稱牛師德祖仁撰。未詳何人。蓋為邵氏之學而專乎術數者也。

> 廣梭案：《讀書志》卷第一〈易類〉著錄：「《先天易鈐》、《太極寶局》二卷。右皇朝牛師德撰。自云傳邵雍之學於司馬溫公，其說近於術數，未知其信然否？」與《解題》所述略同。《宋元學案》卷十〈百源學案〉下〈牛先生師德附子思純。〉曰：「牛師德者，不知何許人也。雲濠案：先生字祖仁。晁公武曰：『師德自言從溫公傳康節之學，未知其信然否？』所著有《先天易鈐》、《太極寶局》二卷。陳直齋曰：『蓋爲邵子而專于術數者。』子思純，傳其學。或曰：《易鈐》，師德所著；《寶局》則思純所著也。補。」是《學案》所記，乃據《讀書志》與《解題》。今人孫猛《郡齋讀書志校證》曰：「按《書錄解題》卷一有《先天易鈐》一卷，〈宋志〉卷五〈蓍龜類〉有牛思純《太極寶局》一卷；《國史經籍志》卷二〈經類·易種〉有《先天易鈐》一卷、《太極寶局》一卷，宋牛師德撰。是《先天易鈐》、《太極寶局》乃二書，各一卷，公武合併著錄，遂作二卷。師德，字祖仁，傳見《宋元學案》卷十。思純，乃師德子，傳父學，事附師德傳。或謂

師德《太極寶局》乃思純所著。」所考甚詳悉允恰。是則《解題》於祖仁僅謂「未詳何人」，似略有疏失矣。

傳家易說十一卷

《傳家易說》十一卷，廣棪案：盧校注：「此書今有聚珍版本。」沖晦處士河南郭雍頤正撰。自言其父忠孝，受學於程伊川。伊川示以《易》之〈艮〉，曰：「艮，止也。學道之要，無出於此。」自是方覺讀《易》有味，牓其室曰：「兼山」。立身行道，皆自「止」始。兵興之初，先人舊學掃地，念欲補續其說，中心所知者「艮，止也」。潛稽《易》學，以述舊聞，用傳其家。

廣棪案：此書《宋史》卷二百二〈志〉第一百五十五〈藝文〉一〈經類·易類〉著錄：「郭雍《傳家易解》十一卷。」考雍父忠孝有《兼山易解》二卷，〈宋志〉或因之，而書名誤「說」為「解」耶。《解題》此節隱括雍此書〈自序〉而成。雍〈序〉略曰：「宋興，有明道、伊川二程先生、橫渠張先生出焉。監前世儒者之弊，力除千餘載利祿之學，直以聖人為師，斯道為己任，豈非古之所謂豪傑之士也哉！其於孟氏之功，聖智巧力之間而已。先人受業伊川先生二十餘年。雍始生之時，橫渠、明道久已謝世，甫四歲而伊川沒，獨聞先人言先王之道，其所學、所行、所以教授，多見於《易》與《春秋》、《中庸》、《論語》、孟氏之書，是以門人悉於此盡心焉。且自周公歿，大道不行，五百餘歲而得孔子；孔子歿，百有餘歲而得孟子。孟子去聖人世，如此未遠，而道之難明，亦已甚矣。況於孔子歿後千五百餘年，而三先生欲力復聖人之道，其難矣哉！夫先知先覺之士，曠世無有，將使百世之下，聞者莫不興起，豈非三先生之力歟？雍不肖無聞，甘與草木腐久矣。重念先人之學殆將泯絕，先王之道亦因以息，唯懼無以遺子孫，於是潛稽《易》象，以述舊聞，傳於家，使毋忘先人之業。道雖不足，志則有餘矣。孟子所謂嘐嘐然曰『古之人！古之人！』者，其庶幾歟！」然雍論〈艮〉之義，則似與伊川及其父兼山略異。《宋元學案》卷二十八〈兼山學案〉附錄載：「葉水心為蔣行簡志曰：『郭白雲言：「艮者，限也。」夫艮有止而無限。苟虞其未至于無欲也，而限以止焉，則或可矣，然非止之正也。』」《經義考》卷二十四〈易〉二十三「《卦辭旨要》」條引王應麟曰：「艮者，限也。限立而內外不越。天命限之內也，不可出；人欲限之外也，不可入。郭沖晦云。」是兼山以「限」釋〈艮〉，雍則據程頤以「止」釋〈艮〉，則雍解〈艮〉，異於伊川、兼山矣。此點惜直齋未辨及之。

忠孝字立之，名將樞密逵之子。自言得先天卦變於河陽陳安民子惠，其書出李挺之，由是頗通象數。仕為永興軍路提刑，死於狄難，其書散逸。

　　案：逵有傳，見《宋史》卷二百九十〈列傳〉第四十九。逵字仲通，初隸范仲淹麾下，仲淹勉以問學。後乃以左武衛上將軍致仕，卒贈武雄軍節度使，封秦國公。《讀書志》卷第一〈易類〉著錄：「《兼山易解》二卷。右郭忠孝撰。忠孝字立之，河南人。頗明象數，自謂得李挺之《卦變論》於陳子惠，因亟讀，有得焉。靖康中，持憲關右，死於難，故其書散落太半。」《解題》頗依《讀書志》。又《宋元學案·兼山學案·提刑郭兼山先生忠孝》載：「郭忠孝，字立之，河南人。受《易》、《中庸》于小程子。以蔭補官，第進士，不忍去親側，多仕于河南管庫間。宣和中，為河東路提舉，忤宰相王黼，免。靖康初，召為軍器少監。入對，斥和議，陳追擊之策，謂『兵家忌深入，若不能擊其歸，他日安能禦其來』，復條上戰守十餘事，不用。改永興軍路提刑獄，措置保甲。金人犯永興，與經略使唐重分城而守，城陷，與重俱死之。贈太中人夫。子雍。」所記忠孝生平行事甚詳備，可補《解題》之未及。

雍隱居陝州長陽山中。帥守屢薦，召之不至，由處士封頤正先生。其末，提舉趙善譽言於朝，遣官受所欲言，得其《傳家兵學》六卷以進，時淳熙丙午也。

　　案：《宋史》卷四百五十九〈列傳〉第二百一十八〈隱逸〉下雍本傳有云：「郭雍字子和，其先洛陽人。父忠孝，官至太中大夫，師事程頤，著《易說》，號兼山先生，自有傳。雍傳其父學，通世務，隱居峽州，放浪長楊山谷間，號白雲居士。乾道中，以峽守任清臣、湖北帥張孝祥薦于朝，旌召不起，賜號沖晦處士。孝宗稔知其賢，每對輔臣稱道之，命所在州郡歲時致禮存問。後更封頤正先生。」又《宋元學案》卷二十八〈兼山學案·隱君郭白雲先生雍〉載：「郭雍，字子和，兼山之子。幼傳父學，隱居峽州，號白雲先生。乾道中，峽守任清臣、湖北帥張孝祥薦，徵召不起，賜號沖晦處士。孝宗稔知其賢，問侍講謝諤曰：『郭雍學問甚好，向曾見程頤否？』諤奏：『雍父忠孝嘗事頤，雍所傳蓋得于父。』于是命所在州郡歲時致禮存問。淳熙中，封頤正先生，又令部使者就問先生所欲言，時年八十有三。」據《宋史》與《宋元學案》，則雍隱居之處為峽州，在今湖北省宜昌縣西北《解題》作「陝州」，蓋字形近而誤；而其所謂「帥守屢薦」者，即指湖北帥張孝祥與峽守任清臣也。淳熙丙午，乃宋孝宗淳熙十三年（1186），惜善譽所進之《傳家兵學》六卷已散佚，〈宋志〉亦無著錄矣。

明年卒，年八十有四。

案：雍之卒年《宋元學案》謂「年九十七」。考雍此書〈自序〉有「雍始生之時，橫渠、明道久已謝世，甫四歲而伊川沒」之語。伊川之沒在徽宗大觀元年丁亥（1107），時雍甫四歲，則其生歲應爲崇寧三年甲申（1104）；又卒年既爲淳熙十四年丁未（1187），則其時正八十四歲。是《解題》所記不誤，而《宋元學案》反誤也。

又有《兼山遺學》六卷，見〈儒家類〉。館臣案：晁公武《讀書志》有《兼山易解》二卷。餘書皆未之見也。

案：《四庫全書》館臣於此處有案語曰：「晁公武《讀書志》有《兼山易解》二卷。」惟《易解》乃忠孝所撰，非雍之書，館臣誤矣。至《兼山遺學》六卷，見《解題》卷九〈儒家類〉。又《解題》卷十二著錄有雍撰《蓍卦辨疑序》三卷，故「餘書皆未之見」一語不確，直齋實有疏失。另雍之書，尚有《卦辭旨要》六卷、見《中興館閣書目輯考·經部·易類》。《中庸》一卷，見《宋史·藝文志》卷一《經類·禮類》。茲亦佚。又有《傷寒補亡論》五卷，清抄本二冊，題雍撰，現藏北京圖書館。見《北京圖書館古籍善本書目·子部·醫家類》。

雍實范忠宣丞相外孫，又號白雲先生。案：頤正，本朝廷所賜先生號，而《館閣書目》以爲字頤正，恐誤。

案：范忠宣丞相，即范純仁《宋史》卷三百十四〈列傳〉第七十三有傳。哲宗時累官至尚書右僕射，兼中書侍郎，再拜右相；建中靖國元年卒，諡忠宣。是則雍父忠孝乃范忠宣佳婿也。又頤正，乃朝廷賜號《中興館閣書目》以爲是字，固誤；然雍字子和《解題》亦未道及。

讀易老人詳說十卷

《讀易老人詳說》十卷，參政莊簡公上虞李光泰發撰。光忤秦檜，謫海外爲此書。光嘗學於劉元城，其初進頗由蔡氏，晚節所立，有過人者。

廣桉案：此書《宋史》卷二百二〈志〉第一百五十五〈藝文〉一〈經類·易類〉著錄：「李光《易說》十卷。」《經義考》卷二十三〈易〉二十二則著錄：「李氏光《讀易老人解說》。」《總目》卷二〈經部〉二〈易類〉二又作「《讀易詳說》十卷」。卷數全同，書名略異，其實皆一書也。《經義考》引趙希弁曰：「紹興中，光參知政事。庚申歲，金敗盟，奪河南地，光在榻前攻秦檜之短，遂罷，尋謫藤州，移瓊州，又移萬安。檜死，量移郴。己卯用，赦還，舟行至江州而卒。」

又引董真卿曰:「李莊簡公光,紹興初謫嶺南,著書自號『讀易老人』。其學本劉元城,元城學於司馬光。」則光之《易》學,固傳溫公之一脈,溫公有《易說》三卷《解題》已著錄;此書〈宋志〉亦稱「《易說》十卷」,又稱「《讀易詳說》十卷」,二者傳承之跡猶可得窺也。《總目》曰:「《讀易詳說》十卷《永樂大典》本。宋李光撰。光字泰發,上虞人,崇寧五年進士,官至參知政事,諡莊簡,事蹟具《宋史》本傳。光爲劉安世門人,學有師法。紹興庚申,以論和議忤秦檜,謫嶺南,自號『讀易老人』。因攄其所得,以作是書。故於當世之治亂、一身之進退,觀象玩辭,恆三致意。」是又足見光之此書,亦如溫公之書,中多雜說,非純然詮《易》之書也。至《解題》謂光「其初進頗由蔡氏」,此事《宋史》乏載。考《宋元學案》卷二十〈元城學案·莊簡李讀易先生光〉附錄有〈元城道護錄〉一條,云:「李光好官員,可惜爲蔡攸所引。此人撥著便醒。紹興中以忤秦檜謫海外,著《易說》,自號『讀易老人』。」攸,蔡京子。是光曾由蔡攸所引進。

易傳拾遺十卷

《易傳拾遺》十卷,敷文閣直學士廬陵胡銓邦衡撰。銓謫新州作此書。大概宗主程氏,而時出新意於《易傳》之外。

廣棪案:《宋史》卷三百七十四〈列傳〉第一百三十三銓本傳略謂:「秦檜主和,銓抗疏言王倫誘致敵使,以詔諭江南爲名,并言孫近傅會檜議。檜以銓狂悖鼓眾,編管昭州。檜死,量移衡州。」史謂銓所謫地乃昭州、衡州,與《解題》謂謫新州不同,未知孰是。銓此書已佚,王應麟《困學紀聞》卷一〈易〉載:「〈小畜〉下體〈乾〉,〈復〉上體〈坤〉。〈乾〉、〈坤〉相應,故〈小畜〉『初九,復自道。九二牽復吉』;與〈復〉『六四,中行獨後。六五,敦復無悔』;義甚相類。牽復中不自失,敦復中以自考,二五皆得中故也。澹庵云。」澹庵即銓之號《困學紀聞》所引,殆即此書之佚文矣。銓如是闡《易》,真能「時出新意於《易傳》之外」也。

李光泰發為之〈序〉。其曰「拾遺」者,謙辭也。

案:光有《莊簡集》。今《四庫全書》本《莊簡集》卷十六〈序〉中未載此文,恐已佚矣。

逍遙公易解八卷、疑問二卷

《逍遙公易解》八卷、《疑問》二卷，直學士院李椿年仲永撰。其門人鄱陽吳
說之景傳所述，胡銓邦衡為之〈序〉。

> 廣棪案：《宋史》卷二百二〈志〉第一百五十五〈藝文〉一〈經類‧易類〉著錄：
> 「李椿年《易解》八卷、《疑問》一卷。」「一卷」應為「二卷」之誤。《經義考》
> 卷二十二〈易〉二十一著錄：「《周易疑問》，《通考》二卷，未見。」則《疑問》
> 又作《周易疑問》。《經義考》引董真卿曰：「椿年字仲永，饒州浮梁人，直學院
> 士。《易解》八卷、《疑問》二卷，門人吳說之編，淳熙乙未胡銓序。」所述幾
> 全同《解題》。胡銓所撰〈序〉曰：「愚故謂歐陽子之學，蓋本於弼。其故人鄱
> 陽逍遙公李仲永潛心《易》學，衛道甚嚴，一旦夢弼而有得，遂成一家之言，
> 殆與歐陽子之意默契。其門人府庠校正、雲巖吳君說之攝其樞要，冠於篇首，
> 丐某正其說，則曰：『就有道而正焉。』某固辭不獲，遂書其本末。」可推見此
> 書成書概況。

《疑問》者，說之所錄，其問答之語也。

> 案：《疑問》蓋椿年答弟子問《易》之辭，以解其疑者也，此書吳說之所錄也。
> 說之生平無可考。

易傳十一卷、本義十二卷、易學啟蒙一卷

《易傳》十一卷、《本義》十二卷、《易學啟蒙》一卷，_{館臣案：《宋史，藝文志》：}
「《啟蒙》三卷。」煥章閣待制侍講新安朱熹晦庵撰。初為《易傳》，用王弼本。

> 廣棪案：《宋史》卷二百二〈志〉第一百五十五〈藝文〉一〈經類‧易類〉著錄
> 《易學啟蒙》作三卷，餘皆同《解題》。趙希弁《讀書附志》卷上〈經解類〉著
> 錄：「《周易本義》十卷。右晦庵先生朱文公熹仲晦所定也。〈發例〉、〈筮儀〉附。」
> 是《讀書附志》著錄《本義》之卷數與《解題》不同。至《易傳》作十一卷，
> 謂用王弼本，則不可解。蓋弼《易》僅十卷，《解題》卷一〈易類〉著錄：「《周
> 易注》六卷、《略例》一卷、《繫辭注》三卷。」正合十卷之數。疑「一」字乃
> 衍文，惜其書已佚，無法考其究竟。

復以呂氏《古易經》為《本義》，其大旨略同而加詳焉。首列九圖，末著〈揲
法大略〉，兼義理、占象而言。

> 案：《解題》卷一〈易類〉著錄：「《古易》十二卷、《音訓》二卷，著作郎東萊呂

祖謙伯恭所定。篇次與汲郡呂氏同《音訓》則其門人王莘叟筆受。朱晦庵刻之於臨漳、會稽，益以程氏是正文字及晁氏語。其所著《本義》，據此本也。」此《本義》分作十二卷所本。至錢曾《讀書敏求記》卷一上「朱子《周易本義》十二卷」條曰：「伏羲始畫八卦，因而重之，有六十四卦，而未有辭也。文王作上、下《經》，乃始有辭；孔子作《十翼》：〈彖傳〉二、〈象傳〉二、〈繫辭〉二、〈文言〉、〈說卦〉、〈序卦〉、〈雜卦〉各一，其辭乃備。然辭本於象，象本於畫《易》之理盡於畫，詎可舍象而專論辭之理哉！漢去古未遠，諸儒訓解多論象數，蓋有所本而云然耳。自費直之《易》行，至魏王弼為之《注》，而韓康伯繼之，取孔子之《傳》附於每卦之下，欲學者兩讀以就其《注》。《經》、《傳》混淆，沿襲至隋、唐，莫之或改也。唐太宗命諸名儒定《九經正義》，《易》注則取王、韓，孔穎達輩以為時所尚，遂著為《正義》，《古易》本旨之沈晦不能明久矣。有宋呂汲公、王原叔、晁以道、李巽巖、呂東萊諸公，皆以分《經》合《傳》，而吳仁傑、稅與權編《周易古經》，則極論王弼之失。至朱子斷然取《經》、《傳》釐而析之，於是《古周易》之序次，曉然共白於後世。俞琰、熊過之徒，始知取道適從矣。然學《易》者精微之旨，無過輔嗣、康伯，宋儒往往抹殺之，此則宋儒之過也。」是則熹「兼義理、占象而言」《易》，最得治《易》之精詣矣。

《啟蒙》之目四：〈本圖書〉、〈原卦畫〉、〈明蓍筴〉、〈考變占〉，凡四篇。

案：熹《啟蒙自序》曰：「聖人觀象以畫卦，揲蓍以命爻，使天下後世之人皆有以決嫌疑，定猶豫，而不迷於吉凶悔吝之途，其功可謂盛矣。然其為卦也，自本而榦，自榦而支，其勢若有所迫而不能已。其為蓍也，分合進退，縱橫順逆，亦無往而不相值焉。是豈聖人心思智慮之所得為也哉，特氣數之自然形於法象，見於圖書者，有以啟於其心而假乎焉耳。近世學者類喜談《易》，而不察乎此，其專於文義者，既支離散漫而無所根著；其涉於象數者，又皆牽合傅會而或以為出於聖人心思智慮之所為也。若是者，予竊病焉。因與同志頗輯舊聞，為書四篇，以示初學，使毋疑其說云。」可見熹撰作《啟蒙》之旨。清納蘭成德為〈周易啟蒙通釋序〉有言：「朱子之為《啟蒙》，蓋發明象數，為讀《本義》者設。」最深得熹用心者耶！是《啟蒙》之撰作，蓋為治《本義》者導夫先路也。

周易變體十六卷

《周易變體》十六卷，吏部郎中京口都絜聖與撰。用蔡墨言〈乾〉六爻之例，

專論之卦為主。

　　廣棪案:《經義考》卷二十四〈易〉二十三著錄:「都氏潔《易變體》,一作《體裁》。〈宋志〉十六卷,未見。《一齋書目》有。」《總目》卷三〈經部〉三〈易類〉三則著錄:「《易變體義》十二卷《永樂大典》本。宋都絜撰。」《經義考》、《總目》所著錄,書名、卷數均有不同。《經義考》又引《續中興書目》曰:「《易變體》十六卷,紹興中吏部郎中都潔進。謂筮有某卦之某卦,為變體。如蔡墨言『潛龍勿用』,不曰『〈乾〉初九』,而曰『〈乾〉之〈姤〉』;言『龍戰于野』,不曰『〈坤〉上六』,而曰『〈坤〉之〈剝〉』。此謂變體。自〈乾〉之〈姤〉,至〈未濟〉之〈解〉,以意演之,爻為一篇,凡三百八十四篇。」所闡述之卦及變體之義,較《解題》尤詳。至絜之名,或作潔。絜、潔,正俗字。

繫辭精義二卷

《繫辭精義》二卷,呂祖謙^{廣棪案:盧校本「呂祖謙」下有「伯恭」二字。}集程氏諸家之說,程《傳》不及〈繫辭〉故也。《館閣書目》以為託祖謙之名。

　　廣棪案:《讀書附志》卷上〈經解類〉著錄:「《周易繫辭精義》二卷。右東萊先生呂成公祖謙伯恭所集也。」書名多「周易」二字。盧文弨重輯本《解題》此條於「呂祖謙」下有「伯恭」二字為是,證以《解題》著錄慣例,應有「伯恭」二字,宜添補。《總目》卷七〈經部〉七〈易經存目〉一著錄:「《周易繫辭精義》二卷,^{兩淮馬裕家藏本}。舊本題宋呂祖謙撰。……初程子作《易傳》,不及〈繫辭〉,此書似集諸家之說補其所缺,然去取未為精審。陳振孫《書錄解題》引《館閣書目》,以是書為託祖謙之名,殆必有據也。」《解題》多聞闕疑,應較《讀書附志》為可信。

大易粹言十卷

《大易粹言》十卷,知舒州溫陵曾穜獻之集二程、張載、游酢、楊時及二郭之學為一書。穜嘗受學於郭白雲。

　　廣棪案:此書有十卷、十二卷、七十卷及七十三卷各本。《解題》著錄作十卷。其中十二卷本者《北京圖書館古籍善本書目·經部·易類》著錄:「宋曾穜輯,宋淳熙三年舒州公使庫刻本,二十冊,十行二十字,白口,左右雙邊。」其七十卷者,同上書著錄:「宋曾穜輯,宋刻本,一冊,十二行,二十二至二十四字,

細黑口，左右雙邊，存八卷。六十至六十七。」其七十三卷者，《讀書附志》卷上〈經解類〉著錄：「《大易粹言》七十卷、《總論》三卷。右集明道先生程顥伯淳、伊川先生程頤正叔、橫渠先生張載子厚、廣平游酢定夫、龜山楊時中立、兼山郭忠孝立之、白雲郭雍子和之說也。舒守曾穜序。」惟此書是否為穜所集，後世頗有爭議。即如《讀書附志》，亦僅謂「舒守曾穜序」耳。故《總目》卷三〈經部〉三〈易類〉三即曰：「《大易粹言》十卷，江蘇蔣曾瑩家藏本。宋方聞一編。聞一，舒州人，淳熙中為郡博士。時溫陵曾穜守舒州，命聞一輯為是書，舊序甚明。朱彝尊《經義考》承〈宋志〉之誤，以為穜作，非也。」考穜〈序〉云：「淳熙乙未夏五月，穜代匱龍舒，因與二三僚友語及先生廣棪案：指伊川。之學，皆欣然有得，謂穜曰：『《易》道蓋生生不窮，未嘗拘泥，胡可不傳。』遂相與裒伊川各家所嘗發揮大《易》之旨者，明道、伊川、橫渠、廣平、龜山、兼山、白雲，合七先生集為一書，目之曰《大易粹言》。」是穜固未侈言是書乃一己之輯也。至張嗣古為此書作〈跋〉，其〈跋〉首即言：「右《大易粹言》，前太守曾君穜命郡博士方聞一所裒輯者也。」是此書之裒輯有賴方氏。然李祐之〈跋〉則曰：「祐之蚤獲游溫陵之門，公平居議論，必及於《易》，而伊川之學，尤所篤好，故嘗以親受白雲之說，合伊川兄弟而下共為七家，欲鑱之而未能也。泊來舒郡，出以相示，且俾訂證其非是，期與同志共之。」是又穜既為郡守，於此書集輯之業有首倡之功，故乃以其一人具名領銜耳。《總目》改署方聞一一人所編，似未盡允當也。

易原十卷

《易原》十卷，吏部尚書新安程大昌泰之撰。首論天地五十有五之數，參之《河圖》、《洛書》大衍之異同，以為此《易》之原也，以及卦變、揲法，皆有圖論，往往斷以己見，出先儒之外。

廣棪案：此書《經義考》卷二十六〈易〉二十五著錄：「程氏大昌《易原》，〈宋志〉十卷，佚。按：篁墩程氏輯《新安文獻志》載有三篇。」《四庫全書》館臣就《永樂大典》重輯此書為八卷。《總目》卷三〈經部〉三〈易類〉三曰：「《易原》八卷《永樂大典》本。宋程大昌撰。大昌字泰之，休寧人。紹興二十一年進士，歷官權吏部尚書，出知泉州建寧府，以龍圖閣直學士致仕，卒諡文簡，事蹟具《宋史》本傳。大昌學術湛深，於諸經皆有論說。以《易》義自漢以來糾紛尤甚，因作是書以貫通之，苦思力索，四年而成。陳振孫《書錄解題》稱其

首論五十有五之數，參以《圖》、《書》大衍，為《易》之原，而卦變、揲法皆有圖論，往往斷以己見，出先儒之外。今考其所論，如謂分爻值日，乃京、焦卦氣，其始於〈中孚〉，本用太初法，與夫子所謂〈乾〉、〈坤〉之策當期之日不合；〈復〉、〈姤〉生卦說始邵子，但〈乾〉、〈坤〉生六子說，卦傳有明文，不得先有六畫之卦，後有三畫之卦；鄭康成用十日十二時辰二十八宿以應大衍五十之數，本於《乾鑿度》，與馬融之增北辰，荀爽之增用九用六，不過以意決擇傅會，初無不易之理；張行成別立二十五數以推大衍，則是五十有五之外，別有二十五數，更非孔子所曾言。雖排斥先儒，務申己說，不能脫南宋之風氣，然其參互折衷，皆能根據《大傳》，使《易》義亦有所闡明，與所作《詩議》，欲併《國風》之名而廢之者，固有別矣。」周中孚《鄭堂讀書記補逸》卷一〈經部‧易類〉亦曰：「《易原》八卷，武英殿聚珍版本。宋程大昌撰。……《四庫全書》著錄。《書錄解題》、《通考》、〈宋志〉俱作十卷；原本久佚，館臣始從《永樂大典》錄出，釐為八卷。卷一為〈河洛圖書論〉二十一篇，卷二為〈論〉十八篇，卷三為〈論數〉十八篇，卷四為〈論〉十八篇，卷五為〈太極生兩儀論〉七篇、〈兩儀生四象論〉六篇、〈四象生八卦論〉十二篇，卷六為〈天地之數〉、〈太衍之數〉二篇、〈辨張氏述衍〉及〈蓍法〉二篇，卷七為〈孔穎達揲圖〉、〈畢中和揲圖〉圖並闕，唯說具存。及〈揲蓍說〉三篇，卷八為〈論卦〉六篇，原本二十六篇，今闕二十篇。附一篇〈辨疑〉四篇，終以〈乾坤復姤〉及〈乾坤六子〉五圖。名《易原》者，以皆推闡數學，謂為《易》之原也。大都於漢人爻辰之法，以及宋劉長民、邵子、張文饒諸家務皆排斥，專申己見，以表異於先儒。雖未免好為高論，固當時風氣使然，然能原本〈繫辭〉、〈說卦〉立說，則頗有裨於經旨，與其所作《易老通言》，見〈宋志〉，凡十卷。明以《老》、《莊》解《易》者，究有別矣。」是則大昌此書固不免有所表襮專斷，其瑕瑜參半乃判然矣。

易本傳三十三卷

《易本傳》三十三卷，隆山李舜臣子思撰。其〈自序〉以為《易》起於畫，捨畫則無以見《易》。因畫論心，以中為用。如捨本卦而論他卦，及某卦從某卦來者，皆所不取。館臣案：此二句原本脫漏，今據《文獻通考》補入。

廣棪案：《宋史》卷四百四〈列傳〉第一百六十二舜臣本傳略謂：「李舜臣，字子思，隆州井研人。乾道二年進士，改宣教郎，知饒州德興縣，遷宗正寺主簿。邃於《易》。嘗曰：『《易》起於畫，理、事、象、數皆因畫以見，舍畫而論，非

《易》也。畫從中起，〈乾〉、〈坤〉中畫為誠敬；〈坎〉、〈離〉中畫為誠明。』著《本傳》三十三篇，朱熹晚歲每為學者稱之。」此書已佚《經義考》卷三十二〈易〉三十一有「李氏舜臣《易本傳》」條，下引王應麟曰：「李舜臣《易傳》，〈坎〉、〈離〉之從中起，較〈震〉、〈巽〉之偏而不中，謂舍本卦而論他卦為不然；謂某卦從某卦來為妄。」又引胡一桂曰：「西蜀隆山李先生，優於明象者也。其論〈坤〉卦，直曰：『〈乾〉既稱馬，〈坤〉不得不稱牝以別之。殊不知〈象〉，文王所作；文王〈象〉，〈乾〉何嘗稱馬，而顧於〈坤〉乃稱牝，以求別於〈乾〉也。此亦祖〈說卦〉以為論，其失甚矣。」胡氏又曰：「隆山先生《周易本傳》三十三卷，淳熙己亥〈自序〉，大概謂：『《易》原起於畫，有畫故有卦與辭。隨辭釋義，汎論事理，不復推之於畫，以驗古聖人設卦命辭之本意，失之遠矣。』故今所著，皆因畫論心，主文王、孔子之學，以推衍大《易》之用，此其大旨也。其間發明甚多，說象有功，但不絕言占耳。」故是書雖佚，今猶可略知其著作宗旨也。考樓鑰《攻媿集》卷六十有〈李氏思終亭記〉，文中亦謂：「子思之論《易》，專究心於卦畫，其言甚當，如〈中孚〉豚魚等說，前所未有發明及此者。」則舜臣於《易》，亦卓然有所樹立矣。

舜臣淳熙中宰饒之德興，有惠政，民至今祠之。

案：舜臣宰饒《宋史》已記及。〈李氏思終亭記〉亦載：「一宰饒之德興，治行有循列之績，其所抱負，十未見一二，此識與不識所以恨其蚤歿也。」此與《解題》所述「有惠政」云云，足相發明。

三子皆知名，顯於時。

案：舜臣有三子，長曰心傳，仲曰道傳，季曰性傳。〈李氏思終亭記〉中記其事，曰：「慶元之初，鑰既投閒。明年閱《登科記》，見君之子道傳在乙科。又一紀而復來，則已聞其召命。同朝五年，浸登館學，上著庭，攝考功，時時相過，以先友，故厚我。其季性傳，又擢嘉定四年第，來見。獨未識長子心傳，聞其嘗名薦書，一不上第，年末四十，棄舉業而著書，朝廷取其《建炎以來繫年要錄》百卷寘館中。嘗得其副而盡讀之，然後知天之報施本無差忒，而子思家學日成為不忘矣。」蓋舜臣三子皆知名於時，如《解題》所言。

沙隨易章句十卷、外編一卷、占法一卷、古易考一卷

《沙隨易章句》十卷、《外編》一卷、《占法》一卷、《古易攷》一卷，沙隨程

迥可久撰。

廣棪案:《宋史》卷二百二〈志〉第一百五十五〈藝文〉一〈經類・易類〉著錄:「程迥《易章句》十卷,又《外編》一卷、《占法》、《古易攷》一卷。」是〈宋志〉「《占法》」下脫「一卷」二字。考之《經義考》卷二十八〈易〉二十七著錄:「程氏迥《易章句》,〈宋志〉十卷,佚。《周易外編》,〈宋志〉一卷,存。《古易攷》,〈宋志〉一卷,未見。《古易占法》,〈宋志〉一卷,存。」是彝尊固知《占法》與《古易考》明為二書,各一卷,故所著錄如此。

其論占法,雜記占事猶詳。

案:此節論占法。迥之《占法》一書有作二卷者,乃《范氏二十種奇書》本;又有作三卷者,乃明天一閣刊本,內容則一,殆分卷不同耳。書前有迥紹興三十年夏五月〈自序〉,略云:「迥嘗聞邵康節以《易》數示吾家伯淳。伯淳曰:『此加一倍法也。』其說不詳見於世。今本之〈繫辭〉、〈說卦〉發明倍法,用逆數以尚占知來,以補先儒之闕,庶幾象數之學可與士大夫共之,不為讖緯瞽史所惑,於聖人之《經》不為無助也。」書凡分十二篇:曰〈太極〉,曰〈兩儀〉,曰〈四象〉,曰〈八卦〉,曰〈重卦〉,曰〈變卦〉,曰〈占例〉,曰〈占說〉,曰〈揲蓍詳說〉,曰〈一卦變六十四卦圖〉,曰〈天地生成數配律呂圖〉,曰〈乾坤六爻新圖〉,其雜記占事者甚詳盡。

迥嘗從玉泉喻樗子才學,登隆興癸未科,仕至邑宰。

案:《經義考》引《浙江通志》曰:「程迥,寧陵人。靖康之亂徙居餘姚,嘗受經學於嘉興聞人茂德嚴陵喻樗。」《總目》卷三〈經部〉三〈易類〉三曰:「《周易古占法》一卷、《古周易章句外編》一卷,兩淮鹽政採進本。宋程迥撰。迥字可久,初家寧陵之沙隨,後徙餘姚,受經於嘉興聞人茂德嚴陵喻樗,隆興元年舉進士,嘗為德興丞,事蹟具《宋史・儒林傳》。」《解題》之隆興癸未,即隆興元年也。

及與前輩名公交游,多所見聞,故其論說頗有源流根據。

案:《經義考》引胡一桂曰:「康節《百源易》,實《古易》也。沙隨蓋本諸此,而篇第與二呂氏合,只以〈文言〉在〈繫辭〉之前為不同耳。」又引吳澂曰:「沙隨先生經業精深,朱子多取其說,於朱為丈人行,故朱子以師禮事之。」考朱子有〈答程迥書〉曰:「示諭曲折,令人慨歎。然今日上下相迫,勢亦有不得已者,故事之從違可否,常在人而不可必,唯審時量力,從吾所好。為在己,而可以無不如志爾。先生研精于《易》,至有成書,樂行憂違,想胸中已有成算,

因非晚學所得而輕議也。」足證程、朱交游之一斑。至迥之治《易》則依二呂、康節，故《解題》謂其論說皆有源流根據也。

《古易攷》十二篇，闕〈序〉、〈雜卦〉。

案：《經義考》引董眞卿曰：「迥作《古易攷》，曰〈上篇〉，曰〈下篇〉，曰〈象上〉，曰〈象下〉，曰〈象上〉，曰〈象〉下，曰〈文言〉，曰〈繫辭上〉，曰〈繫辭下〉，曰〈說卦〉，曰〈序卦〉，曰〈雜卦〉，凡十有二篇，與康節《百源易》次序同。」此云「闕〈序〉、〈雜卦〉」者，乃直齋一己藏書有所闕耳，非迥未完成全書也。

誠齋易傳二十卷

《誠齋易傳》二十卷，寶謨閣學士廬陵楊萬里廷秀撰。其〈序〉以為《易》者，聖人通變之書，惟中為能中天下之不中，惟正為能正天下之不正，中正立而萬變通。

廣棪案：《經義考》卷二十九〈易〉二十八著錄：「楊氏萬里《誠齋易傳》，〈宋志〉二十卷，存。」下引陳振孫曰：「寶謨閣學士楊文節公，當淳熙末為大蓬，論思陵不合去。及韓侂冑用事，召之不至，自次對遷至學士。聞開禧出師，不食而死。」此段文字乃《四庫全書》本《解題》所闕，然必屬《解題》之佚文，故極其珍貴。蓋彝尊為崇禎至康熙年間人，其所讀得之《解題》必為《永樂大典》本外之另一板本，故《經義考》所引《解題》資料，往往有與《四庫全書》本不同，且有溢出《四庫全書》本外者。惜《四庫全書》館臣就《大典》重輯《解題》時，未有取《經義考》以校其異同也。至萬里此書之〈自序〉，《經義考》亦全引之。中有云：「《易》者，聖人通變之書也，其窮理盡性，其正心、修身、齊家、治國；其處顯，其儌窮，其居常，其遭變，其參天地，合鬼神；萬事之變方來，而變通之道，先立變在彼，變在此。得其道者，蚩可哲，慝可淑，眚可福，危可安，亂可治，致身聖賢而躋世泰和，猶反手也。斯道何道也？中正而已矣。惟中為能中天下之不中，惟正為能正天下之不正。孟之聖學也，後世或以事物之變為不足以攖吾心，舉而捐之於空虛者，是亂天下者也。不然，以為不足以遁吾術，挈而持之以權譎者，是愈亂天下者也。然則，學者將欲通變，於何求通？曰：道。於何求道？曰中。於何求中？曰：正。於何求正？曰：《易》。於何求《易》？曰：心。」《解題》所述，蓋據此櫽括。

又言古未有字，八卦之畫即字也。

案：萬里此書〈後序〉曰：「《六經》至夫子而大備，然《書》非夫子作也，定
之而已耳；《詩》非夫子作也，刪之而已耳；《禮》、《樂》非夫子作也，正之而
已耳；惟《易》與《春秋》，所謂夫子之文章與！昔者伏羲作《易》矣，時則有
其畫，無其辭；文王重《易》矣，時則有卦辭，無餘辭；至吾夫子特起乎兩聖
之後，而超出乎兩聖之先，發天之藏，拓聖之疆，挹彼三才之道，而注之於三
絕之簡。於是作〈彖辭〉，作〈象辭〉，又作〈小象〉之辭，又作〈文言〉之辭，
又作二〈繫〉之辭，又作〈說卦〉之辭，又作〈序卦〉之辭，又作〈雜卦〉之
辭。大之為天地，纖之為毫末，顯之為人物，幽之為鬼神，明之為仁義、禮樂，
微之為性命，炳然蔚然，聚此書矣。其辭精以幽，其旨淵以長，其道博以崇。
是書也，其蘊道之玉府，陶聖之大鈞也。」《解題》「又言古未有字，八卦之畫
即字也」，蓋本此而言之。

周易經傳集解三十六卷

《周易經傳集解》三十六卷，兵部侍郎福清林栗黃中撰。淳熙中表進。

廣棪案：此書初名《周易爻象序雜指解》，栗所進〈表〉中即有「繕寫《周易爻
象序雜指解》一書，進納御前」之語，其後乃改以今名。其中原委，則〈貼黃〉
有云：「照對臣昨陳乞修寫箚子，係以《周易爻象序雜指解》為名。今來竊自惟
念：三聖人所垂經訓，先設卦畫，次繫〈彖辭〉，即『爻象』二字不為該備。及
觀孔子所贊《大傳》，有〈彖〉、〈象〉、〈繫辭〉、〈文言〉、〈說卦〉，即『序雜』
二字亦未能概舉。今故仍《春秋》之例，以三聖所垂之《經》，與孔子所贊之《傳》，
總謂之《周易經傳集解》，繕寫進呈，伏乞睿照。」則其所以更改書名之因由，
言之甚悉。至此書三十六卷之內容及表進歲月，其所進〈表〉中亦備言之，曰：
「至所有《周易經傳》三十二卷，〈繫辭〉上、下二卷，〈文言〉、〈說卦〉、〈序〉、
〈雜〉本文共為一卷，〈河圖洛書八卦九疇大衍總會圖〉、〈六十四卦立成圖〉、〈大
衍揲著解〉共為一卷，總三十六冊，謹隨〈表〉上進以聞。……淳熙十二年三
月二十八日。」是此書每卷鈔作一冊，總三十六冊，隨〈表〉進呈也。

其書末卷為〈六十四卦立成圖〉，言聖人以八卦重為六十四，未聞以〈復〉、
〈姤〉、〈泰〉、〈否〉、〈遯〉變為六十四也，以辨邵堯夫、朱子發之說。其與
朱侍講違言，以論《易》不合，為朱公所劾也。

案：《總目》卷三〈經部〉三〈易類〉三「《周易經傳集解》三十六卷」條謂「栗字黃中，福清人。紹興十二年進士，官至兵部侍郎。與朱子論《易》及《西銘》不合，遂上疏論朱子。時太常博士葉適、侍御史胡晉臣皆助朱子劾栗，因罷知泉州，又移明州，卒。」是林、朱之爭，其始之以學術，繼之以意氣，既罷且移，為禍甚烈矣。今觀《朱子大全集》有〈答林栗〉二函，猶可見二人爭辯之概況。首函云：「又見《易圖》深詆邵氏先天之說，舊亦嘗見其書，然未曉其所以為說者。高明既斥其短，必已洞見其底蘊矣。因來并乞數語剖擊其謬，又大幸也。」次函云：「邵氏先天之說，以鄙見窺之，如井蛙之議滄海；而高明直以不知而作斥之，則小大之不同量，有不可而同年而語者，此熹之前書所以未敢輕效其愚，而姑少見其所疑也。示論邵氏本以發明《易》道，而於《易》無所發明。熹則以為《易》之與道，非有異也。《易》道既明，則《易》之為書，卦爻象數皆在其中，不待論說而自然可睹。若曰道明而書不白，則所謂道者，恐未為得道之真也。不審高明之意果如何？或其文予而實不予，則熹請以邵氏之淺近疏略者言之。蓋一圖之內，太極、兩儀、四象、八卦生出次第，位置行列不待安排，而粲然有序，以至於第四分而為十六，第五分而為三十二，第六分而為六十四，則其因而重之，亦不待用意推移，而與前之三分言者，未嘗不吻合也。比之并累三陽以為〈乾〉，連疊三陰以為〈坤〉，然後以意交錯而成六子。又先畫八卦於內，復畫八卦於外，以旋相加而後得為六十四卦者，其出於天理之自然，與人為之造作，蓋不同矣。況其高深閎闊、精密微妙，又有非熹之所能言者。今不知察而遽以不知而作詆之，熹恐後之議今，必亦猶今之議昔者。是以竊為門下惜之，而不自知其言之僭易。」是則林、朱之爭論，固因邵氏先天《易》而發也。《總目》亦嘗就此事有所論列，略謂：「今以事理推之，於時朱子負盛名，駸駸嚮用；而栗之登第，在朱子前七年，既以前輩自居；又朱子方除兵部郎中，而栗為兵部侍郎，正其所屬，辭色相軋，兩不肯下，遂互激而成訐奏，蓋其釁始於論《易》，而其故不全由於論《易》，故振孫云然。後人以朱子之故，遂廢栗書，似非朱子之意矣。」《總目》剖析亦當，可補直齋之未及。

數學一卷

《數學》一卷，雜錄象數諸圖說，不知何人所錄。

　　廣棪案：此書作者不可考。惟其內容既為「雜錄象數諸圖說」，蓋邵雍數學派之流亞，乃就奇偶之數以講求卦象之變化者。

易說二卷

《易說》二卷，潼川漕趙善譽德廣撰。

> 廣棪案：此書《宋史》卷二百二〈志〉第一百五十五〈藝文〉一〈經類・易類〉亦作二卷，《經義考》云已佚。《四庫全書》本作四卷。《總目》卷三〈經部〉三〈易類〉三「《易說》四卷」條曰：「自明以來，外間絕少傳本，故朱彝尊《經義考》註云已佚。今《永樂大典》具載於各卦之後，僅闕〈豫〉、〈隨〉、〈无妄〉、〈大壯〉、〈晉〉、〈睽〉、〈蹇〉、〈解〉、〈中孚〉九卦，故搜輯成編，資說《易》家參考。《宋史・藝文志》本作二卷，今以其文頗繁，釐爲四卷焉。」是《四庫全書》本乃據《永樂大典》錄出，雖云四卷，然其內容反不如舊本之全也。

善譽，淳熙中嘗進〈南北攻守類攷〉。

> 案：樓鑰《攻媿集》卷一百二〈誌銘・朝奉郎主管雲臺觀趙公墓誌銘〉曰：「公諱善譽，字靜之，一字德廣，系出太宗皇帝後。……（淳熙）十一年充省試考官。六月除提舉荊湖北路常平茶鹽。陛辭。……先嘗進〈南北攻守類考〉。上曰：『卿所進書，可謂有志。』」可與《解題》相參證。

及為湖北提舉常平，陛辭，以《易說》進。每卦為論一篇。

> 案：《總目》曰：「善譽字靜之，宗室子也。乾道五年試禮部第一，累遷大理丞，潼川路提刑，轉運判官，事蹟見《宋史・宗室傳》。是編載陳振孫《書錄解題》，振孫稱其每卦爲論一篇，蓋爲潼川漕時進呈之本。今考其書，於各卦名義之相似者，多參互以求其義，……其論皆明白正大，朱子謂其能擴先儒之所未明；馮椅《易》學亦多取之，謂其能本畫卦命名之意，參稽卦爻象象之辭，以貫通六爻之義，而爲之說。蓋不虛美也。」考《經義考》引胡一桂之說亦云：「宋朝宗室，前此未有能推明《易》學者，蓋自善譽始。」是則善譽此書殊有裨於《易》學，頗能成一家言矣。

易辨三卷、淵源錄三卷

《易辨》三卷、《淵源錄》三卷，右司郎中三山何萬一之撰。館臣案：《文獻通考》何萬《易辨》三卷，原本作《易辭》，今改正。

> 廣棪案：《易辨》，《永樂大典》原作《易辭》。《四庫全書》館臣案語云：「《文獻通考》何萬《易辨》三卷，原本作《易辭》，今改正。」故應作《易辨》爲合。

其為《辨》三十三篇，大抵多與先儒異。《淵源錄》者，蓋其為《易》解未成書，僅有〈乾〉、〈坤〉二卦而已。萬，癸未進士高第，受知阜陵，官至右司郎中，知漳州以沒。

　　案：《經義考》卷三十二〈易〉三十一「何氏萬《易辨》」條引陳振孫曰：「三山何萬，隆興元年進士，仕為都司，知漳州。《易辨》三十三篇，大抵多與先儒異。《淵源錄》者，蓋其為《易》解未成書，僅有〈乾〉、〈坤〉二卦而已。萬受知阜陵，官至右司郎中，知漳州。」《經義考》此條必為彝尊所得讀《解題》之原文，惟較《四庫全書》本文辭略贅。此足證除《永樂大典》本外《解題》別有異本，惜館臣未能多所采掇以作校讎。至一之之生平及宦歷《南宋館閣錄》卷七、卷十、卷十三分別記錄，略謂：「何萬字一之，長樂人。治《易》兼詩賦，隆興元年木待問榜進士。歷秘書郎、著作佐郎、著作郎，淳熙四年六月罷。」所記與《解題》不同。惟《解題》卷五〈典故類〉著錄：「《長樂財賦志》十六卷，知漳州長樂何萬一之撰。」又卷十八〈別集類〉下著錄：「《鼎論》三卷、《時議》一卷，三山何萬一之撰。隆興元年進士。仕為都司，知漳州。」所記宦歷前後一致，疑《解題》亦不誤也。

易總說二卷

《易總說》二卷，端明殿學士永嘉戴溪肖望撰。每卦為一篇。嘉定初，為東宮端尹，作此以授景獻。

　　廣棪案：《經義考》卷三十二〈易〉三十一著錄：「戴氏溪《周易總說》，〈宋志〉二卷，佚。」下引《館閣續錄》曰：「戴溪字肖望，溫州人。淳熙五年同進士出身。嘉定三年，以太子詹事兼秘書監。四年，權工部尚書。」《宋元學案》卷五十三〈止齋學案・文端戴岷隱先生溪〉云：「戴溪，字肖望，永嘉人。少有文名。淳熙五年，為別頭省試第一，監潭州南嶽廟。紹熙初，主管吏部架閣文字，除太學錄兼實錄院檢討官。……升博士，……除慶元府通判，未行，改宗正簿。累官兵部郎。……數月，召為資善堂說書。由禮部郎六轉為太子詹事兼秘書監。景獻太子命先生講《中庸》、《大學》，復命類《易》、《詩》、《書》、《春秋》、《語》、《孟》、《資治通鑑》，各為《說》以進。權工部尚書，除華文閣學士。嘉定八年，以宣奉大夫、龍圖閣學士致仕。卒，贈特進端明殿學士。理宗賜諡文端。」是此書為進理宗而作者。景獻，理宗廟號。

周易玩辭十六卷

《周易玩辭》十六卷，太府卿松陽項安世平甫撰。當慶元中得罪時論_{廣校案：}盧文弨重輯本「論」作「譎」。居江陵，杜門潛心，起居不出一室，送迎賓友未嘗踰閾。諸書皆有論說，而《易》為全書。其〈自序〉以為「讀程《易》三十年，此書無一字與之合，合則無用乎此書矣。世之君子以《易傳》之理觀吾書，則本末條貫無一不本於程氏者；以《易傳》之文觀吾書，則恐有『西河疑女』之誚。」

　　廣校案：樂章於嘉定四年辛未閏二月中澣撰此書〈後序〉有言：「《易》說以『玩辭』名，蓋識其居閒所作也。〈繫辭〉曰：『君子居則觀其象而玩其辭。』平庵項公昔忤權臣，擯斥十年，杜門卻掃，足跡不涉限，耽思經史，專意著述，成書數編，此其一焉。」所記與《解題》同。安世〈自述〉云：「嘉泰二年壬戌之秋，重修《周易玩辭》十六卷，章句粗定，因自歉曰：『安世之所學，蓋伊川程子之書也。程子平生所著，獨《易傳》為全書。安世受而讀之，三十年矣。今以其所得於《易傳》者述為此書，而其文無與《易傳》合者，合則無用述此書矣。世之友朋以《易傳》之理觀吾書，本末條貫無一不本於《易傳》者；以《易傳》之文觀吾書，則未免有使西河之民疑汝於夫子之怒。知我者，此書也；罪我者，此書也。九月丙午安世謹書。』則此書撰就於寧宗嘉泰二年《解題》所記，乃就安世〈自述〉以剪裁耳。安世另有此書〈自序〉，作於慶元四年戊午九月，直齋不慎，乃將〈自述〉與〈自序〉混淆之。

大抵程氏一於言理，盡略象數，而此書未嘗偏廢；程氏於〈小象〉頗欠發明，而此書爻、〈象〉尤貫通。蓋亦遍攷諸家，斷以己意，精且博矣。

　　案：宋、元之際，為此書而作〈序〉者多家，諸〈序〉評論此書之辭，亦與《解題》所述為近。馬端臨〈序〉曰：「平庵項公《玩辭》之書，義理淵源伊洛，而於象變之際，紬繹尤精，明暢正大，無牽合附會之癖。」徐之祥〈序〉曰：「予幼嗜《易》，祖程《傳》，宗《本義》，諸儒訓解中，取平庵項氏《玩辭》熟讀精思。道德性命之原，開物成務之故，一出於奇耦往來不窮之變，曰象與占，隨時取義玩辭，可知先生此書，不特有裨於程子七分之傳，當時往復問學朱子之門，其於《本義》多所發明。惜書成於《本義》二十年之後，朱子未及見也。」虞集〈序〉曰：「項公之學，上不過於高虛，下不陷於功利，而所趨所達，端有定向，然後研精覃思，作為此書。外有以采擇諸家之博聞，內有以及乎象數之通變，奇而不鑿，深而不迂，詳而無餘，約而無闕，庶幾精微之道焉。」至《總

目》卷三〈經部〉三〈易類〉三「《周易玩辭》十六卷」條亦謂：「蓋伊川《易傳》，惟闡義理；安世則兼象數而求之，其意欲於程《傳》之外，補所不及，所謂各明一義者也。」均足與直齋之論相互參證。

易裨傳二卷、外篇一卷

《易裨傳》二卷、《外篇》一卷，秘書省正字檇李林至撰。

廣棪案：《總目》卷三〈經部〉三〈易類〉三著錄：「《易裨傳》二卷，兩江總督採進本。宋林至撰。至字德久，松江人；《書錄解題》作檇李人，未詳孰是。淳熙中登進士第，官至秘書省正字。朱子《集》中有〈答林德久書〉，即其人也。」惟至撰〈易裨傳序〉，則末署「谷水林至」，納蘭成德為此書〈序〉沿稱之。考檇李，在今之浙江嘉興縣西南七十里《花史》云：「嘉興府城西南產佳李，因名檇李。」蓋因果木而得名者。而松江，乃太湖支流，即今吳淞江，古稱笠澤，亦名南江，在江蘇省境內。至谷水，乃松江之別名。《輟耕錄》云：「湖逢谷水難興浪，月到雲間便不明。松江古有此語。」故谷水、雲間，皆松江別名也。元朝嘉興路儒學教授陳泰於至正十五年刊至此書，所為〈跋〉亦曰：「林先生字德久，宋淳熙釋褐，魁官至秘書，登晦庵朱先生之門，有《□騷》及《文集》，松江府人，事載郡乘。」是則至應為松江人，直齋固誤記，而《總目》謂「未詳孰是」，則未加深考耳。

凡三篇：曰〈法象〉，本之太極；曰〈極數〉，本之天地之數；曰〈觀變〉，本之揲蓍十八變。《外篇》則曰〈反對〉、〈世應〉、〈互體〉、〈納甲〉、〈卦氣〉之類，凡八條。

案：至此書〈序〉曰：「《易》之為道，生生而不窮。其著之卦變，皆本於氣數之自然，非私智之能及也。昔河南夫子為《易傳》一書，使學者因辭以達義，象數之說，夫子雖未嘗言，亦曰得其義，則象數在其中矣。今世之言《易》者，往往喜談象數，或出己智，或撫先儒之說，牽合傅會，似若可聽者。然其巧愈甚，其失彌遠，不知《易》之所謂象數者，初不若是其紛紛也。至不佞，竊有意於此，輒本之《易大傳》，為《裨傳》三篇。曰〈法象〉，曰〈極數〉，曰〈觀變〉。〈法象〉則本之太極，〈極數〉則本之天地之數，〈觀變〉則本之蓍之十有八變。是三者《大傳》之中嘗言之矣。惟其論太極者，惑於四象之說，而失卦畫之本；論天地之數者，惑於《圖》、《書》之文，而失參兩之宗；論揲蓍者，

惑於挂扐之間，而失陰陽之變。今各釐而正之，使不失其條理，則知象數皆自然而然，果非私智之能及也。至於數變之說，曰〈反對〉，曰〈相生〉，曰〈世應〉，曰〈互體〉，曰〈納甲〉，曰〈變爻〉，曰〈動爻〉，曰〈卦氣〉；謂非《易》之道則不可，謂《易》畫在於是，則非也。要之《易》道變通不窮，得其一端，皆足以爲說。以其《大傳》未嘗有言，故亦總其大略，以爲《外篇》。」《解題》所述實就此剪裁。至此書《總目》評之曰：「今觀其書，雖未免有主持稍過之處，而所論多中說《易》之弊。其謂《易》道變化不窮，得其一端，皆足以爲說；尤至論也。」《鄭堂讀書記補逸》卷一〈經部‧易類〉一。亦稱此書「可謂潔淨精微，一掃諸家說《易》之弊」。均可作讀《解題》之參證。

述釋葉氏易說一卷

《述釋葉氏易說》一卷，吏部侍郎永嘉葉適正則為《習學記言》，《易》居其首。門人建安袁聘儒席之述而釋焉。聘儒，紹熙癸丑進士。

　廣棪案：適《習學記言》一書，後改名《習學記言序目》，其門人孫之弘〈序〉曰：「《習學記言序目》者，龍泉葉先生所述也。初，先生輯錄經史百氏條目，名《習學記言》，未有論述。自金陵歸，間研玩群書，更十六寒暑，乃成《序目》五十卷。」可知適爲《記言》及其後改易書名之梗概。其書卷一至卷四論《周易》，故《解題》謂「《易》居其首」。聘儒乃適門人，孝宗紹熙四年癸丑進士。《宋元學案》卷五十五〈水心學案〉下有聘儒傳，與《解題》所記無甚異辭。然《經義考》卷三十二〈易〉三十一著錄此書，下引陳振孫曰：「葉正則爲《習學記言》，《易》居其首。門人建安袁聘儒述而釋焉。聘儒，紹熙進士。」究其所引，前既缺葉適之名，後又脫聘儒之字及「癸丑」之年歲，則知彝尊所讀之《解題》此條，所載略遜詳明矣。

易筆記八卷、總說一卷

《易筆記》八卷、《總說》一卷，軍器少監新安王炎晦叔撰。嘗以上、下《經、解》表進，作十卷。今但六卷，并〈繫辭〉二卷為八，闕〈說卦〉。

　廣棪案：《經義考》卷二十七〈易〉二十六著錄：「王氏炎《讀易筆記》，〈宋志〉八卷，《通考》九卷。佚。」下引《館閣續錄》曰：「王炎字晦叔，徽州婺源人。乾道五年進士及第，慶元五年除著作郎，六年爲軍器少監。」又引胡一桂曰：「雙

溪《讀易筆記》十卷。〈總說〉象例在前，《經》、《傳》皆有解。」是此書全稱爲《讀易筆記》，有八卷與十卷本之別《文獻通考》作九卷，疑合〈總說〉一卷而言。至炎之里貫爲徽州婺源，即古新安郡也，故《館閣續錄》與《解題》所稱，名異實同。據胡一桂說，則炎號雙溪。《解題》云「闕〈說卦〉」者，是指直齋所藏缺此篇耳。

於象數頗有發明。

案：炎〈自序〉曰：「炎讀《易》三十年，不得其門而入。歲在辛亥，始脫爲縣之厄。明年歸自中都，僑寓古艾，杜門卻掃，尋繹舊學。久之若有所悟，猶往來熟習於山海之間，雖未能手探其玉，然寶氣所在，或望而見之。因釋然笑曰：『觀六畫之象，而未合於爻、〈象〉之辭，是未得其象也。玩爻、〈象〉之辭，而未合乎六爻之象，是未得其辭也。象與辭未能融會，而曰得聖人之意，其中否特未定也。管蠡之見，何足以測高深，本之於畫，驗之於辭，對觀互攷，二者如合符契，則筆記之。其未達者闕焉，以爲聖經不可易知，固不可強通也。而河南邵氏曰：「畫前有《易》，刪後無《詩》。」不特以象爲可忘，且併以畫爲可遺。其說高矣！《易》而可以無畫，但不知三聖盡心於此以垂世立教者，其旨果安在也？』或曰：『然則《易》盡於畫乎？』曰：『《易》者，變也。其變始於〈乾〉、〈坤〉，天地闔闢，一〈乾〉、〈坤〉也；吾身動靜，亦一〈乾〉、〈坤〉。而畫能盡之乎？自〈乾〉、〈坤〉而上，不可以象求。以通變而不窮者，命之曰道；藏用而不測者，命之曰神；子獨而無對者，命之曰太極。而畫能示之乎？雖然，無畫而可以體《易》，伏羲、文王之事也；有畫而後可以語《易》，學者之事也。不玩周公、尼父之辭，而曰吾求《易》於六爻之外，此係風捕影之類，而炎則不敢已矣。』」戴表元爲此書作〈後序〉云：「今又得雙溪王公《筆記》，其說以畫起象，以象明理。又謂雜物撰德，興於中爻，而互體不可廢。」是炎特重象數，而連類及於互體。《解題》謂其「於象數頗有發明」，殆是矣。

易翼傳二卷

《易翼傳》二卷，吏部侍郎括蒼鄭汝諧舜舉撰。

廣枒案：《總目》卷三〈經部〉三〈易類〉三著錄：「《東谷易翼傳》二卷，兩江總督採進本。宋鄭汝諧撰。汝諧字舜舉，號東谷，處州人。陳振孫《書錄解題》云仕至吏部侍郎《浙江通志》則云中教官科，遷知信州，召爲考功郎，累階徽

《經義考》引《浙江通志》作「勱」。猷閣待制。振孫去汝諧世近，疑《通志》失之。」是《四庫全書》本於《易翼傳》上加「東谷」二字，蓋據元大德十一年盧陵學官刻本。至汝舜之仕至吏部侍郎，樓鑰《攻媿集》卷二十八即有〈繳鄭汝諧除權吏部侍郎〉一文，因知直齋固無誤，館臣疏於考證耳。

「翼」云者，所以為程《傳》之輔也。大抵以程《傳》為本，而附之以己見之異。

案：汝諧〈自序〉曰：「汝諧每念聖人之《經》，得程氏而始昭昭於天下，不敢以他說亂之，慮其雜也；不敢以己見先之，慮其偏也。信之篤，故其思深；思之深，故或因程氏而有得者。夫信之足矣，因之而有得，何也？誠然之理，取則於吾心之所安者信之，其所未安者疑之。疑斯辨，辨斯明矣。謂其為程氏，而亦信其所未安者，命之曰欺，非心學也。乃以程氏之說疏於《經》之左，程氏有所未及，與及之而未明，凡可傳以己意者，則題以為『翼傳』。私竊識之，非敢並駕其說也。」此汝諧撰《翼傳》之用心也。《總目》評此書曰：「其言《易》，宗程子之說；所謂『翼傳』者，翼程子之傳也，然亦時有異同。其最甚者，如程子解『艮其背，不獲其身；行其庭，不見其人』，以為外物不接，內欲不萌。郭忠恕得其說而守之，遂自號兼山，以是為儒者之至學也。朱子所解雖微異，然亦以是為克己復禮之義。獨汝諧以為『艮其背者，所謂不見可欲，使心不亂也；不見而後不亂，見則亂矣，故僅為无咎而已，說者或大其事，以為聖人之事，非也』。所見迥乎相左。又如解〈困〉、〈井〉諸卦，其說亦別。然朱子解《經》，於程子亦多所改定。蓋聖賢精義，愈闡愈深，沈潛先儒之說，其有合者疏通之，其未合於心者，別抒所見以發明之，於先儒乃為有功，是固不必守一先生之言，徒為門戶之見也。」是則汝諧撰是書，附己見之異者以翼程《傳》，其功偉矣。至胡一桂曰：「汝諧字舜舉《翼傳》二卷，蓋謂孔子翼文王之《經》，此則翼伊川之《傳》。」《經義考》卷三十四〈易〉三十三「鄭氏汝諧《易翼傳》」條引。汝諧既欲竊比於夫子，則其志遠矣。

然汝諧立朝，多為善類所不可，至互相排擊。

案：《經義考》引「陳振孫曰」此句後多「仕至吏部侍郎」六字，與《四庫全書》本不同。《解題》謂「汝諧立朝，多為善類所不可」。考《宋史》卷三百九十三〈列傳〉第一百五十二〈黃裳〉載：「裳在瑣闥甫一月，封駁無慮十數。韓侂胄落階官，鄭汝諧除吏部侍郎，裳皆繳其命。」或指此事耶？

南塘易說三卷

《南塘易說》三卷，禮部尚書趙汝談履常撰。專辨《十翼》非夫子作。其說亦多自得之見。

> 廣棪案：《經義考》卷三十二〈易〉三十一著錄：「趙氏汝談《周易說》，〈宋志〉三卷，佚。」考汝談《宋史》卷四百十三、〈列傳〉第一百七十二有傳，略謂：「趙汝談，字履常，生而穎悟，年十五，以大父恩補將仕郎。登淳熙十一年進士第。……端平初，以禮部郎官召。……權禮部侍郎兼學士院。……權給事中，權刑部尚書，及卒，轉兩官。遺表上，又轉四官。汝談天資絕人，沈思高識，自少至老，無一日去書冊。其論《易》，以為為占者作；《書》堯、舜二〈典〉宜合為一，禹功只施於河、洛；〈洪範〉非箕子作；《詩》不以〈小序〉為信；《禮記》雜出諸生之手；《周禮》宜傅會女主之書。要亦卓絕特立之見。」據《宋史》，是汝談所任者乃禮部郎，非禮部尚書；或《解題》之禮部乃刑部之誤，宜改正。《南塘易說》雖佚，然參以史傳，則汝談治經，良多自得之見《解題》所述，信不誣也。

西山復卦說一卷

《西山復卦說》一卷，參政建安真德秀景元撰。

> 廣棪案：《經義考》卷六十九〈易〉六十八著錄：「真氏德秀《復卦說》一卷，口。魏了翁作〈碑〉曰：『真公德秀，建寧浦城人，字景元，後更希元，紹定六年以徽猷閣待制知泉州，進顯謨閣知福州，兼福建路安撫使。端平元年權戶部尚書，除翰林院學士，知制誥，兼侍讀。二年，參知政事，感風疾，以資政殿學士提舉萬壽觀，兼侍讀致仕。詔以文忠易名。』考建安與建寧，實同為一地《中國古今地名大辭典》「建安郡」條載：「三國吳置，隋廢，唐復置，宋改為建寧府，即今福建建甌縣。」又「建寧府」條載：「三國吳置建安郡，隋廢，唐置建州，宋升為建寧府，元升建寧路，明仍為建寧府，清因之，屬福建省，治建安、甌寧。民國廢府，并二縣為建甌縣。」是直齋稱德秀為建安人，了翁稱之為建寧浦城人，二者固無異也。

準齋易說一卷

《準齋易說》一卷，錢塘吳如愚撰。

　　廣棪案：《經義考》卷三十五〈易〉三十四著錄：「吳氏如愚《準齋易說》，〈宋志〉一卷，佚。」考《讀書附志》卷上〈經解類〉著錄：「《象爻說》二卷。右武林吳準齋如愚所著也。一則〈明象〉，一則〈明爻〉。喬文惠公行簡嘗薦之曰：『成忠郎吳如愚，隨身右列，尋即隱居。雖在都城而杜門不出，臣欲識之而不可得。其人行醇而介，氣直而溫，講道窮經，臍有著述。欲乞特與換授從事郎，併與祕閣校勘。』有旨從之，而如愚不受。」又《南宋館閣續錄》卷九曰：「吳如愚，字子廢，臨安府人。嘉熙二年五月以成忠郎特換授從事郎，差充祕書校勘，辭免。轉秉義郎，與祠。」上引二則所記，足補《解題》所未及。至《準齋易說》一卷與《象爻說》二卷之關係若何？二者是否同屬一書而異名，今已無從稽考矣。宋慈抱《兩浙著述・經術考・易類》著錄：「《準齋易說》一卷，宋杭州吳如愚撰。如愚，一作汝愚，字子發。官秉義郎。趙希弁《讀書附志》作《象爻說》二卷《萬歷志》作《易解》，今俱存乾隆《杭志》。《經義考》引趙希弁說，準齋所著《易說》，一則〈明象〉，一則〈明爻〉。原書今佚。」是慈抱於《易說》與《象爻說》之關係，亦考而未核也。

書　類

尚書十二卷、尚書注十二卷

《尚書》十二卷、《尚書注》十二卷，漢諫議大夫魯國孔安國傳。初，伏生以
《書》教授，財二十九篇，以〈舜典〉合於〈堯典〉，〈益稷〉合於〈皋陶謨〉，
〈盤庚〉三篇合為一，〈康王之誥〉合於〈顧命〉，實三十四篇。

　　廣棪案：孔安國〈尚書傳自序〉曰：「漢室龍興，開設學校，旁求儒雅，以闡大
　　猷。濟南伏生，年過九十，失其本經，口以傳授，裁二十餘篇。」則未確指篇
　　數。《史記》卷一百二十一〈儒林列傳〉第六十一始謂：「伏生者，濟南人，故
　　為秦博士。秦時焚書，伏生壁藏之。其後兵大起，流亡。漢定，伏生求其書，
　　亡數十篇，獨得二十九篇。」始確指為二十九篇。二十九篇加〈舜典〉、〈益稷〉、
　　〈康王之誥〉各一篇，又加〈盤庚〉兩篇，正合三十四篇之數。

及安國考論魯壁所藏，始出〈舜典〉諸篇，又定其可知者，增多二十五篇，
引〈序〉以冠諸篇之首，定為五十八篇。

　　案：〈尚書傳自序〉曰：「至魯共王好治宮室，壞孔子舊宅，以廣其居，於壁中
　　得先人所藏古文虞、夏、商、周之《書》，及傳《論語》、《孝經》，皆科斗文。
　　王又升孔子堂，聞金石絲竹之音，乃不壞宅，悉以書還孔氏。科斗書廢已久，
　　時人無能知者，以所聞伏生之《書》，考論文義，定其可知者為隸古定，更以竹
　　簡寫之，增多伏生二十五篇。……復出此篇并〈序〉，凡五十九篇，為四十六卷。」
　　考《漢書》卷三十〈藝文志〉第十〈六藝略・書〉亦謂：「《尚書古文經》四十
　　六卷。」至《解題》之作五十八篇，〈尚書傳自序〉之作五十九篇，純因一以〈書
　　序〉增一篇，一不計算〈書序〉之故耳。

雖作《傳》既成，會巫蠱事作，不復以聞，故未嘗列於學官，世亦莫之見也。

　　案：〈尚書傳自序〉云：「承詔為五十九篇作《傳》，於是遂研精覃思，博考經籍，
　　採摭群言，以立訓傳，約文申義，敷暢厥旨，庶幾有補於將來。〈書序〉，序所
　　以為作者之意，昭然義見，宜相附近，故引之各冠其篇首，定五十八篇。既畢，
　　會國有巫蠱事，經籍道息，用不復以聞，傳之子孫，以貽後代。若好古博雅君
　　子，與我同志，亦所不隱也。」是《解題》所述，幾全據〈尚書傳自序〉隱括，

惟其謂「世亦莫之見也」，則顯與孔安國所〈序〉不同，宋以前人於此事亦有所聚訟。《漢書‧藝文志》曰：「孔安國者，孔子之後也。悉得其書，以考二十九篇，得多十六篇，安國獻之。遭巫蠱事，未列於學官。」《郡齋讀書志》卷第一〈書類〉「《尚書》十三卷」條載：「按安國既改古文，會有巫蠱事，不復以聞，藏於私家而已。是以鄭康成注《禮記》，韋昭注《國語》，杜預注《左氏》，趙岐注《孟子》，遇引今《尚書》所有之文，皆曰《逸書》，蓋未嘗見古文故也。」斯皆同於《解題》者也。然《隋書》卷三十二〈志〉第二十七〈經籍〉一〈尚書〉則曰：「安國又為五十八篇作《傳》，會巫蠱事起，不得奏上，私傳其業於都尉朝，朝授膠東庸生，謂之《尚書》古文之學，而未得立。」王應麟《漢藝文志考證》卷一〈書〉「《尚書古文經》四十六卷」條亦曰：「按《古文尚書》出孔壁中，未得列於學官，惟孔安國為博士，以授都尉朝。於時司馬遷亦從安國問故，班固謂遷書載〈堯典〉、〈禹貢〉、〈洪範〉、〈微子〉、〈金縢〉諸篇，多古文說。考諸《史記》，於〈五帝本紀〉載〈堯典〉、〈舜典〉文；於〈夏本紀〉載〈禹貢〉、〈皋陶謨〉、〈益稷〉、〈甘誓〉文；於〈殷本紀〉載〈高宗肜日〉、〈西伯戡黎〉文；於〈周本紀〉載〈牧誓〉、〈甫刑〉文；於〈魯周公世家〉載〈金縢〉、〈無逸〉、〈費誓〉文；於〈燕召公世家〉載〈君奭〉文；於〈宋微子世家〉載〈微子〉、〈洪範〉文；此皆從安國問故而傳之者，乃孔壁之真古文也。然其所載不出伏生口授二十八篇，若安國增多二十五篇之書，《史記》未嘗載其片語，惟於〈湯誥〉載其辭，是則〈湯誥〉之真古文也；又於〈泰誓〉載其辭，是則〈泰誓〉之真古文也。合之安國作傳之書，其文迥別，何以安國作《傳》，與授之史公者各異其辭，宜其滋後儒之疑也。」是又異於《解題》所記。要之《古文尚書》雖未嘗列於學官，惟《古文》因安國之傳授而得以流布，其書則都尉朝、司馬遷等類能見之。是故，謂《古文尚書》不列於學官則可，謂其書「世亦莫之見」則不可；況安國〈自序〉尚明謂「若好古博雅君子，與我同志，亦所不隱也」乎？至《史記》所載〈湯誥〉、〈泰誓〉之真古文，與今見之孔《傳》迥別，蓋真孔《傳》已佚，其書既經王肅諸人偽造，故應麟讀之，乃見其有所不同矣。

攷之〈儒林傳〉，安國以《古文》授都尉朝，弟弟相承，以及塗惲、桑欽；至東都，則賈逵作《訓》，馬融、鄭康成作《傳》、《注解》，而逵父徽實受《書》於塗惲，逵傳父業，雖曰遠有源流，然而兩漢名儒皆為未嘗實見孔氏《古文》也。豈惟兩漢，魏、晉猶然，凡杜征南以前所注經傳，有援〈大禹謨〉、〈五

子之歌〉、〈胤征〉諸篇，皆云《逸書》；其援〈泰誓〉者，則云今〈泰誓〉無此文。蓋伏生《書》亡〈泰誓〉，〈泰誓〉後出。或云武帝末，民有獻者；或云宣帝時，河南^{廣棪案：盧校本「南」為「內」。}女子得之，所載白魚火烏之祥，實偽書也。然則馬、鄭所解，豈真《古文》哉！故孔穎達謂「賈、馬諸輩惟傳孔學三十三篇，皆伏生《書》也，亦未得為孔學矣」。穎達又云：「王肅注《書》，始似竊見孔《傳》，故於亂其紀綱以為。太康時，皇甫謐得《古文尚書》於外弟梁柳，作《帝王世紀》往往載之。蓋自太保鄭沖授蘇愉，愉授梁柳，柳授臧曹，曹授梅賾，賾為豫章內史，奏上其《書》，時已亡〈舜典〉一篇。至齊明帝時，又有姚方興者，得於大航頭而獻之。隋開皇中搜索遺冊，始得其篇。」夫以孔注歷漢末無傳，晉初猶得存者，雖不列學官，而散在民間故耶？

案：陸德明《經典釋文》卷第一〈序錄・注解傳述人〉云：「《古文尚書》者，孔惠之所藏也。魯恭王壞孔子舊宅，於壁中得之，并《禮》、《論語》、《孝經》，皆科斗文字。博士孔安國以校伏生所誦，為隸古寫之，增多伏生二十五篇；又伏生誤合五篇，凡五十九篇，為四十六卷。安國又受詔為《古文尚書傳》，值武帝末巫蠱事起，經籍道息，不獲奏上，藏之私家。以授都尉朝，司馬遷亦從安國問故，遷書多《古文》說。劉向以中《古文》校歐陽、大、小夏侯三家《經》文，脫誤甚眾。都尉朝授膠東庸生，庸生授清河胡常，常授虢徐敖，敖授琅邪王璜及平陵塗惲，惲授河南桑欽。王莽時諸學皆立，惲、璜等貴顯。范曄《後漢書》云：『中興，扶風杜林傳《古文尚書》，賈逵為之作《訓》，馬融作《傳》，鄭玄《注解》，由是《古文尚書》遂顯于世。』案：今馬、鄭所注，並伏生所誦，非《古文》也。孔氏之本絕，是以馬、鄭、杜預之徒皆謂之《逸書》。王肅亦注《今文》，而解大與《古文》相類，或肅私見孔《傳》而祕之乎？江左中興，元帝豫章內史枚賾奏上孔傳《古文尚書》，亡〈舜典〉一篇，購不能得，乃取王肅注〈堯典〉，從『慎徽五典』以下分為〈舜典〉篇以續之，學徒遂盛。後范甯變為《今文集註》，俗間或取〈舜典〉篇以續孔氏。齊明帝建武中，吳興姚方興采馬、王之《注》，造孔傳〈舜典〉一篇，云於大航頭買得，上之。梁武時為博士，議曰：『孔〈序〉稱伏生誤合五篇，皆文相承接，所以致誤。〈舜典〉首有曰若稽古，伏生雖昏耄，何容合之。』遂不行用。」《經典釋文》所記，似較《解題》為翔實，二者正可相互補正。

然終有可疑者，余嘗辨之。^{廣棪案：「《書》漢殘碑今猶見〈般庚〉中二十八字，大興}

翁秘校得之,與《論語》殘碑重摹上石。字少與今本不同。如其『或迪自怨』,今『迪』作『稽』,『怨』作『怒』;又『予不』,今作『予丕』;又『興降不永』,今作『崇降弗祥』。又注:《聞見後錄》載洛陽得石刻『高宗饗國百年』。」

　　案:周密《志雅堂雜鈔》卷下云:「直齋所著書,有言《書解》一冊。」直齋所辨者或具見此書。袁桷《清容居士集》卷二十一〈序・龔氏四書朱陸會同序〉云:「《書》別於今文、古文,晉世相傳馴致後,宋時則有若吳棫氏、趙汝談氏、陳振孫氏疑焉,有考過千百年而能獨明者也。」同書卷二十八〈墓誌銘・劉隱君墓誌銘〉又云:「《書》有古文、今文,陳振孫掇拾援據,確然明白,傳心者猶依違不敢置論。」是直齋於《尚書》古文之非真,嘗「掇拾援據」,疑而辨之也。

書古經四卷、序一卷

《書古經》四卷、《序》一卷,侍講朱熹晦庵所錄《經》與〈序〉,仍為五十九篇,以存古也。

　　廣棪案:《經義考》卷八十二〈書〉十一載:「朱子熹《尚書古經》,《通考》五卷,未見。」《經義考》所載即此書。是此書彝尊亦未見也。

尚書正義二十卷

《尚書正義》二十卷,唐孔穎達與博士王德韶等共為之。

　　廣棪案:穎達〈尚書正義序〉曰:「今奉明敕,考定是非,謹罄庸愚,竭所聞見,覽古人之傳記,質近代之異同,存其是而去其非,削其煩而增其簡,此亦非敢臆說,必據舊聞。謹與朝散大夫、行太學博士臣王德韶,前四門助教臣李子雲等謹共銓敘。至十六年又奉敕與前修疏人及通直郎、行四門博士、驍騎尉臣朱長才,給事郎、守四門博士、上騎都尉臣蘇德融,登仕郎、守太學助教、雲騎尉臣王士雄等對敕,使趙弘智覆更詳審,為之《正義》,凡二十卷。」則德韶所任官職,乃朝散大夫、行太學博士;又共事者有李子雲等五人。惟《唐書》卷五十七〈藝文志〉第四十七曰:「《尚書正義》二十卷。國子祭酒孔穎達,太學博士王德韶,四門助教李子雲等奉詔撰。四門博士朱長才、蘇德融,太學助教隋德素,四門助教王士雄、趙弘智覆審。太尉揚州都督長孫無忌,司空李勣,左僕射于志寧,右僕射張行成,吏部尚書、侍中高季輔,吏部尚書褚遂良,中

書令柳奭，弘文館學士谷那律、劉伯莊，太學博士賈公彥、范義頵、齊威，太常博士柳士宣、孔志約，四門博士趙君贊，右內率府長史、弘文館直學士薛伯珍，國子助教史士弘，太學助教鄭祖元、周玄達，四門助教李玄植、王眞儒與王德韶、隋德素等刊定。」則參與其事者又不止上述之七人矣。應以〈唐志〉所記爲得其實。

其〈序〉云：「歐陽、夏侯二家之所說，蔡邕碑石刻之《古文》安國所注，寢而不用，及魏、晉稍興，故馬、鄭諸儒莫睹其學，江左學者咸悉祖焉。隋初始流河朔，為《正義》者蔡大寶、巢猗、費甝、顧彪，文義皆淺略，惟劉焯、劉炫最為詳雅，然焯穿鑿煩雜，炫就而刪焉。雖稍省要，義更太略，詞又過華，未為得也。」館臣案：此〈序〉本係節錄，而自「為《正義》者」以下又脫十餘字，今據《文獻通考》校補。廣棪案：盧校此句為「雖復微稍省要，好改張前義，義更太略，辭又過華，未為得也。」

　　案：《永樂大典》本《解題》於此節處頗有脫略，故《四庫全書》館臣案語曰：「此〈序〉本係節錄，而自『為《正義》者』以下又脫十餘字，今據《文獻通考》校補。」館臣所校補者僅爲自「蔡大寶」至「文義皆淺略」凡十四字。盧文弨重輯本又校「雖稍省要」諸句，謂其句為「雖復微稍省要，好改張前義，義更太略，辭又過華，未為得也」。即盧校亦微嫌有脫略，讀者無妨取穎達〈自序〉觀之，即得其全矣。

尚書釋文一卷

《尚書釋文》一卷，唐陸德明撰。其言伏生二十餘篇，即馬、鄭所注是也，可證馬、鄭非見《古文》。又言梅賾所上亡〈舜典〉一篇，以王肅《注》頗類孔氏，故取王《注》，從「慎徽五典」以下為〈舜典〉，以續孔《傳》。又言「若稽古」至「重華協于帝」十二字，是姚方興所上，孔氏《傳》本無，或此下更有「濬哲文明」至「乃命以位」總二十八字。

　　廣棪案：《解題》所述，據《尚書釋文·序錄·注解傳述人》條，及《尚書音義》上〈舜典〉第二。惟「若稽古」句上脫「曰」字，否則不足十二字之數。〈注解傳述人〉條云：「今馬、鄭所注，並伏生所誦，非《古文》也。孔氏之本絕，是以馬、鄭、杜預之徒皆謂之《逸書》；王肅亦注《今文》，而解大與《古文》相類，或肅私見孔《傳》而祕之乎？江左中興，元帝時，豫章內史枚賾原注：字

仲真，汝南人。奏上孔傳《古文尚書》，亡〈舜典〉一篇，購不能得，乃取王肅注〈堯典〉，從『慎徽五典』以下分爲〈舜典〉篇以續之，原注：孔〈序〉謂伏生以〈舜典〉合於〈堯典〉。孔《傳》〈堯典〉止説『帝曰欽哉』，而馬、鄭、王之本同為〈堯典〉，故取為〈舜典〉。學徒遂盛。後范甯原注：字武子，順陽人，東晉豫章太守，兼注《穀梁》。變爲《今文集注》，俗間或取〈舜典〉篇以續孔氏。齊明帝建武中，吳興姚方興采馬、王之《注》，造孔傳〈舜典〉一篇，云於大航頭買得，上之。梁武帝時爲博士，議曰：『孔〈序〉稱伏生誤合五篇，皆文相承接，所以致誤。〈舜典〉首有「曰若稽古」，伏生雖昏耄，何容合之。』遂不行用。」至《尚書音義》上〈舜典〉第二，於「曰若稽古帝舜曰重華協于帝」下注：「此十二字是姚方興所上，孔氏《傳》本無，阮孝緒《七錄》亦云然。方興本或此下更有『濬哲文明，溫恭允塞，玄德升聞，乃命以位』，凡二十八字異。聊出之，於王《注》無施也。」《解題》所記，實就此撮述。

尚書大傳四卷

《尚書大傳》四卷，館臣案：〈唐〉、〈宋藝文志〉、《文獻通考》俱作三卷。漢濟南伏勝撰，大司農北海鄭康成注，凡八十有三篇。當是其徒歐陽、張生之徒雜記所聞，然亦未必當時本書也。

廣棪案：此書〈隋〉、〈唐志〉、《崇文總目》、〈宋志〉、《通考》俱作三卷。康成有〈序〉，曰：「蓋自伏生也。伏生爲秦博士，至孝文時，年且百歲。張生、歐陽生從其學而受之。音聲猶有訛誤，先後猶有差舛，重以篆隸之殊，不能無失。生終後，數子合論所聞，以己意彌縫其闕；而又特撰其大義，因《經》屬指，名之曰《傳》。劉向校書，得而上之，凡四十一篇。至玄，始詮次爲八十三篇。」是康成以此書爲伏生與其門人合撰。《崇文總目》卷一〈書類〉亦著錄：「《尚書大傳》三卷，原釋：『漢濟南伏勝撰，後漢大司農鄭玄注。伏生本秦博士，以章句授諸儒，故博引異言，授受援《經》而申證云。』」錢東垣輯釋本。則《崇文總目》以此書爲勝獨撰。《解題》此條所述，略同於鄭〈序〉，但絕異於《崇文》。至其疑所見之本「未必當時本書」，則前人殊無疑及之者，且直齋亦無助證，其說似難成立。

印板刓缺，合更求善本。

案：是直齋所藏此書，其印板刓缺也。

汲冢周書十卷

《汲冢周書》十卷，晉五經博士孔晁注。太康中，汲郡發魏安釐王冢所得竹簡書，此其一也。凡七十篇〈序〉一篇在其末。今京口刊本以〈序〉散在諸篇，蓋以倣孔安國《尚書》。

廣棪案：《漢書・藝文志》著錄有《周書》七十一篇。顏師古《注》曰：「劉向云：『周時誥誓號令也，蓋孔子所論百篇之餘也。』今之存者，四十五篇矣。」劉知幾《史通・雜史》亦曰：「《周書》者，與《尚書》相類，即孔氏刊約百篇之外，凡爲七十一章。上自文、武，下終靈、景。甚有明允篤誠，典雅高義；時亦有淺末恒說，滓穢相參。殆似後之好事者所增益也。至若〈職方〉之言，與〈周官〉無異；〈時訓〉之說，比〈月令〉多同。斯百王之正書《五經》之別錄者也。」是顏、劉二氏於《周書》之評述多有異同，然均不稱其書爲「《汲冢周書》」。宋人則有稱之爲《汲冢周書》矣，惟亦不以此稱爲然。如李燾〈汲冢周書序〉曰：「按隋、唐〈經籍志〉、〈藝文志〉皆稱此書得於晉太康中汲郡魏安釐王冢，孔晁注。或稱十卷，或八卷，大抵不殊。若此，則晉以前，初未有此也。然劉向所錄及班固並著《周書》七十一篇，且謂孔子刪削之餘。而司馬遷《史記》武王克殷事蓋與此合，豈西漢世已得入中祕，其後稍隱，學者不道，及盜發冢，乃幸復出邪？篇目比漢但闕一耳，必班、劉、司馬所見者也；繫之汲冢，失其本矣。」王應麟《漢藝文志考證》卷一更補充燾說，曰：「〈隋志・雜史〉有《周書》十卷，今本凡七十篇，始於〈度訓〉，終於〈器服〉。晉孔晁注。〈隋〉、〈唐志〉皆云得之晉太康中汲郡魏安釐王冢，原注：《晉紀》：咸甯五年十月，得竹簡古書。然劉向、班固所錄並著《周書》，而司馬遷《史記》武王克殷事與此合。鄭康成注《周禮》、《儀禮》引〈王會〉，許叔重《說文》亦引《逸周書》，馬融注《論語》引《周書・月令》，有更火之文，豈漢世已入中祕，其後稍隱邪？今篇目比漢但闕其一，繫之汲冢，失其本矣。」是此書之稱作《汲冢周書》固甚不宜。迄清《四庫全書總目》又重考之。其書卷五十〈史部〉六〈別史類〉載：「《逸周書》十卷，內府藏本。舊本題曰《汲冢周書》。考〈隋經籍志〉、〈唐藝文志〉俱稱此書以晉太康二年得於魏安釐王冢中，則汲冢之說，其來已久。然《晉書・武帝紀》及〈荀勗〉、〈束皙傳〉載汲郡人不準所得竹書七十五篇，具有篇名，無所謂《周書》。杜預〈春秋集解後序〉載汲冢諸書，亦不列《周書》之目。是《周書》不出汲冢也。考《漢書・藝文志》先有《周書》七十一篇，今本比班固所紀惟少一

篇。陳振孫《書錄解題》稱凡七十篇，〈敘〉一篇在其末，京口刊本始以〈序〉散入諸篇。則篇數仍七十有一，與〈漢志〉合。」是又《周書》不出汲冢，倘仍如《解題》所稱，固大誤矣。然則，此書稱之為《逸周書》，可乎？姚鼐亦以為有所未安。《惜抱軒文集》卷五有〈辨逸周書〉一文曰：「世所傳《逸周書》者，《漢書‧藝文志》載之〈六藝略‧尚書〉中，但云『《周書》七十一篇』，不云『《尚書》之逸』者。云孔子所論百篇之餘者，劉向說也。班氏不取，識賢於向矣。然吾謂班氏辨此亦未審。子貢曰：『文、武之道，賢者識其大，不賢者識其小。』雖小，而所傳誠文、武道，非誣也。誣則奚取哉？周之將亡，先王之典籍泯滅，而里巷傳聞異辭，蓋聞而識者，無知言裁辨之智，不擇當否而載之，又附益以己之私說。吾意是《周書》之作，去孔子之時又遠矣，文、武之道固墜矣。《莊子》言『聖人之法，以參為驗，以稽為決，其數一二三四』，是也。此如箕子陳〈九疇〉，及《周禮》所載，庶官所守，皆不容不以數記者。若是書以數為紀之詞，乃至煩複不可勝記，先王曷貴是哉？吾固知其誣也。其書雖頗有格言明義，或本於聖賢，而閒雜以道家、名、法、陰陽、兵權謀之旨。〈程寤〉、〈太子晉〉篇，說尤怪誕，殆非儒者所道。校書者宜出之〈六藝〉，入之〈雜家〉，乃為當耳。宜依其本書名曰《周書》，雖與《尚書‧周書》名同，不害也。不當曰『逸』，云逸，則附之《尚書》矣。」是則此書僅宜如〈漢志〉稱《周書》，惟如〈漢志〉附之於《尚書》，亦未為當也。

文體與古書不類，似戰國後人依倣為之者。

案：此書之年代，因其內容龐雜，其中既有「明允篤誠，典雅高義」者，亦有「淺末恒說，滓穢相參」者，故後人頗生聚訟。《總目》甚珍重此書，視為三代遺文，謂：「其書載有太子晉事，則當成於靈王以後。所云文王受命稱王，武王、周公私計東伐，俘馘殷遺，暴殄原獸，輦括寶玉，動至億萬，三發下車，懸紂首太白，用之南郊，皆古人必無之事。陳振孫以為戰國後人所為，似非無見。然《左傳》引《周志》『勇則害上，不登於明堂』；又引《書》『慎始而敬終，終乃不困』；又引《書》『居安思危』；又稱『周作九刑』；其文皆在今《書》中，則春秋時已有之，特戰國以後又輾轉附益，故其言駁雜耳。究厥本始，終為三代之遺文，不可廢也。」然亦多有如《解題》，認作戰國後人所為者。李燾〈汲冢周書序〉曰：「書多駁辭，宜孔子所不取。抑戰國處士私相綴續，託周為名，孔子亦未見。古章句或舛訛難讀，聊復傳寫，以待是正。」黃震《黃氏日抄》

卷之五十二〈讀雜史〉二〈汲冢書〉曰：「此書出汲冢，多類兵書，後多類周誥。然伐商遷雒之事，多與今《尚書》合，而文無一語相合。將戰國之士倣而爲之歟？然不可曉也。」黃玢〈逸周書序〉曰：「觀其屬辭成章，體製絶不與百篇相似，亦不類西京文字，是蓋戰國之世，逸民處士所纂緝，以備私藏者。」惟亦有認定爲漢後人之作。鄭瑗《井觀瑣言》卷一曰：「《汲冢周書》甚駁雜，恐非先秦書。意東漢、魏晉間詭士所作，反勦《禮記》、《史記》群書以文之。文義古雅者，卷僅有〈祭公解〉等一二篇。」焦竑《焦氏筆乘》卷六〈僞書〉條曰：「《汲冢》，周書也。其〈周月解〉則以日月俱起于牽牛之初。夫自堯時，日躔虛一度，至漢太初曆始云：『日起牽牛一度。』何《周月》而乃爾？〈時訓解〉則以雨水爲正月中氣。夫自漢初以前曆，皆以驚蟄爲正月中氣，至太初曆，始易之以雨水。何〈時訓〉而云然？」姚際恒《古今僞書考‧史類‧汲冢周書》曰：「《周書》，〈漢志〉本有七十一篇，今七十篇，似以〈序〉一篇合七十一之數。其〈序〉全仿〈書序〉。又〈克殷〉、〈度邑〉等篇襲《史記》，〈時訓篇〉襲不韋〈月令〉，〈明堂篇〉襲〈明堂位〉，〈職方篇〉襲〈周禮‧職方氏〉，〈王會篇〉尤怪誕不經。陳直齋曰：『相傳以爲孔子刪《書》所餘，未必然；似戰國後人倣效爲之。』李巽巖曰：『戰國處士私相緝綴。』恒案：不止此，殆漢後人所爲也。」綜上所引，則可確知此書絶非一時一人之作，大抵自周末至魏晉合眾家之力輾轉附益而成，故其書良莠相參，駁雜怪誕《解題》僅定於戰國，似未盡恰當也。

古三墳書一卷

《古三墳書》一卷，元豐中，毛漸正仲奉使京西，得之唐州民舍。其辭詭誕不經，蓋僞書也。《三墳》之名，惟見於《左氏》右尹子革之言。蓋自孔子定《書》，斷自唐、虞以下，前乎唐、虞，無徵不信，不復采取。於時固以影響不存；去之二千載，而其書忽出，何可信也？況皇謂之「墳」，帝謂之「典」，皆古史也，不當如毛所錄，其僞明甚。人之好奇，未有如此其僻者！

廣棪案：此書固僞書《解題》所辨甚當。毛漸有〈三墳書序〉曰：「《春秋左傳》云：『楚左史倚相能讀《三墳》、《五典》、《八索》、《九丘》。』孔安國〈序〉以爲伏羲、神農、黃帝之書。《漢書‧藝文志》錄古書爲詳，而《三墳》之書已不載，豈當漢而亡歟？元豐七年，余奉使西京，至唐州比陽道無郵亭，得《三墳書》於民家。《三墳》皆有《傳》，《墳》乃古文，而《傳》乃隸書。復有〈姓紀〉、

〈皇策〉、〈政典〉之篇，文辭質略，信乎上古之遺書也。好事者往往指爲僞書，〈胤征〉引〈政典〉曰：『先時者殺無赦，不及時者殺無赦。』今〈政典〉之文頗合，豈後人能僞耶？」是漸認定此書爲眞而非僞。然《三墳》屬眞，當爲〈書類〉，惟漸所錄，託之《三易》，故《解題》謂爲「其僞明甚」。至鄭樵《通志》反篤信爲眞《通志》卷第六十三〈藝文略〉第一〈經類〉第一〈易〉「《三皇太古書》三卷」條云：「《三皇太古書》亦謂之《三墳》，一曰〈山墳〉，二曰〈氣墳〉，三曰〈形墳〉。天皇伏羲氏本〈山墳〉而作《易》，曰《連山》；人皇神農氏本〈氣墳〉而作《易》，曰《歸藏》；地皇黃帝氏本〈形墳〉而作《易》，曰《坤乾》。雖不畫卦，而其名皆曰卦、爻、大象。《連山》之大象有八，曰君、臣、民、物、陰、陽、兵、象，而統以山；《歸藏》之大象有八，曰歸、藏、生、動、長、育、止、殺，而統以氣；《坤乾》之大象有八，曰天、地、日、月、山、川、雲、氣，而統以形，皆八而八之爲六十四。其書漢、魏不傳，至元豐中始出于唐州比陽之民家，世疑僞書。然其文古，其辭質而野，其錯綜有經緯，恐非後人之能爲也。如緯書猶見取於前世，況此乎？且《歸藏》至晉始出《連山》至唐始出，然則《三墳》始出於近代，亦不爲異事也。」然馬端臨《文獻通考·經籍考》則斥鄭說，曰：「夫子所定之書，其亡於秦火，而漢世所不復見者，蓋杳不知其爲何語矣！況《三墳》已見削於夫子，而謂其忽出於元豐間，其爲謬妄可知。夾漈好奇而尊信之，過矣！又況詳孔安國〈書序〉所言，則《墳》、《典》，《書》也，蓋百篇之類也。《八索》，《易》也，蓋〈象〉、〈彖〉、〈文言〉之類也。今所謂《三墳》者，曰〈山墳〉、〈氣墳〉、〈形墳〉，而以爲《連山》、《歸藏》、《坤乾》之所由作，而又各有所謂大象六十四卦，則亦是《易》書，而與百篇之義不類矣，豈得與《五經》並稱乎？」《四庫全書總目》卷十〈經部〉十〈易類存目〉四附錄「《古三墳》一卷」條亦曰：「案《三墳》之名，見之於《左傳》，然周秦以來經傳子史，從無一引其說者，不但漢代，至唐咸不著錄也。此本晁公武《讀書志》以爲張商英得於比陽民舍，陳振孫《書錄解題》以爲毛漸得於唐州，蓋北宋人所爲。其書分〈山墳〉、〈氣墳〉、〈形墳〉。以《連山》爲伏羲之《易》，《歸藏》爲神農氏之《易》，《乾坤》廣棪案：應作《坤乾》。爲黃帝之《易》，各衍爲六十四卦，而繫之以《傳》。其名皆不可訓詁，又雜以《河圖》、〈代姓紀〉廣棪案：應作〈姓紀〉。及〈策辭〉、廣棪案：應作〈皇策〉。〈政典〉之類，淺陋尤甚。至以燧人氏爲有巢氏子，伏羲氏爲燧人氏子，古來僞書之拙，莫過於是。故宋、元以來自鄭樵外，無一人信之者。」是漁仲之誤，不足辨矣。

晁公武云張商英偽撰，以比李筌《陰符經》。

案：《郡齋讀書志》卷第四〈經解類〉著錄：「《三墳書》七卷。右皇朝張商英天覺得之比陽民家。《墳》皆古文，而《傳》乃隸書。所謂「三墳」者，山、氣、形也。按《七略》不載《三墳》，〈隋志〉亦無之，世皆以為天覺偽撰，蓋以比李筌《陰符經》云。」《解題》所述，據此。惟張天覺所得於比陽者為七卷本，毛正仲得於唐州者為一卷本。今人孫猛撰《郡齋讀書志校證》云：「豈張商英、毛漸各有所得歟？《書錄解題》、《玉海》引〈中興書目〉、〈宋志〉小注、黃震《黃氏日鈔》、鄭樵《通志‧藝文略》一〈經部‧易類‧古易種〉『《三皇太古書》』條等俱稱此書乃毛漸所得，而金履祥《尚書表注‧尚書序》眉上注云：『近世又有《三墳書》，云得于青城山，其書始出于張天覺家，有〈山墳〉、〈氣墳〉、〈形墳〉之名。』與公武所云相合。」是知毛、張二人確各有所得。竊疑正仲所得者僅《經》之部，故為一卷；而天覺所得有《經》與《傳》，故為七卷本歟？未可知也。

書義十三卷

《書義》十三卷，侍講王雱元澤撰。其父安石序之曰：「熙寧三年，臣安石以《尚書》入侍，遂與政。館臣案：王安石與政在熙寧三年，原本作『二年』，誤。今改正。而子雱實嗣講事，有旨為之《說》以進。八年，下其《說》，太學頒焉。」雱蓋述其父之學。王氏《三經義》，此其一也。

廣棪案：此書《郡齋讀書志》卷第一〈書類〉稱《新經尚書義》，《宋史》卷二百二〈志〉第一百五十五〈藝文〉一〈經類‧書類〉則著錄：「王安石《新經書義》十三卷。」書名均與《解題》微有不同。安石有〈序〉，曰：「熙寧二年，臣安石以《尚書》入侍，遂與政。而子雱實嗣講事，有旨為之《說》以獻。八年，下其《說》，太學頒焉。惟虞、夏、商、周之遺文，更秦而亡，遭漢而僅存，賴學士大夫誦說，以故不泯，而世主莫或知其可用。天縱皇帝大知，實始操之以驗物，考之以決事；又命訓其義，兼明天下後世。而臣父子以區區所聞，承乏與榮焉。然言之淵懿，而釋以淺陋；命之重大，而承以輕眇。茲榮也，所以為媿也！」觀此〈序〉，則此書應為雱撰，〈宋志〉著錄作王安石，未得其實。《解題》謂「雱蓋述其父之學」，則最得其真。

初，熙寧六年，命知制誥呂惠卿充修撰經義，以安石提舉修定。又以安石子雱、惠卿弟升卿為修撰官。八年，安石復入相，新傳乃成，雱蓋主是《經》

者也。王氏學獨行於世者六十年，科舉之士熟於此乃合程度。前輩謂如墊然，案其形模而出之爾。士習膠固，更喪亂乃已。

> 案：《郡齋讀書志》曰：「《新經尚書義》十三卷。右皇朝王雱撰。雱，安石之子也。熙寧六年，命呂惠卿兼修撰國子監經義，王雱兼同修撰，王安石提舉，而雱董是《經》，頒於學官，用以取士。或少違異，輒不中程，由是獨行於世者六十年，而天下學者喜攻其短。自開黨禁，世人鮮稱焉。」是《郡齋讀書志》所記，未及《解題》詳悉；惟晁、陳二氏不愜於《新經》，則可知也。

東坡書傳十三卷

《東坡書傳》十三卷，蘇軾撰。其於〈胤征〉，以為羲和貳於羿，而忠於夏；於〈康王之誥〉，以釋衰服冕為非禮。曰：「予於《書》見聖人之所不取而猶存者有二。」可謂卓然獨見於千載之後者。又言：「昭王南征不復，穆王初無慚恥之意、哀痛惻怛之語；平王當傾覆禍敗之極，其書與平康之世無異，有以知周德之衰，而東周之不復興也。」嗚呼！其論偉矣。

> 廣棪案：此書〈宋志〉稱作《書傳》，明萬曆二十五年焦竑刊《兩蘇經解》本、明萬曆、天啓間吳興凌氏朱墨套印本及《萬卷堂書目》均作二十卷，與《解題》作十三卷者不同。直齋生南宋之時，盱衡時艱，於靖康之難及宋室南渡後君臣晏安，殊無復國之志，至為不滿，故於此條中三致意焉。其言外之意，溢於辭表。《郡齋讀書志》卷第一〈書類〉亦載：「《東坡書傳》十三卷。右皇朝蘇軾子瞻撰。熙寧以後，專用王氏之說，進退多士，此書駁異其說為多。又以〈胤征〉為羿篡位時事，〈康王之誥〉為失禮，引《左氏》為證，與諸儒之說不同。」公武就書論書，與直齋撰作此條之旨不同。東坡此書，朱子《語錄》已作好評，_{見後《四庫全書總目》引}。《經義考》卷七十九〈書〉八引馬中錫曰：「東坡傳《書》『三江既入，震澤底定』，謂三江為南江、中江、北江。蔡九峰不取。其說且謂：『其為味別者，非是。』然所謂以味別水者，非東坡之臆說也。唐許敬宗曰：『古五行皆有官，水官不失職，則能辨味與色，潛而時出，合而更分，皆能識之。』是先已有此言矣，九峰未之考也。至其所謂堯之洪水未治也，東南皆海，豈後有吳、越哉！及彭蠡既瀦三江，入於海，則吳、越始有可宅之土，水之所鍾，獨震澤而已。斯言也，百世以俟聖人可也。」是東坡此書固卓有發明矣。《四庫全書總目》卷十一〈經部〉十一〈書類〉一載此書，亦曰：「晁公武《讀書志》稱熙寧以後專用王氏之說，進退多士，此書駁異其說為多。今《新經尚書義》

不傳，不能盡考其同異。但就其書而論，則軾究心經世之學，明於事勢，又長於議論，於治亂興亡披抉明暢，較他《經》獨爲擅長。其釋〈禹貢〉三江，定爲南江、中江、北江，本諸鄭康成，遠有端緒。惟未嘗詳審《經》文，考覈水道，而附益以味別之說，遂以啓後人之議。廣棪案：《四庫全書總目》此說未盡當，可參考馬中錫說。至於以羲和曠職爲貳於羿而忠於夏，則林之奇宗之；以〈康王之誥〉服冕爲非禮，引《左傳》叔向之言爲證，則蔡沈取之。朱子《語錄》亦稱其解〈呂刑篇〉，以『王享百年耄』作一句，『荒度作刑』作一句，甚合於理。後〈與蔡沈帖〉，雖有蘇氏失之簡之語，然《語錄》又稱：或問：『諸家《書》解誰最好？莫是東坡？』曰：『然。』又問：『但若失之太簡？』曰：『亦有只須如此解者。』則未嘗以簡爲病。洛、閩諸儒以程子之故，與蘇氏如水火，惟於此書有取焉，則其書可知矣。」馬氏、《四庫全總目》之論，足張《解題》之說，並略補其所未及。

二典義一卷

《二典義》一卷，尚書左丞陸佃農師撰。為廣棪案：盧校本「為」上有「佃」字。王氏學，長於考訂。

> 廣棪案：佃嘗受《經》於荊公，《宋史》卷三百四十三〈列傳〉第一百二佃本傳載：「擢甲科，授蔡州推官。召補國子監直講。……同王子韶修定《說文》。入見，神宗問大裘襲裘，佃考《禮》以對。神宗悅，用爲詳定郊廟禮文官。每有所議，神宗輒曰：『自王、鄭以來，言《禮》未有如佃者。』加集賢校理、崇政殿說書。」《解題》著錄佃有《禮象》十五卷、見卷二〈禮類〉。《春秋後傳》二十卷、見卷三〈春秋類〉。《爾雅新義》二十卷、《埤雅》二十卷，均見卷三〈小學類〉。又校《鶡子》一卷，解《鶡冠子》三卷，均爲佃長於校訂之證。

待制游，其孫也。

> 案：陸游，佃之孫，宰之子《宋史》卷三百九十五〈列傳〉第一百五十四有傳。寧宗嘉泰三年（1203）癸亥升寶章閣待制，致仕，故《解題》以待制稱之。

石林書傳十卷

《石林書傳》十卷，尚書左丞吳郡葉夢得少蘊撰。博極群書，彊記絕人。《書》

與《春秋》之學，視諸儒最為精詳。

廣棪案：此書夢得〈自序〉曰：「自世尚經術，博士業《書》者十常三四。然第守一說，莫能自致其思，余竊悲之。因參總數家，推原帝王之治，論其世，察其人，以質其所言，更相研究，折衷其是非，頗自紀輯。為《書》二十卷，十二萬有餘言。」是此書固夢得博極群書，折衷去取而後撰成，故《解題》頗予褒譽。《解題》卷三又著錄夢得另撰有《春秋傳》十二卷、《考》三十卷、《讞》三十卷，並評之曰：「夢得自號石林居士，明敏絕人，藏書至多，博覽彊記，故其為書，辨訂考究，無不精詳。」正與此條前後照應，相互發明。

書裨傳十三卷

《書裨傳》十三卷，館臣案：《宋史‧藝文志》作十二卷。太常丞建安吳棫才老撰。首卷舉要曰〈總說〉，曰〈書序〉，曰〈君辨〉，曰〈臣辨〉，曰〈考異〉，曰〈詁訓〉，曰〈差牙〉，曰〈孔傳〉，凡八篇。考據詳博。

廣棪案：此書《宋史》卷二百二〈志〉第一百五十五〈藝文〉一〈經類‧書類〉著錄：「吳棫《裨傳》十二卷。」書名、卷數與《解題》略異。惟茲書已佚，據此條猶可得悉其卷首八篇篇名。《經義考》卷八十〈書〉九「吳氏棫《書裨傳》」條引朱子曰：「吳才老《書解》，廣棪案：即《書裨傳》。徽州刻之。才老於考究上極有功夫，只是義理上看得不仔細。」又曰：「才老說〈梓材〉是〈洛誥〉中書，甚好。」又曰：「吳才老說〈胤征〉、〈康誥〉、〈梓材〉等篇，辨證極好。但已看破〈小序〉之失，而不敢勇決，復為〈序〉文所牽，殊覺費力耳。」考王應麟《困學紀聞》卷二〈書〉曰：「吳才老《書裨傳‧考異》云：『伏氏口傳，與《經》、《傳》所引，有文異而有益於《經》，有文異而無益於《經》；有文異而音同，有文異而義同。』才老所述者，今不復著。」又曰：「說築傅巖之野，吳氏《裨傳》、蔡氏《集傳》以『築』為『居』。」觀朱、王所述，則才老此書所涉至富，裨益良多，考據詳博僅其一端耳。

書辨訛七卷

《書辨訛》七卷，樞密院編修官莆田鄭樵漁仲撰。其目曰〈糾謬〉四，〈闕疑〉一，〈復古〉二。樵以遺逸召用，博物洽聞，然頗迂僻。居莆之夾漈。

廣棪案：《經義考》卷八十〈書〉九著錄此書，注：「或作《書辨論》。」疑「訛」、

「論」二字，形近而誤，觀其書體例，應作《書辨訛》爲合。漁仲著作除此書外《解題》著錄者有《夾漈詩傳》二十卷、《辨妄》六卷、均見卷二〈詩類〉。《夾漈鄉飲禮》七卷、見卷二〈禮類〉。《夾漈春秋傳》十二卷、《考》一卷、《地名譜》十卷、均見卷三〈春秋類〉。《鄭氏諡法》三卷、見卷三〈經解類〉。《注爾雅》三卷、《字始連環》二卷、《論梵書》一卷、《石鼓文考》三卷、均見卷三〈小學類〉。《群書會記》二十六卷、《夾漈書目》一卷、《圖書志》一卷、《集古系時錄》十卷、《系地錄》十一卷、均見卷八〈譜牒類〉。《刊謬正俗跋》八卷。見卷十〈雜家類〉。眞殫見洽聞矣。至漁仲之迂僻，直齋亦屢言及之。《夾漈詩傳》條曰：「樵之學，雖自成一家，而其師心自是，殆孔子所謂不知而作者也。」《夾漈春秋傳》條曰：「樵之學，大抵工于考究，而義理多迂僻。」斯皆漁仲師心自用，治學迂僻之說，與此條正相呼應。

陳博士書解三十卷

《陳博士書解》三十卷，禮部郎中永嘉陳鵬飛少南撰。

廣棪案：《經義考》卷八十〈書〉九著錄此書，引《中興藝文志》曰：「紹興時，太學始建。陳鵬飛爲博士，發明理學，爲《陳博士書解》。」則此書蓋作於鵬飛爲太學博士時也。

秦檜子熺嘗從之遊。在禮部時，熺爲侍郎，文書不應令，鵬飛輒批還之，熺浸不平。鵬飛說書崇政殿，因論《春秋》母以子貴，言《公羊》說非是。檜怒，謫惠州以沒。

案：鵬飛《宋史》無傳。《宋元學案》卷四十四〈趙張諸儒學案〉有「員外陳少南先生鵬飛」條，曰：「陳鵬飛，字少南，永嘉人也。……晚始得第。秦檜寓永嘉，其子熺學于先生，于是得召對，爲太學博士，多所接納，林光朝、范端臣輩由此出。時以高公息齋之爲司業，與先生皆中興師儒之首。改崇政殿說書，遷禮部員外郎，在資善堂贊讀，仍兼說書。經筵論平王歸仲子之賵，上問：『母以子貴，何也？』先生對畢，進曰：『舜、禹，聖人，興于微賤，其父母待之而後顯，所以貴也。若失道與民，以憂其父母，則非所以爲貴也。』上爲悚然，而檜浸不說。先生每見檜，言：『荊襄可爲都，以控接北方，今置郊祀壇、都驛亭，勞費甚矣。是忘中原以自佚！』檜益怒，乃以熺爲禮部侍郎以臨之。先生謂熺所下文案多不應法，蓋年少未習政事，批其後還之，熺亦恨甚。先生講筵

多引尊君卑臣之義，崇抑予奪，有所諷，遂以御史疏罷，奉祠。高宗頗思先生，將召之。適彗星見，有自永嘉來者，檜問陳少南作何狀，則對曰：『睹妖星，聚飲爲樂耳！』乃除名，居惠州，徒步往。居四年，以瘴疾卒。」則《宋元學案》所載鵬飛事，多《解題》所未及；且與《解題》有所異同，或記事前後顛倒；且鵬飛之被讁，乃在一再觸怒秦檜後《解題》置之於崇政殿說書時，恐未當也。

今觀其書，紹興十三年所序，於〈文侯之命〉，其言「驪山之禍，申侯啟之，平王感申侯之立己，而不知其德之不足以償怨；鄭桓公友死於難，而武公復娶於申。君臣如此，而望其振國恥，難矣。」嗚呼！其得罪於秦檜，豈一端而已哉！

案：鵬飛《書解》已佚《解題》此節，吉光片羽，彌覺足珍，蓋於高宗、秦檜深致諷焉，以其忘徽、欽北狩之辱也。葉適〈陳少南墓志銘〉云：「自爲布衣，以經術文辭名當世。教學諸生數百人，其於《經》，不爲章句新說，至君父、人倫、世變、風俗之際，必反復詳至而趨於深厚。」是鵬飛之治《書經》，借題發揮，曲獻忠藎，固不得不獲罪於檜矣！

無垢尚書詳說五十卷

《無垢尚書詳說》五十卷，禮部侍郎錢塘張九成子韶撰。

廣棪案：子韶號無垢居士。《宋史》卷二百二〈志〉第一百五十五〈藝文〉一〈經類・書類〉著錄：「張九成《尚書詳說》五十卷。」無「無垢」二字。

無垢諸《經》解，大抵援引詳博，文義瀾翻，似乎少簡嚴，而務欲開廣後學之見聞，故讀之者亦往往有得焉。

案：王應麟《困學紀聞》卷二〈書〉曰：「張子韶《書說》，於〈君牙〉、〈冏命〉、〈文侯之命〉，其言峻厲激發，讀之使人憤慨，其有感於靖康之變乎？」所述與《解題》同意。史稱九成與檜不和，被讁，「感於靖康之變」，「其言峻厲激發」，以是不愜於檜，固是一因。

書譜二十卷

《書譜》二十卷，程大昌撰。本以解《經》，而不盡解，有所發明，則篇為一論。

案：《宋史》卷二百二〈志〉第一百五十五〈藝文〉一〈經類・書類〉著錄：「程大昌《書譜》二十卷。」與《解題》同。《宋史》卷四百三十三〈列傳〉第一百九十二〈儒林〉三大昌本傳曰：「大昌篤學，於古今事靡不考究。有《禹貢論》、《易原》、《雍錄》、《易老通言》、《考古編》、《演繁露》、《北邊備對》行於世。」惟未著錄此書。《經義考》卷八十〈書〉九著錄：「程氏大昌《書譜》，〈宋志〉二十卷，佚。」則此書今已不傳。

禹貢論二卷、圖二卷

《禹貢論》二卷、《圖》二卷，程大昌撰。<small>館臣案：《宋史・藝文志》作《禹貢論》五卷、《禹貢論圖》五卷、《後論》一卷。</small>

廣棪案：《四庫全書》館臣案語曰：「《宋史・藝文志》作《禹貢論》五卷、《禹貢論圖》五卷、《後論》一卷。」今《四庫全書》本《解題》據《永樂大典》本作《禹貢論》五卷、《後論》一卷、《山川地理圖》二卷。《通志堂經解》本同。初以為《解題》著錄有誤。後檢《藏園訂補邵亭知見傳本書目》卷一〈經部〉一〈書類〉著錄：「（補）《禹貢論》二卷、《後論》一卷、《山川地理圖》二卷，<small>宋程大昌撰。宋淳熙八年泉州學刊本，十二行，行二十二字，白口，左右雙闌。劉惠之藏，余曾借校，改訂《通志堂》本數百字，較《四庫》本多二圖。</small>」則淳熙八年泉州學刊本與《解題》所著錄相同，《解題》或漏載「《後論》一卷」耳！觀其後有「《後論》八篇」一語可證。而〈宋志〉所著錄者與《解題》分卷有所不同。

凡《論》五十三篇、《後論》八篇、《圖》三十一。

案：大昌〈進禹貢論序〉云：「撰次成《論》，凡五十有一篇。」彭椿年〈序〉則謂：「《論》凡五十有二。」王應麟《玉海》卷三十七〈藝文・書〉「《淳熙禹貢論》」條：「（淳熙）四年七月九日，刑部侍郎程大昌上《禹貢論》五十二篇、《後論》八篇，詔付秘閣。」歸有光〈跋〉曰：「《禹貢論》五十二篇，得之魏恭簡公。」均與彭〈序〉同。今《四庫全書》本《禹貢論》凡五卷，亦僅五十二篇，是作五十二篇為是。〈序〉作五十一，《解題》作五十三，恐均非。

其於江、河、淮、漢、濟、黑、弱水七大川，以為舊傳失實，皆辨證之。淳熙四年上進。

案：大昌〈進禹貢論序〉曰：「《書》豈直為行河者之地哉！大有為之主，將陟禹跡，以方行天下。是書也，即禹之輿地圖志而可稽者矣。然而極天下大川如

江、淮、河、漢、濟、黑、弱水，此七者，宇宙不能越之以自大，禹功不能外
之以自立，而其名稱跡道，世傳失實，七謬其六。人主苟欲會禹績，而不得七
者之眞，正猶禹之行水，高山大川其猶未奠，而欲行其荒度，則將何據以爲施
置之序也。然則士而考古以待有國者之采擇，推諸世務，宜無要於此書者矣！
然去古益遠，簡編不與禹接，其辨正實難。顧有一者，經文雖簡，而於事情無
所不該；如即其簡而得其該，則茫茫之跡見於千餘言，亦既無所乏少。若但病
其簡，言外輒無餘見，必且越而求之經文之外，說成而經不應，則於稽據何賴？
臣爲此故，方其疑牾古說，則盡屛訓傳，獨取經文而熟復之。研味既久，忽於
一言一字之間，覺其意指可以總括後先，則主以爲據，而益加參校，暨其通之
一經而合，質之旁史而當，稽之人情物理而準，於是躍然喜，渙然悟，知甚簡
之中有甚該者焉。如人有脈，綿綿若存，可以精察而不可以亟見，然後知聖經
之異於凡史也。積其所見，撰次成論，凡五十有一篇。豈敢謂能有明，然童而
習之，白首不知止，亦冀施之實用，不徒爲此空言耳。」是大昌治《書》，於〈禹
貢〉之篇，皆疑牾古說，乃盡屛訓傳，而就經以熟思之。其於舊傳失實處，皆
予辨證。至其辨證之法，此〈序〉亦言之甚詳。惟其上進《禹貢論》之歲月，〈序〉
則乏載。而彭椿年〈序〉則曰：「淳熙四年，程公以侍從講《尚書》禁中，門下
省頒行其奏箚曰：『〈禹貢〉大川七，而諸儒沿襲乃訛其六。』予聞之，有會於
心，而疑其是正之難也。已而聞上御講殿問黑水甚詳，知公有見，俾之來上。
程公具以其所知，爲書以奏。上見之，大加褒勞，詔付秘書省藏以垂後。」是
則程書當於淳熙四年上進《解題》所述與之合。

**宇宙廣矣，遠矣，上下數千載，幅員數萬里，身不親歷，耳目不親聞見，而
欲決於一心，定於一說，烏保其皆無牴牾？**

案：大昌此書固不能無訛誤，周密《癸辛雜識》載：「程泰之以天官兼經筵，進
講〈禹貢〉，闕文疑義，疏說甚詳，且多引外國幽奧地理，阜陵頗厭之，宣諭宰
執云：『《六經》斷簡，闕疑可也，何必強爲之說？且地理既非親歷，雖聖賢有
所不知，朕殊不曉其說，想其治銓曹亦如此也。』既而補外。」是孝宗亦有感
於其書之附會。《癸辛雜識》所載，雖與前引彭〈序〉所述，殊相乖剌，然《解
題》之說，則一本孝宗而略事引申。歸有光〈跋〉語亦曰：「泰之此書，世稱其
精博，然予以爲山川土地，非身所履，終無以得其眞。太史公言張騫窮河源‧
烏睹所謂崑崙者。元世祖至元十七年使驛治運河，土番朵甘思西鄙星宿海，所
謂河源者始得其眞。如泰之所辨『鳥鼠同穴』數百言，以爲二山。而吾郡都太

僕常親至其山，見鳥鼠同穴，乃知宇宙間無所不有，不可以臆斷也。」是大昌之爲此書，以不免臆斷附會之故，乃不能無所牴牾矣。

然要為卓然不詭隨傳註者也。

案：大昌撰〈進禹貢論序〉中，已謂其治此書「則盡屏訓傳，獨取經文而熟復之」。彭椿年撰〈序〉亦曰：「其書條理甚備，辨正經指者著之於《論》。《論》凡五十有二。《論》嘗指事說理，而當證以山川實地者，則事爲之《圖》，《圖》三十有一。至其事不隸虞、夏，而原流本出此經者，則又爲《後論》八篇。數千年間，州域更革，山川跡道，率皆本禹語以爲之宗，而後采取歷世載籍以爲之證。其所據謂是者，必其協諸經，而協乃始皆措；而其救正前人違誤者，亦皆稽案經語，而執規矩以格方圓。其不合者有狀，而指自出若語也。至於執以爲據者，惟輿圖、史志之所載，兵師使驛之所經，實有其地，甫以立辨。至於稗說怪語，奇聞異教，荒忽誕謾，不可案核者，悉棄不取，嗚呼！亦勤矣。而無一語不從〈禹貢〉以出，予乃知眾稱精博者不誣也。」是《解題》所謂「卓然不詭隨傳註者」，有徵矣！

東萊書說十卷

《東萊書說》十卷，_{館臣案：《宋史・藝文志》作三十五卷。}呂祖謙撰。

廣棪案：此書分卷《讀書附志》卷上〈經解類〉作六卷。《解題》作十卷《文獻通考・經籍考》同。惟納蘭成德《通志堂經解》本〈時氏增修東萊書說序〉則謂：「公_{廣棪案：指東萊。}嘗輯《書說》，先之〈秦誓〉、〈費誓〉，上至〈洛誥〉，凡一十三卷。閱再歲而公歿，瀾_{廣棪案：即時瀾。}增修之，成二十二卷，合爲三十五卷。」據是，則東萊所自輯者爲十三卷《解題》作十卷《通考》隨之，疑均脫「三」字。或傳鈔者隨意分卷，亦未可定也。《宋史》卷二百二〈志〉第一百五十五〈藝文〉一〈經類・書類〉作三十五卷，蓋據時瀾增修本著錄也。

其始為之也，慮不克終篇，故自〈秦誓〉以上逆為之說，然亦僅能至〈洛誥〉而止。

案：《解題》此說，乃據呂祖儉〈書後〉及時瀾〈增修東萊先生書說序〉。〈書後〉云：「先之〈秦誓〉、〈費誓〉者，欲自其流而上泝於唐、虞之際也。」時〈序〉云：「泝而求之，于〈秦誓〉始；至于〈洛誥〉，而工夫之不繼。悲夫！」其實呂、時二人所說皆未盡確當。朱彝尊《曝書亭集》卷三十四〈東萊呂氏書說序〉

曰：「東萊呂先生伯恭，受學於三山林少穎；少穎又東萊呂居仁之弟子也。少穎所著《尚書集解》，朱子謂〈洛誥〉以後非其所解。……而伯恭《書說》，先之〈秦誓〉、〈費誓〉，自流以泝其源，上至〈洛誥〉而止，殆以補林說之所未及爾。門人宗學教授、從政郎時瀾不知師之微意，乃取而增修之，非伯恭之本懷矣！」是彝尊所考甚當《解題》據〈書後〉、時〈序〉之言，乃有「慮不克終篇」之推論，恐非東萊撰作此書之初旨。

世有別本全書者，其門人續成之，非東萊本書也。廣棪案：盧校注：「〈宋志〉三十五卷者，即陳氏所云別本也。」

案：盧文弨重輯本校語曰：「〈宋志〉三十五卷者，即陳氏所云別本也。」所考允恰。

晦庵書說七卷

《晦庵書說》七卷，朱熹門人黃士毅集其師之遺，以為此書。

廣棪案：士毅《宋史》無傳。《宋元學案》卷六十九〈滄洲諸儒學案〉卷上「黃壺山先生士毅」條載：「黃士毅，字子洪，號壺山，莆田人，徙居吳。幼知嗜學，為向上事業。方慶元詆誹道學，先生徒步趨閩，師朱文公。命日觀一書，夜叩所見，告以靜坐勿雜，喚醒勿昏。居數月，授以《大學章句》，終其身從事于斯。著述甚富，類註《儀禮》，譔次《文公書說》七卷、《文集》一百五十卷；又因語錄成言，分門序次，為《語類》一百三十八卷。嘗言：『孔、孟之道，至周、程而復明，至朱子而大明。』識者以為知言。」是此書又稱作《文公書說》。士毅實大有功於朱子之學術，固不止撰次此書而已。

晦庵於《書》一經獨無訓傳，每以為錯簡脫文處多，不可彊通。

案：董鼎《朱子說書綱領》載：「讀《尚書》有一箇法，半截曉得，半截曉不得。曉得底看，曉不得底且闕之。不可強通，強通則穿鑿。」又載：「《尚書》中〈盤庚〉、五〈誥〉之類，實是難曉。若要添減字硬說將去儘得，然只是穿鑿，終恐無益耳。」是朱子治《書》，力反強通與穿鑿《解題》所說有據。

呂伯恭《書解》，不可彊通者，彊欲通之。嘗以語廣棪案：盧校注：「疑作『以告』。」伯恭，而未能改也。

案：「以語」二字，盧文弨重輯本校謂：疑作「以告」。似不必校。檢《朱子說書綱領》載：「近時解《書》者甚眾，往往皆是穿鑿。如呂伯恭亦未免此也。」

又載：「向在鵝湖見伯恭，欲解《書》云：『且自後面解起。』今解至〈洛誥〉，有印本是也。其文甚鬧熱。某嘗問伯恭：『《書》有難通處否？』伯恭初云：『亦無甚難通處。』數日問，卻云：『果有難通處，今只是強解將去耳。』」又載：「後數年再會於衢，伯恭謂余曰：『《書》之文誠有不可解者，甚悔前日之不能闕所疑也。』予惟伯恭所以告予者，雖其徒亦未必知，因具論之，使讀者知求伯恭晚所欲闕者而闕之，庶幾得其所以書矣！」又載：「先生嘗觀《書說》，語門人曰：『伯恭直是說得《書》好，但〈周誥〉中有解說不通處，只須闕疑，某亦不敢強解。伯恭卻一向解去，故微有尖巧之病也。是伯恭天資高處，卻是太高，所以不肯闕疑。』」觀是所載，祖謙說《書》固有強不通為通者，後亦悔之，惜未幾病歿，不及改矣。

又嘗疑孔安國《傳》恐是假，〈書小序〉決非孔門之舊，安國〈序〉決非西漢文章；至謂與《孔叢子》、《文中子》相似，則豈以其書出於東晉之世故耶？非有絕識獨見不能及此。

案：檢朱子《語類》卷七十八，黃卓錄：「《尚書》決非孔安國所註，蓋文字困善，不是西漢人文章。安國，漢武帝時，文章豈如此？但有太粗處，決不如此困善也。」同卷，輔廣錄：「《尚書》孔安國《傳》，此恐是魏、晉間人所作，託安國之名，與毛公《詩傳》大段不同。」又同卷，余大雅錄：「某嘗疑孔安國《書》是假書。此毛公《詩》如此高簡，大段爭事。漢儒訓釋文字多是如此，有疑則闕。今此卻盡釋之。豈有千百年前人說底話，收拾於灰燼屋壁中，與口傳之餘，更無一字訛舛，理會不得！」此皆朱子疑孔《傳》是假之記錄。又同書同卷，林夔孫錄：「〈尚書小序〉不知何人作。」同卷，輔廣錄：「〈書小序〉亦非孔子作，與〈詩小序〉同。」同卷，呂燾錄：「〈書序〉是得《書》於屋壁已有了，想是孔家人自做底，如〈孝經序〉亂道，那時也有了。」同卷，不知何氏錄：「〈書序〉不可信，伏生時無之。其文甚弱，亦不是前漢人文字，只似後漢末人。」是朱子亦疑〈書序〉為偽之記錄。同書同卷，黃義剛錄：「〈書序〉恐不是孔安國做。漢文粗枝大葉；今〈書序〉細膩，只似六朝時文字。」同卷，不知何氏錄：「漢人文字也不喚做好，卻是粗枝大葉。〈書序〉細弱，只是魏、晉人文字。陳同父亦如此說。」同卷，包揚錄：「孔安國〈尚書序〉只是唐人文字。前漢文字甚次第。司馬遷亦不曾從安國授《尚書》，廣棪案：『亦不曾從』，疑衍『不』字。不應有一文字軟郎當地。後漢人作《孔叢子》者，好作偽書。然此〈序〉亦非後漢時文字，後漢文字亦好。」同卷，吳必大錄：「孔氏〈書序〉不類漢文，似

李陵〈答蘇武書〉。」同卷，余大雅錄：「況先漢文章，重厚有力量。今〈大序〉格致極輕，疑是晉、宋間文章。」是朱子亦疑孔〈序〉爲僞，惟難肯定爲何時代之僞作耳。今《晦庵書說》七卷已佚，據《解題》所記，猶悉其內容之恍惚。若朱子者，生南宋之時，治《書》而疑及其〈序〉、《傳》之僞，爲清世閻氏撰《疏證》作先導。故《解題》稱朱子謂：「非有絕識獨見不能及此。」有以哉！

至言今文多艱澀，古文多平易，伏生倍文暗誦，乃偏得其所難，而安國攷定於科斗古書錯亂磨滅之餘，反專得其所易，此誠有不可曉者。

案：此說見朱子《文集》卷六十五〈尚書孔安國序說〉。其說曰：「今按漢儒以伏生之《書》爲今文，而謂安國之《書》爲古文。以今考之，則今文多艱澀，而古文反平易。或者以爲今文自伏生女子口授晁錯時失之，則先秦古書所引之文皆已如此，恐其未必然也。或者以爲記錄之實語難工，而潤色之雅詞易好，故訓、誥、誓、命有難易之不同。此爲近之。然伏生倍文暗誦，乃偏得其所難，而安國考定於科斗古書錯亂磨滅之餘，反專得其所易，則又有不可曉者。」是朱子疑《古文尚書》之僞，提出實證，證據雖極尋常，然欲翻案則殊不易也。

今惟二〈典〉、〈禹謨〉、〈召誥〉、〈洛誥〉、〈金縢〉有解，及「九江」、「彭蠡」、「皇極」有辨，其他皆《文集》、《語錄》中摘出。

案：《經義考》卷二百四十四〈群經〉六著錄：「黃氏大昌《晦庵經說》三十卷，未見。」疑大昌即士毅，而《晦庵書說》乃《晦庵經說》之一種，故《書說》僅七卷，而《經說》凡三十卷也。然前引《宋元學案·滄洲諸儒學案》「〈黃壺山先生士毅〉」條，士毅字子洪，號壺山，而不及大昌。故士毅之與大昌，一人耶？二人耶？猶俟細考。茲以《晦庵書說》未見，直齋此條所述，足資略悉其書梗概。

尚書講義三十卷

《尚書講義》三十卷，參政金壇張綱彥正撰。

廣棪案：此書洪葰作〈張公行狀〉稱作《尚書義說》，汪應辰、董銖均稱作《書解》，而《宋史》卷二百二〈志〉第一百五十五〈藝文〉一〈經類·書類〉則著錄作「張綱《解義》三十卷」。茲因原書已佚，未知孰是。

政和四年上舍及第，釋褐授承事郎，以三中首選，除太學官。其仕三朝，歷蔡京、王黼、秦檜三權臣，皆不爲之屈。紹興末乃預政，年八十四而終。

案：張綱《宋史》卷三百九十〈列傳〉第一百四十九有傳。略謂：「張綱，字彥正，潤州丹陽人。入太學，以上舍及第。釋褐，徽宗以綱三中首選，特除太學正，遷博士，除校書郎。……論事與蔡京不相合，擠之去，主管玉局觀。……除給事中。侍御史魏矼劾綱，提舉太平觀。進徽猷閣待制，引年致仕。秦檜用事久，綱臥家二十年，絕不與通問。檜死，召爲吏部侍郎兼侍讀。……權吏部尚書。……除參知政事。卒，年八十四。綱常書坐右曰：『以直行己，以正立朝，以靜退高天下。』其篤守如此。初諡文定，……特賜曰章簡。」可與《解題》所述互爲補足。

此書爲學官時作。

案：綱此書作於除太學官時，惟當時人評價頗有異議。洪氏所作〈行狀〉曰：「綱字彥正，金壇人。於《五經》尤精於《書》，每因講解，著爲《義說》，皆探微索隱，倫類通貫，其言無一不與聖人契。自是後學潛心此《經》者，爭傳頌之。諸家之說，雖充棟汗牛‧束之高閣矣。」洪氏撰綱〈行狀〉，不免有溢美之辭。《經義考》卷八十〈書〉九亦著錄此書，引汪應辰曰：「〈綱行狀〉云：『公講論經旨，尤精於《書》，著爲論說，探微索隱，無一不與聖人契，世號《張氏書解》。』竊以王安石訓釋經義，穿鑿傅會，專以濟其刑名、法術之說，如《書義》中所謂『敢於殄戮，乃以乂民。忍威不可訖，凶惡不可忌』之類，皆害理教，不可以訓。綱作《書解》，掇拾安石緒餘，敷衍而潤飾之。今乃謂『其言無一不與聖人契』，此豈不厚誣聖人，疑誤學者。」又引董銖曰：「世所傳張綱《書解》，只是祖述荊公所說。或云是閩中林子和作。」是汪、董二氏同謂此書乃掇拾荊公餘緒而成，衡之《解題》亦未作任何好評，雖此書已佚，應不信洪氏溢美之辭也。

拙齋書集解五十八卷

《拙齋書集解》五十八卷，_{廣棪案：盧校注：「通志堂刻本內少一卷，今從《永樂大典》內補全。」}校書郎林之奇少穎撰。從_{廣棪案：盧本校：「從」上有「少穎」二字。}呂紫微本中居仁學，而太史祖謙則其門人也。初第，以樞密陳誠之薦，徑入館，以末疾去而終。

廣棪案：《經義考》卷八十〈書〉九著錄此書，據《宋史》卷二百二〈志〉第一百五十五〈藝文〉一〈經類‧書類〉此條稱作「林氏之奇《尚書集解》五十八

卷」，與《解題》所稱書名略異。至其下引「陳振孫曰」，則作「少穎從呂紫微本中居仁學，而太史呂祖謙則其門人也。其〈自序〉謂：初著之時，每日誦正經自首至尾一遍，雖有他務不輟。平心定氣，博採諸儒之說而去取之。苟合於義，雖近世學者之說亦在所取；苟不合於義，雖先儒之說亦所不取」。此段所記與《四庫全書》本不同，足證明清易代之際《解題》確另有一不同於《永樂大典》之本流傳於世，朱彝尊得而讀之，故其所撰《經義考》引「陳振孫曰」，與《四庫全書》本《解題》偶有異同也。至《四庫全書》本《解題》有「初第，以樞密陳誠之薦，徑入館」云云《宋史》卷四百三十三〈列傳〉第一百九十二〈儒林〉三之奇本傳乏載，而《宋元學案》卷三十六〈紫微學案〉「〈紫微門人‧提舉林三山先生之奇〉」條則曰：「成紹興己巳進士，由長汀尉薦除正字，遷校書郎。」亦未記及推薦者為陳誠之。考陳誠之《宋史》無傳《宋人傳記資料索引》有其小傳，略謂：「陳誠之，字景明，閩縣人。治詩賦，登紹興十二年進士第一，歷正字、校書郎、秘書郎；十五年除祠部員外郎。後以禮部侍郎知泉州，召為翰林學士，累官至同知樞密院事。終端明殿學士，諡文恭。」是誠之曾官樞密。又檢之奇《拙齋文集》卷十九，有〈祭陳樞密文〉，足見二人交誼頗篤。《解題》所記應不誤也。

書說七卷

《書說》七卷，禮部尚書黃度文叔撰。度篤學窮經，老而不倦。晚年制閫江、淮，著作不輟，時得新意，往往晨夜叩書塾，為友朋道之。

　　廣棪案：度勤摯窮經，老而不倦，明人呂光洵與唐順之共校此書，光洵為〈序〉曰：「宋禮部尚書宣獻公遂初黃先生，與紫陽朱子、止齋陳子、水心葉子相友善，著《詩》、《書》、《周禮》、《禮記》諸書共百餘卷。《周禮》、《詩》說，水心葉子序而行之，其餘或不復存。幸而存者《尚書說》，其訓詁多取孔氏，而推論三代興衰治忽之端，與夫典謨訓誥微辭眇義，如人心、道心、精一、執中、安止、惟幾、綏猷、協一、建中、建極之旨，皆明諸心，研諸慮，以其所契悟，注而釋之。其辭約，其義精，粲然成一家言，諸儒莫尚焉。……年餘七十，作《周易傳》，以明悔吝、憂虞、進退、存亡之故，究化理之原，極天人之際。書未訖簡，而先生沒，天下之學士觖望焉。水心葉子誦之曰：『明哲先幾，終始典學。』可謂知言也已。」呂〈序〉正與《解題》相發明，其中評論及此書之言辭，又足補《解題》所未及。

潔齋家塾書鈔十卷

《潔齋_{廣校案：盧柱注作「絜齋」。}家塾書鈔》十卷，禮部侍郎鄞袁燮和叔，號潔齋先生，其子喬崇謙錄其家庭所聞，至〈君奭〉而止。

廣校案：潔齋，盧文弨重輯本《解題》校作「絜齋」，似不必校。檢眞德秀《眞文忠公文集》卷四十七有〈袁正獻公行狀〉，中云：「燮字和叔，慶元府鄞縣人。淳熙辛丑進士，官至太中大夫。爵自鄞縣男，再進爲伯，以顯謨閣學士加秩二等致仕，贈龍圖閣學士、光祿大夫。學者稱曰潔齋先生。」蓋和叔一號絜齋，又號潔齋也。此書《宋史》卷二百二〈志〉第一百五十五〈藝文〉一〈經類·書類〉著錄：「袁燮《書鈔》十卷。」《經義考》卷八十三〈書〉十二云：「未見。」《四庫全書》據《永樂大典》錄出此書，分作十二卷。《四庫全書總目》卷十一〈經部〉十一〈書類〉一載：「《絜齋家塾書鈔》十二卷《永樂大典》本。宋袁燮撰。……燮之學出陸九淵。是編大旨在發明本心，反覆引申，頗能暢其師說；而於帝王治蹟，尤參酌古今，一一標舉要領。王應麟發明洛、閩之學，多與金谿殊軌，然於燮所解『儆戒無虞』諸條，特采入《困學紀聞》中，蓋其理至足，則異趣者亦不能易也。」《四庫全書總目》所述，足見燮撰作此書之主旨及成就。

《四庫全書總目》又云：「其書《宋史·藝文志》作十卷，陳振孫《書錄解題》稱爲燮子喬錄其家庭所聞，至〈君奭〉而止。則當時本未竟之書，且非手著。紹定四年，其子甫刻置象山書院，蓋重其家學，不以未成完帙而廢之。」是則喬與甫實能克紹箕裘，發揚家學，而燮亦可謂有子矣！

袁氏家塾讀書記二十三卷

《袁氏家塾讀書記》二十三卷，題四明袁覺集。未詳何人。大略倣《呂氏讀詩記》集諸說，或述己意於後。當亦是潔齋之族耶？

廣校案：此書《宋史》卷二百二〈志〉第一百五十五〈藝文〉一〈經類·書類〉著錄，作「袁覺《讀書記》二十三卷」。考袁覺，鄞縣人，爲袁文長子，鄉貢進士。《宋元學案補遺》卷六謂其「篤學守正，後學多從之遊」。至覺與潔齋之關係，檢《絜齋集》卷十七有〈先公墓表〉曰：「公諱文，字質甫，四明鄞人也。……紹熙元年八月八日以疾卒，享年七十有二。……長子覺，鄉貢進士；次子燮，煥章閣學士、太中大夫、提舉南京鴻慶宮。」是則覺乃潔齋長兄，二人皆袁文之子。《解題》謂「當亦是潔齋之族耶？」所言近矣，惜未盡精確也。

尚書精義六十卷

《尚書精義》六十卷，三山黃倫彜卿編次。或書坊所託。

　　廣棪案；此書《宋史》卷二百二〈志〉第一百五十五〈藝文〉一〈經類・書類〉
著錄，亦作六十卷。《四庫全書總目》卷十一〈經部〉十一〈書類〉一載：「《尚
書精義》五十卷《永樂大典》本。宋黃倫撰。《宋史・藝文志》載有是書十六卷，
廣棪案：應為六十卷。陳振孫《書錄解題》亦著於錄，稱爲三山黃倫彜卿所編。
知爲閩人。此本前有余氏萬卷堂刊行小序，稱爲『釋褐黃君』，則又曾舉進士。
然《閩書》及《福建通志》已均不載其名，其仕履則莫能詳矣。其刊書之余氏，
亦不知何時人。案岳珂《九經三傳沿革例》，稱世所傳《九經》本，以興國于氏
及建安余仁仲本爲最善。又林之奇《尚書全解》亦惟建安余氏刊本獨得其眞，
見之奇孫畊所作〈跋〉語中。此篇所稱余氏，當即其人。是在宋時坊刻中猶爲
善本也。其書薈萃諸氏，依經臚載，不加論斷，閒有同異，亦兩存之。其所徵
引自漢迄宋亦極賅博。惟編次不以時代，每條皆首列張九成之說，似即本張九
成所著《尚書詳說》而推廣之，故陳振孫疑其出於僞託。」是則《四庫全書》
本此書作五十卷。就《四庫全書總目》所言，此書雖甚賅博，然編次不以時代，
僅臚載自漢迄宋諸氏之說而乏論斷；且每條皆首列九成《尚書詳說》而作推廣，
在在均似書坊所編以便舉子之書。因倫官拜太學錄，廣棪案：據《儀顧堂題跋》
卷一引梁克家《三山志》卷二十九所記。故假其名以欺世。《解題》疑爲「書坊所
託」，實具識見。

梅教授書集解三冊

《梅教授書集解》三冊，不分卷。不著名，未詳何人。

　　廣棪案；《經義考》卷八十四〈書〉十三著錄：「《梅教授書集解》，《通考》三冊，
佚。」《文獻通考》蓋據《解題》也。至梅教授究爲何人？直齋謂：「不著名，
未詳何人。」考佚名《南宋館閣續錄》卷八〈官聯〉二〈秘書郎〉（淳祐以後）
載：「梅杞，字材之，貫處州，習詩賦，丁丑進士及第，元年五月以諸王宮教授
除，七月爲著作佐郎。」或即其人耶？

柯山書解十六卷

《柯山書解》十六卷，柯山夏僎元肅撰。

　　廣棪案：《宋史》卷二百二〈志〉第一百五十五〈藝文〉一〈經類·書類〉著錄：「夏僎《書解》十六卷。」書名闕「柯山」二字。《四庫全書總目》卷十一〈經部〉十一〈書類〉一著錄：「《尚書詳解》二十六卷《永樂大典》本。宋夏僎撰。」書名、卷數均與《解題》相異。蓋《解題》所據以著錄者乃淳熙間麻沙劉氏書坊本，廣棪案：據時瀾〈序〉。而《四庫全書》本則就《永樂大典》而重加釐訂，故有所不同矣。

集二孔、王、蘇、陳、林、程頤、張九成及諸儒之說，便於舉子。

　　案：時瀾為此書作〈序〉曰：「柯山夏先生僎，少業是經，妙年擷其英以掇巍第，平居暇日又研精覃思而為之釋。今觀其議論淵深，辭氣超邁，唐、虞、三代之深意奧旨，皆有以發其機而啟其祕於千載之下，不謂先生居今之世，而言論風旨藹乎唐、虞、三代之氣象也。嗚呼！《書》說之行於世，自二孔而下無慮數十家，而中顯著者不過河南程氏、眉山蘇氏，與夫陳氏少南、林氏少穎、張氏子韶而已。然程氏溫而邃，蘇氏奇而當，陳氏簡而明，林氏博而贍，張氏該而華，皆近世學者之所酷嗜。今先生繼此而釋是書，觀其議論，參於前則有光，而顧於後則絕配。夫豈苟作云乎哉！」讀時〈序〉，則僎之撰此書，固欲發揚經學，繼美前哲，非僅「便於舉子」而已。

書小傳十八卷

《書小傳》十八卷，新安王炎晦叔撰。

　　廣棪案：《宋史》卷二百二〈志〉第一百五十五〈藝文〉一〈經類·書類〉著錄：「王炎《小傳》十八卷。」同卷又著錄：「王晦叔《周書音訓》十二卷。」二書均應為炎一人所撰。而戴表元為《書小傳》作〈序〉則曰：「雙溪王先生炎，字晦叔，亦以學行為諸儒宗。……己亥之夏，有王君傳自京口來，以《尚書小傳》五十八卷相示，蓋雙溪先生所著，而於君為四世矣！」戴〈序〉稱此書為五十八卷。其「五」字乃衍文耶？以其書既佚，無可考矣。炎此書有〈自序〉，略曰：「炎不足以知《書》之大義，古語有曰：『天下無粹白之裘，為其緝眾腋而成之也。』今所解，亦不過會緝先儒之遺論，間有未安者，或以己意發之。」讀炎〈自序〉，庶可稍窺其著作此書之旨。

南塘書說三卷

《南塘書說》三卷，趙汝談撰。館臣案：《宋史‧藝文志》作二卷。

廣棪案：此書《宋史》卷二百二〈志〉第一百五十五〈藝文〉一〈經類‧書類〉
著錄，作「趙汝談《書說》二卷」，與《解題》卷數不同，未知孰是。汝談，字
履常，其號南塘，則《宋史》本傳未有言及。《宋元學案》卷六十九〈滄洲諸儒
學案〉上有〈文懿趙南塘先生汝談〉條，王梓材謹案：「先生號南塘，見《直齋
書錄解題》。」考《解題》另著錄有《南塘易說》三卷，又黃虞稷、倪燦合撰，
盧文弨訂正之《宋史藝文志補‧集部》有趙汝談《南唐集》九卷，廣棪案：「唐」
字乃「塘」之誤。皆以「南塘」命名其書，故《宋元學案》亦稱汝談爲「南塘先
生」。梓材謂南塘乃其號，殆無疑矣。

疑古文非真者五條。朱文公嘗疑之而未若此之決也。

案：朱子治《書經》頗疑古文之非眞。其《文集》卷八十二〈書臨漳所刊四經
後——〈書〉〉曰：「世傳孔安國〈尚書序〉言伏生傳《書》二十八篇：〈堯典〉、
〈皋陶謨〉、〈禹貢〉、〈甘誓〉、〈湯誓〉、〈盤庚〉、〈高宗肜日〉、〈西伯戡黎〉、〈微
子〉、〈牧誓〉、〈洪範〉、〈金縢〉、〈大誥〉、〈康誥〉、〈酒誥〉、〈梓材〉、〈召誥〉、
〈洛誥〉、〈多士〉、〈無逸〉、〈君奭〉、〈多方〉、〈立政〉、〈顧命〉、〈呂刑〉、〈文
侯之命〉、〈費誓〉、〈秦誓〉。孔子壁中《書》增多二十五篇：〈大禹謨〉、〈五子
之歌〉、〈胤征〉、〈仲虺之誥〉、〈湯誥〉、〈伊訓〉、〈太甲〉上、〈太甲〉中、〈太
甲〉下、〈咸有一德〉、〈說命〉上、〈說命〉中、〈說命〉下、〈泰誓〉上、〈泰誓〉
中、〈泰誓〉下、〈武成〉、〈旅獒〉、〈微子之命〉、〈蔡仲之命〉、〈周官〉、〈君陳〉、
〈畢命〉、〈君牙〉、〈冏命〉。分伏生《書》中四篇爲九篇，又增多五篇：〈舜典〉、
〈益稷〉、〈盤庚〉中、〈盤庚〉下、〈康王之誥〉，並〈序〉一篇。合之凡五十九
篇。及安國作《傳》，遂引〈序〉以冠其篇首，而定爲五十八篇，今世所行公私
版本是也。然漢儒以伏生之《書》爲今文，而謂安國之《書》爲古文。以今考
之，則今文多艱澀，而古文或平易。或者以爲今文自伏生女子口授晁錯時失之，
則先秦古書所引之文皆已如此。或者以爲記錄之實語難工，而潤色之雅詞易好，
則暗誦者不應偏得所難，而考文者反專得其所易。事皆有不可知者。至諸〈序〉
之文，或頗與經不合，如〈康誥〉、〈酒誥〉、〈梓材〉之類，而安國之〈序〉又
決無類西京文字，亦皆可疑。獨諸〈序〉之本不先經，則賴安國之〈序〉而可
見。故今別定此本，一以諸篇本文爲經，而復合〈序〉篇於後，使覽者得見聖
經之舊，而不亂乎諸儒之說。論其所以不可知者如此，使讀者姑務沈潛，反復

乎其所易，而不必穿鑿傅會於其所難云。紹熙庚戌十月壬辰，新安朱熹識。」
又《語類》卷七十八，余大迓錄：「問：『林少穎說〈盤〉、〈誥〉之類，皆出伏
生，如何？』曰：『此亦可疑。蓋《書》有古文，有今文。今文乃伏生口傳，古
文乃壁中之書。〈禹謨〉、〈說命〉、〈高宗肜日〉、〈西伯戡黎〉、〈泰誓〉等篇，凡
易讀者皆古文；況又是科斗書，以伏生《書》文字攷之，方讀得。豈有數百年
壁中之物，安得不訛損一字？又卻是伏生記得者難讀，此尤可疑。今人作全書
解，必不是。」朱子《文集》、《語類》中似是之說仍多，無庸縷述。然觀其意
旨，雖疑古文之偽，而用語殊非斬截決絕也。可推汝談所考五條，當所斷甚決，
謂古文必偽，故直齋言之如此。

然於伏生所得諸篇亦多所掊擊觝排，則似過甚。

　　案：伏生所傳今文二十八篇，汝談亦疑其非真，多所掊擊觝排，直齋以為「似
　　過甚」。是則直齋固篤信今文為真者。

詩　類

毛詩二十卷、毛詩故訓傳二十卷

《毛詩》二十卷、《毛詩故訓傳》二十卷，漢河間王博士趙人毛公撰，後漢大司農鄭康成箋。漢初，齊、魯、韓三家並行，而毛氏後出，獨河間獻王好之，未得立。其後三家皆廢，而毛獨傳，故曰《毛詩》。毛公者，有大毛公、小毛公。案《後漢‧儒林傳》稱毛萇傳《詩》，而孔氏《正義》據鄭〈譜〉云：「魯人大毛公為《詁訓傳》於其家，河間獻王得而獻之，以小毛公為博士。」則未知萇者，大毛公歟？小毛公歟？

廣棪案：《後漢書‧儒林傳》稱毛萇傳《詩》，而孔穎達《毛詩正義》據鄭玄《詩譜》又謂魯人大毛公為《詁訓傳》，直齋乃擾於二者之間，猶豫莫決，既不敢斷《故訓傳》之作者為誰氏，僅稱「趙人毛公」；又不敢判毛萇之究屬大毛公，或小毛公。《四庫全書總目》卷十五〈經部〉十五〈詩類〉一「《毛詩正義》四十卷」條有較清晰之論述，足祛直齋之疑。《四庫全書總目》曰：「案《漢書‧藝文志》：『《毛詩》二十九卷、《毛詩故訓傳》三十卷。』然但稱毛公，不著其名。《後漢書‧儒林傳》始云：『趙人毛長傳《詩》，是為《毛詩》。』其長字不從艸。《隋書‧經籍志》載：『《毛詩》二十卷，漢河間太守毛萇傳，鄭玄箋。』於是《詩傳》始稱毛萇。然鄭玄《詩譜》曰：『魯人大毛公為《訓詁傳》於其家，河間獻王得而獻之，以小毛公為博士。』陸璣《毛詩草木蟲魚疏》並云：『孔子刪《詩》授卜商，商為之〈序〉，以授魯人曾申，申授魏人李克，克授魯人孟仲子，仲子授根牟子，根牟子授趙人荀卿，荀卿授魯國毛亨，毛亨作《訓詁傳》以授趙國毛萇。時人謂亨為大毛公，萇為小毛公。』據是二書，則作《傳》者乃毛亨，非毛萇。故孔氏《正義》亦云：『大毛公為其《傳》，由小毛公而題毛也。』〈隋志〉所云，殊為舛誤，而流俗沿襲，莫之能更。朱彝尊《經義考》乃以《毛詩》二十九卷題毛亨撰，注曰：『佚。』《毛詩故訓傳》三十卷題毛萇撰，注曰：『存。』意主調停，尤為於古無據。今參稽眾說，定作《傳》者為毛亨。以鄭氏後漢人，陸氏三國吳人，併傳授《毛詩》，淵源有自，所言必不誣也。」觀是，則直齋之猶疑莫決者固可得其解，而《解題》之誤以《故訓傳》為「漢河間王博士趙人毛公撰」，亦應更作「魯國毛亨撰」也。

鄭氏曰「箋」者，案《正義》云：「鄭於諸經皆謂之注，獨此言箋者《字林》云：『箋，表也，識也。』鄭遵毛學，表明毛言，記識其事，故稱為箋。」又案《後漢・傳》引張華《博物志》：「鄭注《毛詩》曰箋，不解此意。或云毛公曾為北海相，鄭氏郡人，故以為敬。」雖未必由此，然漢、魏間達上之辭，皆謂之「牋」，則其為敬明矣。

　　案：《四庫全書總目》於「鄭《箋》」亦有所釋，既不準同孔、張，又與《解題》殊異。其言曰：「鄭氏發明毛義，自命曰箋。《博物志》曰：『毛公嘗為北海郡守，康成是此郡人，故以為敬。』惟張華所言，蓋以為公府用記，郡將用箋之意。然康成生於漢末，乃修敬於四百年前之太守，殊無所取。案《說文》曰：『箋，表識書也。』鄭氏〈六藝論〉云：『注《詩》宗毛為主，毛義若隱略則更表明，如有不同，即下己意，使可識別。』案：此論今佚，此據《正義》所引。然則康成特因《毛傳》而表識其旁，如今人之簽記，積而成帙，故謂之箋，無庸別曲說也。」是則《正義》、《博物志》暨《解題》所釋「箋」義均甚為迂曲，殊不如《四庫全書總目》據《說文》與《六藝論》所闡述為平實有據也。

其間與毛異義者甚多。

　　案：《經義考》卷一百一〈詩〉四「鄭氏玄《毛詩箋》」條引柳開曰：「鄭氏箋《詩》，務異毛公，徒欲強己一時之名，非能通先師之旨。」惟柳氏之說，非平情之論。又引李清臣曰：「鄭氏之學長於禮而深於經制，至於訓《詩》，乃以經制言之。夫詩，性情也；禮制，跡也。彼以禮訓《詩》，是按跡以求性情也。此其所以繁塞而多失者與！」又引黃震曰：「《毛詩》注釋簡古，鄭氏雖以禮說《詩》，於人情或不通，及多改字之弊。然亦有足以裨《毛詩》之所未及者。」誠如黃氏所言，以禮訓《詩》，固是康成之失，然鄭《箋》不無裨於《毛傳》。《經義考》彝尊自下案語曰：「按《毛詩》經文久而滋誤者，因鄭《箋》可證其非。若〈小旻〉『如彼泉流』，今誤『流泉』。鄭《箋》云：『如原泉之流。』則流泉非矣。〈旱麓〉『延于條枚』，『延』今作『施』。鄭《箋》云：『延蔓于木之枚，木而茂盛，則當作延矣。《呂覽》、《韓詩外傳》亦作延。〈思齊〉『厲假不瑕』，『厲』今作『烈』。鄭《箋》云：『厲、假，皆病也。』又『古之人無斁』，『斁』今作『斁』。鄭《箋》云：『口無擇言，身無擇行，以身化其臣下。』〈卷阿〉『嗣先公爾酋矣』，今作『似先公酋矣』。鄭《箋》云：『嗣先公之功，而終成之。』〈蕩〉『殷鑒不遠，近在夏后之世』，今本失『近』字。鄭《箋》云：『近在夏后之世，謂湯誅桀也。』凡此可補王伯厚〈詩考〉之闕。」是鄭《箋》固有裨於《毛傳》者矣。凡《箋》

之與《傳》異者，皆康成或欲糾其間之訛失，或有以補其中之所未及，絕非「務異毛公，徒欲強己一時之名」者。柳開之說，非其實也。

王肅蓋嘗述毛非鄭云。

案：《四庫全書總目》云：「自鄭《箋》既行，齊、魯、韓三家遂廢。案此陸德明《經典釋文》之說。然《箋》與《傳》義，亦時有異同，魏王肅作《毛詩注》、《毛詩義駁》、《毛詩奏事》、《毛詩問難》諸書，以申毛難鄭。歐陽修引其釋〈衛風‧擊鼓〉五章，謂鄭不如王。見《詩本義》。王基又作《毛詩駁》，以申鄭難王。王應麟引其駁〈苯苢〉一條，謂王不及鄭。見《困學紀聞》，亦載《經典釋文》。晉孫毓作《毛詩異同評》，復申王說。陳統作《難孫氏毛詩評》，又明鄭義。並見《經典釋文》。祖分左右，垂數百年。至唐貞觀十六年，命孔穎達等因鄭《箋》為《正義》，乃論歸一定，無復岐塗。」是肅雖非鄭，終難成功也。

詩風雅頌四卷、序一卷

《詩風雅頌》四卷、《序》一卷，朱熹所錄。以為〈序〉出後世，不當引冠篇首，故別錄為一卷。

廣棪案：朱子頗不信〈詩序〉，蓋以〈序〉出後世。其所以將〈詩序〉別錄為一卷之故，亦自有說，所撰〈序〉云：「〈詩序〉之作，說者不同。或以為孔子，或以為子夏，或以為國史，皆無明文可考。惟《後漢‧儒林傳》以為衛宏作〈毛詩序〉，今傳於世。則〈序〉乃宏作明矣。然鄭氏又以為諸〈序〉本自合為一編，毛公始分，以寘諸篇之首。則是毛公之前，其傳已久，宏特將增廣而潤色之耳。故近世諸儒多以〈序〉之首句為毛公所分，而其下推說云云者，為後人所益。理或有之，但今考其首句，則已有不得詩人之本意而肆為妄說者矣，況沿襲云云之誤哉！然計其初，猶必自謂出於臆度之私，非經本文，故且自為一編，別附經後；又以尚有齊、魯、韓氏之說並傳於世，故讀者亦有以知其出於後人之手，不盡信也。及至毛公引以入經，乃不綴篇後，而超冠篇端；不為註文，而直作經字；不為疑辭，而遂為決辭。其後三家之《傳》又絕，而毛說孤行，則其牴牾之跡，無復可見。故此〈序〉者，遂若詩人先所命題，而詩文反為因〈序〉以作。於是讀者轉相尊信，無敢擬議；至於有所不通，則必為之委曲遷就，穿鑿而附合之。寧使經之本文繚戾破碎，不成文理，而終不忍明以〈小序〉為出於漢儒也。愚之病此久矣，然猶以其所從來也遠，其間容或眞有傳授證驗而不

可廢者；故既頗采以附《傳》中，而復併爲一編，以還其舊，因以論其得失云。」
是則朱子以〈序〉別錄爲一卷者，仍遵康成之意，蓋以〈詩序〉中「容或眞有
傳授證驗而不可廢者」也。

毛詩正義四十卷

《毛詩正義》四十卷，唐孔穎達與王德韶等撰。專述毛、鄭之學，且備鄭《譜》
於卷首，蓋亦增損劉焯、劉炫之《疏》而爲之也。

> 廣棪案：孔穎達〈毛詩正義序〉曰：「近代爲義疏者，有全瑗、何引、舒瑗、劉
> 軌思、劉醜、劉焯、劉炫等，然焯、炫並聰穎特達，文而又儒，擢秀幹於一時，
> 騁絕轡於千里，固諸儒之所揖讓，日下之無雙，於其所作《疏》內，特爲殊絕。
> 今奉敕刪定，故據以爲本。然焯、炫負恃才氣，輕鄙先達，同其所異，異其所
> 同；或應略而反詳，或宜詳而更略。準其繩墨，差忒未免；勘其會同，時有顚
> 躓。今則削其所煩，增其所簡，惟意存於曲直，非有心於愛憎。謹與朝散大夫、
> 行太學博士臣王德韶，徵事郎、守四門博士臣齊威等對共討論，辨詳得失。至
> 十六年，又奉敕與前修疏人及給事郎、守太學助教、雲騎尉臣趙乾叶，登仕郎、
> 守四門助教、雲騎尉臣賈普曜等對敕，使趙弘智覆更詳正，凡爲四十卷。庶以
> 對揚聖範，垂訓幼蒙，故序其所見，載之於卷首云爾。」《解題》所述，全據此
> 〈序〉而有所刪損。

晁氏《讀書志》云：「自晉東遷，學有南北之異。南學簡約，得其英華；北學
深博，窮其枝葉。至穎達《義疏》，始混南北以爲一。雖未必盡得聖人之意，
而其形名度數亦已詳矣。自茲以後，郊社、宗廟、冠婚、喪祭，其儀法莫不
本此。元豐以來，廢而不行，甚亡謂也。」

> 案：《郡齋讀書志》卷第二〈詩類〉載：「《毛詩正義》四十卷。右唐孔穎達等撰。
> 據劉炫、劉焯《疏》爲本，刪其所煩，而增其所簡。自晉室東遷，學有南北之
> 異。南學簡約，得其英華；北學深博，窮其枝葉。至穎達始著《義疏》，混南北
> 之異，雖未必盡得聖人之意，而刑名度數亦已詳矣。自茲以後，大而郊社、宗
> 廟，細而冠婚、喪祭，其儀法莫不本此。元豐以來，廢而不行，甚無謂也。」
> 《解題》全據《郡齋讀書志》，僅個別文字刪改不同。末處三句抨擊元豐以來以
> 新經科士，晁、陳不滿於安石，其意甚明。

毛詩釋文二卷

《毛詩釋文》二卷，唐陸德明撰。

　　廣棪案：《經典釋文》卷第一〈毛詩〉曰：「既起周文，又兼〈商頌〉，固在堯舜之後，次於《易》、《書》。《詩》雖四家，齊、魯、韓，世所不用，今亦課士不取。」此言《釋文》獨取《毛詩》之故。《經義考》卷一百三〈詩〉六著錄：「陸氏德明《毛詩釋文》一卷，存。」惟《通志堂經解》本《經典釋文》，其卷第五爲〈毛詩音義〉下，則作三卷。《毛詩釋文》分卷雖有一卷、二卷、三卷之別，其內容大抵無異也。

韓詩外傳十卷

《韓詩外傳》十卷，漢常山太傅燕韓嬰撰。案〈藝文志〉有《韓故》三十六卷、《內傳》四卷、《外傳》六卷、《韓說》四十一卷，今皆亡。

　　廣棪案：韓嬰撰《韓故》三十六卷，其徒眾撰《韓說》四十一卷，歲久漸次亡佚。《四庫全書總目》卷十六〈經部〉十六〈詩類〉二著錄：「《韓詩外傳》十卷，通行本。漢韓嬰撰。嬰，燕人，文帝時爲博士，景帝時至常山太傅。《漢書‧藝文志》有《韓故》三十六卷、《韓內傳》四卷、《韓外傳》六卷、《韓說》四十一卷，歲久散佚。惟《韓故》二十二卷《新唐書》尙著錄，故劉安世稱嘗讀《韓詩‧雨無正》篇；然歐陽修已稱今但存其《外傳》，則北宋之時，士大夫已有見有不見。范處義作《詩補傳》在紹興中，已不信劉安世得見《韓詩》，則亡在南北宋間矣。」是《韓故》一書直齋時已亡。今人張舜徽《漢書藝文志通釋》二〈六藝略‧詩〉曰：「《韓說》四十一卷。王先謙曰：『《韓詩》有王食、長孫之學，此其徒眾所傳。』按：此書蓋與《魯說》同體，自《隋書‧經籍志》已不著錄，則亡佚甚早。」是《韓說》之亡更在《韓故》之前。然《韓詩外傳》十卷猶在《解題》謂「今皆亡」，殊未當也，且與下句顯有矛盾。修辭之未善歟！

所存惟《外傳》，而卷多於舊，蓋多記雜說，不專解《詩》。果當時本書否也？

　　　　「故」者，通其指義也，作「詩」非。隨齋批注。

　　案：《韓詩外傳》，《漢書‧藝文志‧六藝略》原作六卷《隋書‧經籍志》則著錄十卷。《四庫全書總目》亦曰：「惟此《外傳》，至今尙存。然自〈隋志〉以後，即較〈漢志〉多四卷，蓋後人所分也。其書雜引古事古語，證以詩詞，與經義不相比附，故曰《外傳》。所采多與周秦諸子相出入，班固論三家之詩，稱其『或

取《春秋》，采雜說，咸非其本義」，殆即指此類歟？」所論與《解題》略同。至《外傳》由〈漢志〉之六卷，演而爲〈隋志〉之十卷，其因由殊非如《四庫全書總目》所云「蓋後人所分」，而純以將《內》、《外傳》合併之故《內傳》實存於《外傳》之中。今人楊樹達先生即有此說，其所撰〈韓詩內傳未亡說〉一文，初刊見《積微居文錄》，後收入《積微居小學金石論叢》。考之甚詳。張舜徽《漢書藝文志通釋》節引楊氏之文曰：「愚謂《內傳》四卷，實在今本《外傳》之中。〈漢志〉：《內傳》四卷《外傳》六卷，其合數恰與今本《外傳》十卷相合。今本《外傳》第五卷首章爲『子夏問曰：〈關雎〉何以爲〈國風〉始』云云，此實爲原本《外傳》首卷之首章。蓋《內》、《外傳》同是依經推演之詞，故後人爲之合併，而猶留此痕跡耳。〈隋志〉有《外傳》十卷而無《內傳》，知其合併在隋以前矣。近儒輯《韓詩》者，皆以訓詁之文爲《內傳》，意謂《內》、《外傳》當有別，不知彼乃《韓故》之文，非《內傳》文也。若如其說，同名爲『傳』者且當有別，而《內傳》與《故》可無分乎？《後漢書‧郎顗傳》引《易內傳》曰：『人君奢侈，多飾宮室，其時旱，其災水。』此是雜說體裁，並非訓詁，然則漢之『內傳』非訓詁體明矣。」張氏續又加案語曰：「按：楊說是也。古之書籍，在未有雕版印刷以前，皆由手寫。鈔書者每喜取一人之書，合鈔並存，彙爲一編，此乃常有之事。鈔《韓詩》、《內》、《外傳》者，併成一籍，不足怪也。合鈔既成，以《外傳》多二卷，取其多者爲大名，故總題《韓詩外傳》耳。《內》、《外傳》既合而爲一，顧猶可考見其異。《內傳》四卷在前，每章文辭簡短；《外傳》六卷在後，則長篇爲多，斯亦不同之明徵也。大抵其書每章皆敘故事或發議論於前，然後引詩句以證於末，論者多病其斷章取義，然不失爲漢人說《詩》之一體，要不可廢。」觀楊、張二氏所論，足證《內傳》未亡，乃在《外傳》之中；故今之《外傳》「卷多於舊」，殊不足怪。至直齋因是疑及《外傳》「果當時本書否」，更屬杞人憂天；《四庫全書總目》亦謂《外傳》書中「精理名言，往往而有」，殆更證成其書之屬眞，庶可無疑。直齋疑團滿腹，蓋未深考耳。

詩譜三卷

《詩譜》三卷，漢鄭康成撰，歐陽修補亡。

廣棪案：《郡齋讀書志》卷第二〈詩類〉著錄：「《詩譜》一卷。右漢鄭玄康成撰。歐陽永叔補其闕，遂成全書。」與《解題》同，惟卷數不同。考鄭玄《詩譜》，〈唐志〉及〈宋志〉均作三卷；《經典釋文》及〈舊唐志〉作二卷，僅《郡齋讀

書志》作一卷。疑前人分卷有不同，而其內容當無甚出入。《經義考》此書名作《詩譜補闕》。

其〈序〉云：「慶曆四年至絳州得之，有注而不見名氏。〈譜序〉自『周公致太平』已上皆亡之，取孔氏《正義》所載補足之，因為之注。自此以下即用舊注，考《春秋》、《史記》，合以毛、鄭之說，補《譜》之亡者，於是其書復完。」館臣案：宋《兩朝國史志》，歐陽修於絳州得注本，卷首殘闕，因補成進之，而不知注者乃太叔求也。廣棪案：盧校注：「陸德明《釋文》：『鄭氏《詩譜》二卷，徐整暢，太叔裘隱。』宋《兩朝國史志》專以舊注為太叔求所作，謂歐公未之知也。」

案：歐陽永叔〈自序〉曰：「慶曆四年，奉使河東，至於絳州，偶得焉。其文有注而不見名氏，然首尾殘闕。自『周公致太平』已上皆亡之。其國譜旁行，尤易為訛舛，悉皆顛倒錯亂，不可復考。初予未見鄭《譜》，嘗略考《春秋》、《史記・本紀》、《世家》、《年表》，而合毛、鄭之說，為《詩圖》十四篇，取以補鄭《譜》之亡者，而鄭氏之《譜》復完。」《解題》所述蓋本此。然歐公〈自序〉「其文有注而不見名氏」一語，《四庫全書》館臣嘗辨之，其所下案語引《兩朝國史志》曰：「歐陽修於絳州得注本，卷首殘闕，因補成進之，而不知注者乃太叔求也。」其後盧文弨重輯本《解題》，其校注亦曰：「陸德明《釋文》：『鄭氏《詩譜》二卷，徐整暢，太叔裘隱。』宋《兩朝國史志》專以舊注為太叔求所作，謂歐公未之知也。」今人孫猛撰《郡齋讀書志校證》亦曰：「《經典釋文・序錄》有鄭玄《詩譜》二卷，云：『徐整暢，太叔裘隱。』『暢』謂暢明鄭旨，『隱』謂詮發隱義，參見盧文弨《經典釋文考證》。〈隋志〉卷一凡二見《毛詩譜》三卷，吳太常卿徐整撰；《毛詩譜》二卷，太叔求及劉炫注。王應麟《困學紀聞》卷三引《古今書錄》，云徐正陽注，此『正陽』當『整暢』之誤。歐陽修慶曆四年於絳州偶得之本，有注而不見注者名氏，遂作《補譜》，蓋未詳考《釋文》、〈隋志〉。」見卷第二〈詩類〉「《詩譜》一卷」條注〔一〕。據是，則歐公固荒於檢索，然直齋亦疏於考辨，是以不吝費辭，略徵引諸家之說，以補歐、陳之未及。

毛詩鳥獸草木蟲魚疏二卷

《毛詩鳥獸草木蟲魚疏》二卷，題吳郡庶子陸璣撰。

　　廣棪案：此書〈隋志〉作《毛詩草木蟲魚疏》，〈新唐志〉作《草木鳥獸魚蟲疏》，〈舊唐志〉、《郡齋讀書志》均作《毛詩草木鳥獸蟲魚疏》，〈宋志〉作《草木鳥

　　獸蟲魚疏》，皆爲二卷；惟書名與《解題》著錄者不類，頗可怪也。

案《館閣書目》稱吳中庶子烏程令，字元恪，吳郡人，據陸氏《釋文》也。其名從「玉」，固非晉之士衡，而其書引郭璞注《爾雅》，則當在郭之後，亦未必為吳時人也。孔《疏》、呂《記》多引之。

　　案：《解題》擬元恪當在郭璞後，未必三國時吳人，明毛晉篤信之。毛氏作此書之〈跋〉曰：「右《毛詩疏》二卷，或曰吳太子中庶子烏程令陸機作也；或曰唐吳郡陸璣作也。陳氏辨之曰：『其書引《爾雅》郭璞注，則當在郭之後，未必吳時人也。』但諸書援引多誤作機。案機字士衡，晉人，本不治《詩》；則此書爲唐人陸璣字元恪所撰，無疑矣。」其實直齋之誤，姚士粦跋此書已辨之。姚氏曰：「予篋中有《毛詩草木蟲魚疏》一卷，題曰：吳太子中庶子烏程令吳郡陸璣元恪撰。凡草之類八十、木之類三十有四、鳥之類二十有三、獸之類九、魚之類十、蟲之類十有八。按陳氏《書錄解題》謂此書多引郭氏，似非吳人。若予所藏，未嘗一條引及郭氏，且後有魯、齊、韓、毛四詩授受，與《漢書・儒林傳》相爲表裏。」故《四庫全書總目》卷十五〈經部〉十五〈詩類〉一「《毛詩草木鳥獸蟲魚疏》二卷」條亦補充曰：「毛晉《津逮祕書》所刻，援陳振孫之言，謂其書引《爾雅》郭璞注，當在郭後，未必吳人，因而題曰唐陸璣。夫唐代之書，〈隋志〉烏能著錄，且書中所引《爾雅注》，僅及漢犍爲文學樊光，實無一字涉郭璞，不知陳氏何以云然。姚士粦〈跋〉已辨之，或晉未見士粦〈跋〉歟！」是則直齋謂此書引及《爾雅》郭注固誤，而毛晉謂元恪爲唐人，更屬無稽之談，殊不足辨也。至元恪與士衡固是二人，當不容混。惟元恪之名究從「木」爲「機」，或從「玉」爲「璣」，《四庫全書總目》亦曾辨之，曰：「明北監本《詩正義》全部所引，皆作陸機。考《隋書・經籍志》，《毛詩草木蟲魚疏》二卷，注云：『烏程令吳郡陸機撰。』陸德明《經典釋文・序錄》：陸璣《毛詩草木鳥獸蟲魚疏》二卷，注云：『字元恪，吳郡人，吳太子中庶子烏程令。』《資暇集》亦辯機字從玉，則監本爲誤。」惟今人余嘉錫先生則不以《四庫全書總目》之說爲然，《四庫提要辨證》卷一〈經部〉一〈詩類〉一「《毛詩草木鳥獸蟲魚疏》二卷」條曰：「嘉錫案：錢大昕《潛研堂集》卷二十七〈跋爾雅單行本〉云：『此書引陸氏《草木疏》，其名皆作機，與今本異。考古書「機」與「璣」通，馬、鄭《尚書》「璿璣」字皆作「機」。《隋書・經籍志》，烏程令吳郡陸機，本從木旁，元恪與士衡同時，又同姓名，古人不以爲嫌也。自李濟翁強作解事，謂元恪名當從「玉」旁，晁氏《讀書志》承其說，以爲題陸機者爲非。自後經史刊本，遇元恪名，

輒改从「玉」旁。余謂考古者但當定《草木疏》爲元恪作，非士衡作，若其名則皆从木旁，而士衡名字，尤與《尚書》相應，果欲示別，何不改士衡名耶？即此可證邢叔明諸人識字，猶勝李濟翁也。』阮元《毛詩校勘記》，於《正義》引陸機疏條下云：『毛本「機」誤「璣」，閩本、明監本不誤。考《隋書·經籍志》作「機」《釋文·序錄》同，惟《資暇集》有當从「玉」旁之說，宋代著錄元恪書者多宗之，毛本因此改作「璣」，其實與士衡同姓名耳，古人所有，不當改也。』錢、阮兩家之說精矣《提要》信《資暇集》之說，定元恪名作『璣』，且引〈隋志〉及《釋文》爲證，不知其所據皆誤本耳。明南監本〈隋志〉『陸機』，字實從『木』，不從『玉』也。」是則元恪本名機，與士衡同名，宋後始被改爲璣，其誤始自《資暇集》，不意《郡齋讀書志》與《解題》亦誤信之，《四庫全書總目》更推波助瀾，強作解事，幸得錢、阮、余三氏之辨，此事應可渙然冰釋矣。

詩折衷二十卷

《詩折衷》二十卷，皇祐中莆田劉宇撰。

　　廣棪案：宇《宋史》無傳《淳熙三山志》卷二十七載：「劉宇，字閎中，侯官人，寔弟。政和二年進士，終文林郎、京畿運管。」《解題》說宇仁宗皇祐時人《淳熙三山志》說徽宗政和時人，前後相隔百載，二者必有一誤。考《淳熙三山志》一書乃梁克家撰。克家字叔子，泉州晉江人，紹興三十年廷試第一。其書《四庫全書》亦收之，《四庫全書總目》卷六十八〈史部〉二十四〈地理類〉一「《淳熙三山志》四十二卷」條評曰：「其《志》主於紀錄掌故，而不在誇耀鄉賢，侈陳名勝，固亦核實之道。」是則克家既與劉宇地緣相接，生時亦較直齋爲早，而其書主記人物山川，且有「核實」之譽，故其言宇爲「政和二年進士」，必有所據。疑《解題》之說或有所誤也。

凡毛、鄭異義，折衷從一。蓋倣陳岳《三傳折衷論》之例，凡一百六十八篇。

　　案：《詩折衷》二十卷已佚《解題》謂其仿陳岳《三傳折衷論》之例而撰。岳之書，應稱《春秋折衷論》。《解題》卷三〈春秋類〉著錄曰：「《春秋折衷論》三十卷，唐江西觀察判官廬陵陳岳撰。以《三傳》異義，折衷其是非而斷於一。岳，唐末十上春官，晚乃辟江西從事。」是宇此書折衷毛、鄭義，其例一仿岳書，故書名亦相近乃爾。

詩本義十六卷，圖、譜附

《詩本義》十六卷，《圖》、《譜》附，歐陽修撰。

> 廣棪案：《經義考》卷一百四〈詩〉七著錄作《毛詩本義》，謂據〈宋志〉。非是。〈宋志〉亦作《詩本義》。《郡齋讀書志》著錄此書則作十五卷，蓋闕卷末《圖》、《譜》也。

先為論，以辨毛、鄭之失，然後斷以己見。末二卷為〈一義解〉、〈取舍義〉、〈時世〉〈本末〉二論、〈豳〉〈魯〉〈序〉三問，而補亡鄭《譜》及〈詩圖總序〉附於卷末。大意以為毛、鄭之已善者皆不改，不得已乃易之，非樂求異於先儒也。

> 案：《郡齋讀書志》卷第二〈詩類〉著錄：「《歐陽詩本義》十五卷。右皇朝歐陽修永叔撰。歐公解《詩》，毛、鄭之說已善者，因之不改；至於質諸先聖則悖理，考於人情則不可行，然後易之，故所得比諸儒最多。」《經義考》引樓鑰曰：「由漢以至本朝，千餘年間，號為通經者，不過經述毛、鄭，莫詳於孔穎達之《疏》，不敢以一語違忤。二家自不相侔者，皆曲為說以通之。韓文公，大儒也。其上書所引『菁菁者莪』，猶規規然守其說。惟歐陽公《本義》之作，始有以開百世之惑，曾不輕議二家之短長，而能指其不然，以深持詩人之意。其後王文公、蘇文定公、伊川程先生各著其說，更相發明，愈益昭著，其實自歐陽氏發之。」《四庫全書總目》卷十五〈經部〉十五〈詩類〉一亦曰：「《毛詩本義》十六卷，兩江總督採進本。宋歐陽修撰。是書凡為說一百十有四篇、〈統解〉十篇、〈時世〉〈本末〉二論、〈豳〉〈魯〉〈序〉三問，而補亡鄭《譜》及〈詩圖總序〉附於卷末。修文章名一世，而經術亦復湛深。……自唐以來，說《詩》者莫敢議毛、鄭，雖老師宿儒亦謹守〈小序〉。至宋而新義日增，舊說幾廢，推原所始，實發於修。然修之言曰：『後之學者因跡先世之所傳而較得失，或有之矣。使徒抱焚餘殘脫之經，倀倀於去聖人千百年後，不見先儒中間之說，而欲特立一家之學者，果有能哉？吾未之信也。』又曰：『先儒於經不能無失，而所得固已多矣。盡其說而理有不通，然後以論正之。』是修之作是書，本出於和氣平心，以意逆志，故其立論未嘗輕議二家，而亦不曲徇二家。其所訓釋，往往得詩人之本志。」是則修撰此書，實開有宋一代治《詩》之新途徑。書中於毛、鄭訓箋雖有所糾正，惟皆出自不得已。《解題》謂為「非樂求異於先儒」，此語甚得歐公治《詩經》本旨。

新經詩義三十卷

《新經詩義》三十卷，_{館臣案：《宋史・藝文志》作二十卷。}王安石撰。亦《三經義》之一也。皆雱訓其辭，而安石釋其義。

廣棪案：此書《郡齋讀書志》與〈宋志〉均著錄爲「《新經毛詩義》二十卷」。安石〈自序〉曰：「《詩》三百十一篇，其義具存；其辭亡者，六篇而已。上既使臣雱訓其辭，又命臣某等訓其義。書成，以賜太學，布之天下。又使臣某爲之序。」故晁氏《郡齋讀書志》卷第二〈詩類〉亦曰：「《新經毛詩義》二十卷。右皇朝熙寧中置經義局，撰《三經義》，皆本王安石說。《毛詩》先命王雱訓其辭，復命安石訓其義。書成，以賜太學，布之天下以取士云。」是晁氏據王〈序〉爲說，而《解題》又刪節《郡齋讀書志》而寫成也。晁、陳之書，於《新經詩義》一語無所評，似有所隱忍而未發者。惟王應麟《困學紀聞》卷三〈詩〉則曰：「『凡百君子，各敬爾身。胡不相畏，不畏于天。』荆公謂：『世雖昏亂，君子不可以爲惡，自敬故也，畏人故也，畏天故也。』愚謂：《詩》云周宗既滅，哀痛深矣，猶以敬畏相戒。聖賢心學，守而勿失。中夏雖亡，而義理未嘗亡；世道雖壞，而人心未嘗壞。君子修身以俟命而已。」同卷又曰：「『亂離瘼矣，爰適其歸。』《新經義》云：『亂出乎上，而受患常在下。及其極也，乃適歸乎其所出矣。』噫！宣、靖之際，其言驗矣，而兆亂者誰歟？言與行違，心與跡異，荆舒之謂也。」今《新經詩義》早亡，惟觀《困學紀聞》所述，幸可得讀此書之佚文，又頗悉應麟深憾於荆舒也。

詩解集傳二十卷

《詩解集傳》二十卷，門下侍郎蘇轍子由撰。於〈序〉止存其首一言，餘皆刪去。

廣棪案：此書《郡齋讀書志》稱「《蘇氏詩解》」，惟宋淳熙七年轍之曾孫詔所刊筠州公使庫本，則命名爲「《詩集傳》」《四庫全書》本依之。上述各本均爲二十卷。明萬曆二十五年刊有《兩蘇經解》本，稱「《潁濱先生詩集傳》」，則作十九卷，傅增湘曾珍藏之，見《藏園訂補郘亭知見傳本書目》卷二〈經部〉三〈詩類〉。而其命名與卷數皆與《解題》著錄不同。《解題》此條所述據晁《志》，然過簡略，未能釋說轍所以刪〈序〉之由。《郡齋讀書志》卷第二〈詩類〉載：「《蘇氏詩解》二十卷。右皇朝蘇轍子由撰。其說以《毛詩序》爲衛宏作，非孔氏之舊，

止存其一言，餘皆刪去。按司馬遷曰：『周道闕而〈關雎〉作。』揚雄曰：『周康之時〈頌〉聲作乎下，〈關雎〉作乎上。』與今《毛詩序》之義絕不同，則知〈序〉非孔氏之舊明矣。雖然，若去〈序〉不觀，則《詩》之辭有溟涬而不可知者，不得不存其首之一言也。」是晁氏亦以為〈序〉不可輕廢。至轍「〈序〉止存其首一言」之由，《四庫全書總目》分析綦詳，可補《解題》之略。其書卷十五〈經部〉十五〈詩類〉一著錄：「《詩集傳》二十卷，內府藏本。宋蘇轍撰。其說以《詩》之〈小序〉反復繁重，類非一人之詞，疑為毛公之學，衛宏之所集錄。固惟存其發端一言，而以下餘文悉從刪汰。案《禮記》曰：『〈騶虞〉者，樂官備也；〈狸首〉者，樂會時也；〈采蘋〉者，樂循法也。』是足見古人言《詩》，率以一語括其旨。〈小序〉之體，實肇於斯。王應麟〈韓詩考〉所載，如：『〈關雎〉，刺時也；〈芣苢〉，傷夫有惡疾也；〈漢廣〉，悅人也；〈汝墳〉，辭家也；〈蝃蝀〉，刺奔也；〈黍離〉，伯封作也；〈賓之初筵〉，衛武公飲酒悔過也。』劉安世《元城語錄》亦曰：『少年嘗記讀《韓詩》，有〈兩無極〉篇，〈序〉云：「正大夫刺幽王也。」首云：「兩無極，傷我稼穡。」云云。』是〈韓詩序〉亦括以一語也。又蔡邕書《石經》，悉本《魯詩》，所作《獨斷》，載〈周頌序〉三十一章，大致皆與《毛詩》同，而但有其首句。是〈魯詩序〉亦括以一語也。轍取〈小序〉首句為毛公之學，不為無見。史傳言〈詩序〉者，以《後漢書》為近古，而〈儒林傳〉稱謝曼卿善《毛詩》，乃為其訓，衛宏從曼卿受學，因作〈毛詩序〉，轍以為衛宏所集錄，亦不為無徵。唐成伯璵作《毛詩指說》，雖亦以〈小序〉為出子夏，然其言曰：『眾篇之〈小序〉，子夏惟裁初句耳。〈葛覃〉，后妃之本也；〈鴻雁〉，美宣王也；如此之類是也。其下皆大毛公自以詩中之意而繫其詞。』云云。然則惟取〈序〉首，伯璵已先言之，不自轍創矣。」是知轍之「於〈序〉止存其首一言，餘皆刪去」，如此處置，實有所本。《解題》未述根由，不得已乃略事徵引以說明之。

詩學名物解二十卷

《詩學名物解》二十卷，知樞密院莆田蔡卞元度撰。卞，王介甫婿，故多用《字說》。其目自〈釋天〉至〈雜釋〉凡十類，大略如《爾雅》，而瑣碎穿鑿，於經無補也。

廣梭案：此書〈宋志〉等均作《毛詩名物解》，凡二十卷。至其分類，《解題》稱自〈釋天〉至〈雜釋〉共十類。實有遺漏。陸元輔曰：「蔡元度《名物解》，〈目

錄〉一卷、〈釋天〉一卷、〈釋百穀〉一卷、〈釋草〉一卷、〈釋木〉一卷、〈釋鳥〉三卷、〈釋獸〉二卷、〈釋蟲〉二卷、〈釋魚〉一卷、〈釋馬〉一卷、〈雜釋〉一卷、〈雜解〉一卷。」見《經義考》卷一百五〈詩〉八引。則凡十一類。惟陸氏所記卷數除〈目錄〉一卷不計外，僅得十五卷，與《解題》二十卷之數不符，顯有錯誤。今考《通志堂經解》亦收有此書，其卷一、二〈釋天〉，卷三〈釋百穀〉，卷四〈釋草〉，卷五〈釋木〉，卷六至卷八〈釋鳥〉，卷九、十〈釋獸〉，卷十一、十二〈釋蟲〉，卷十三〈釋魚〉，卷十四〈釋馬〉，卷十五〈雜釋〉，卷十六至二十〈雜解〉。則恰符二十卷之數。惟《四庫全書總目》謂：「陳氏《書錄解題》稱分十卷，蓋傳寫誤脫『二』字也。」見卷十五〈經部〉十五〈詩類〉一「《毛詩名物解》二十卷」條。則《四庫全書總目》所述亦未確當矣。至對此書之評價，自清以來，頗有聚訟。納蘭成德〈毛詩名物解序〉曰：「卞為人固不足道，然為是書，貫穿經義，會通物理，頗有思致。蓋熙、豐以來之小人，如呂惠卿、章淳、曾布及卞兄弟，咸能以文采自見，而亦或傅致經義以文其邪說。斯所以能惑世聽，而自結于人主也。嗟乎！當其誣罔宣仁，竄逐眾正之時，吾不知其于興觀美刺之義何居！斯其人所謂投畀豺虎不食，投畀有北不受者。而吾之猶錄其書存之者，殆所謂不以人廢言之意也歟！」《四庫全書總目》亦謂：「自王安石《新義》及《字說》行，而宋之士風一變。其為名物訓詁之學者，僅卞與陸佃二家。佃，安石客；卞，安石婿也。故佃作《埤雅》，卞作此書，大旨皆以《字說》為宗。陳振孫稱卞書議論穿鑿，徵引瑣碎，無裨於經義。詆之甚力。蓋佃雖學術本安石，而力沮新法，斷斷異議，君子猶或取之。卞則傾邪奸憸，犯天下之公惡，因其人以及其書，群相排斥，亦自取也。然其書雖王氏之學，而徵引發明，亦有出於孔穎達《正義》、陸璣《草木蟲魚疏》外者，寸有所長，不以人廢言也。且以邢昺之僉邪，而《爾雅疏》列在學官，則卞書亦安得竟棄乎？」然莫友芝《邵亭知見傳本書目》卷二〈經部〉三〈詩類〉著錄：「《毛詩名物解》二十卷，宋蔡卞撰。通志堂本。卞此書自首至尾并鈔陸佃《埤雅》之文，未曾自下一字，不知刊《經解》者何以收編《四庫》又何以入錄？其人其書，皆可廢也。」誠如莫氏所言，則此書固應廢。然治學淵懿如直齋、納蘭、紀氏諸人，竟不察覺此書之鈔自《埤雅》，其亦可怪也耶！

詩物性門類八卷

《詩物性門類》八卷，不著名氏，多取《說文》。今攷之，蓋陸農師所作《埤

雅》稿也，詳見《埤雅》。

　　廣棪案：《解題》卷三〈小學類〉著錄：「《埤雅》二十卷，陸佃撰。曰〈釋魚〉、〈釋獸〉，以及於〈鳥〉、〈蟲〉、〈馬〉、〈草〉、〈木〉，而終之以〈釋天〉，所以爲《爾雅》之輔也。此書本號《物性門類》，其初嘗以〈釋魚〉、〈釋木〉二篇上之朝，編纂將就，而永裕上賓，不及再上，既注《爾雅》，遂成此書。其於物性精詳，所援引甚博，而亦多用《字說》。」是此書凡八類，故分八卷，即每類一卷。後增益擴充內容而成《埤雅》，始爲二十卷。《四庫全書總目》卷四十〈經部〉四十〈小學類〉一「《埤雅》二十卷」條曰：「其子宰作此書〈序〉。……宰〈序〉稱佃於神宗時召對，言及物性，因進〈說魚〉、〈說木〉二篇。後乃並加筆削，初名《物性門類》。後註《爾雅》畢，更修此書，易名《埤雅》，言爲《爾雅》之輔也。其說諸物，大抵略於形狀而詳於名義。尋究偏旁，比附形聲，務求其得名之所以然。又推而通貫諸經，曲證旁稽，假物理以明其義，中多引王安石《字說》。」則可知此書與《埤雅》撰作體例之一斑。

廣川詩故四十卷

《廣川詩故》四十卷，董逌撰。其說兼取三家，不專毛、鄭，謂《魯詩》但見取於諸書，其言莫究《齊詩》尚存可據《韓詩》雖亡缺，猶可參攷。案逌《藏書志》有《齊詩》六卷，今《館閣》無之。逌自言隋、唐亦已亡久矣，不知今所傳何所從來，或疑後世依託爲之。然則安得便以爲《齊詩》尚存也。然其所援引諸家文義與毛氏異者，亦足以廣見聞，續微絕云耳。廣棪案：盧校本無「耳」字。

　　廣棪案：《中興藝文志》曰：「《廣川詩故》四十卷，董逌撰。逌謂班固言《魯詩》最近，今徒於他書時得之。《齊詩》所存不全，或疑後人託爲，然章句間有自立處，此不可易者。《韓詩》雖亡闕《外傳》及章句猶存。《毛詩》訓故爲備，以最後出，故獨傳。乃據毛氏以攷正於三家，且論〈詩序〉決非子夏所作。建炎中，逌載是書而南。其志公學博，不可以人廢也。」《經義考》卷一百五〈詩〉八引。所論與《解題》參差相近。然逌於《齊詩》之存佚，猶豫於兩可之間，故不免直齋之質疑。且此書亦有瑕纇，朱子曰：「董彥遠《詩解》，廣棪案：應作《詩故》。其論〈關雎〉之義，自謂暗與程先生合。但其文晦澀難曉。」《經義考》同卷引。朱子此說甚確，惟《解題》及《中興藝文志》咸未及之。

毛詩補音十卷

《毛詩補音》十卷，吳棫撰。其說以為《詩》韻無不叶者，如「來」之為「釐」，「慶」之為「羌」，「馬」之為「姥」之類。《詩》音舊有九家，唐陸德明始定為《釋文》。〈燕燕〉以「南」韻「心」，沈重讀「南」作尼心切。德明則謂古人韻緩，不煩改字。〈揚之水〉以「沃」韻「樂」，徐邈讀「沃」鬱縛切，德明亦所不載。顏氏《糾謬正俗》以傅毅〈郊祀賦〉「禳」作_{廣棪案：盧校本作「有」，}而成切；張衡〈東京賦〉「激」作吉躍切。今之所作大略倣此。

廣棪案：《宋史》卷二百二〈志〉第一百五十五〈藝文〉一〈經類·詩類〉著錄云：「吳棫《毛詩叶韻補音》十卷。」較此多「叶韻」二字。棫有〈自序〉曰：「《詩》音舊有九家，唐陸德明以己見定為一家之學，《釋文》是也。所補之音，皆陸氏未叶者，已叶者悉從陸氏。其用韻，已見《集韻》諸書者皆不載；雖見韻書而訓義不同，或諸書當作此讀，而注釋未收者載之。凡字有一義，即以一條為證，或二義、三義，即以二、三條為證。若謬誤，若未盡，皆俟後之君子正而成之，庶斯道之不墜也。」所述此書撰作之法，與《解題》不盡同，惟正可互為補足。

其援據精博，信而有證。朱晦翁注《楚辭》亦用棫例，皆叶其韻。

案：明人許宗魯評此書曰：「余讀吳氏書，固非鑿空臆為者。音本諸母，轉聲以相叶，唇齒喉舌，準舊弗更，而援引指證，朗然大備。使古人韻語鏗鏘，擊戛播於律呂，無或忤違。吳氏之功亦多哉！」《經義考》卷一百五〈詩〉八引。許氏推崇備至，溢於《解題》。然楊簡則曰：「《詩補音》考究精博，然亦有過差。」同上引。朱子更曰：「吳才老《補音》甚詳，然亦有推不去者。如『外禦其侮』叶『烝也無戎』，才老無尋處，卻云：『務字古人讀作蒙。』不知戎，汝也。汝、戎二字，古人通用，是協音汝也。如『南仲太祖，太師皇父。整我六師，以修我戎』，亦是叶音汝也。『下民有嚴』叶『不敢迨遑』，才老欲音『嚴』為『莊』，云：『避漢諱。』卻無道理。某後讀《楚辭·天問》見一『嚴』字乃押從『莊』字，乃知是叶韻，『嚴』讀作『昂』也。〈天問〉，才老豈不讀，往往無甚意義，只恁地打過去也。」同上引。是則才老此書，亦非全屬「援據精博，信而有證」如《解題》所云者矣。故朱子注〈騷〉，雖參用吳書，亦不免指證其叶韻之謬。

棫又有《韻補》一書，不專為《詩》作也。要之古人韻緩之說，最為確論，不必一一改字，詳見《韻補》。

案：《解題》卷三〈小學類〉有「《韻補》五卷」條，謂棫撰此書，「取古書自《易》、

《書》、《詩》而下，以及本朝歐、蘇凡五十種，其聲韻與今不同者皆入焉」。又謂：「陸德明于〈燕燕〉詩，以『南』韻『心』，有讀『南』作尼心切者，陸以爲古人韻緩，不煩改字。此誠名言。今之讀古書古韻者，但當隨其聲之叶而讀之。若『來』之爲『釐』，『慶』之爲『羌』，『馬』之爲『姥』，聲韻全別，不容不改。其聲韻苟相近，可以叶讀，則何必改字？如『燔』字必欲作汾沿反，『官』字必欲作俱員反，『天』字必欲作鐵因反之類，則贅矣。」是直齋固篤信陸德明古人韻緩，叶韻不煩改字之說，至其是非得失，俟於〈小學類〉「《韻補》五卷」條考辨之。

夾漈詩傳二十卷、辨妄六卷

《夾漈詩傳》二十卷、《辨妄》六卷，鄭樵撰。《辨妄》者，專指毛、鄭之妄。謂〈小序〉非子夏所作，可也；盡削去之而以己意爲之序，可乎？樵之學雖自成一家，而其師心自是，殆孔子所謂不知而作者也。廣棪案：盧校注：「評甚確。」

廣棪案：盧文弨重輯本《解題》謂直齋此條「評甚確」，蓋亦有感於樵之「師心自是」耶！樵撰《詩辨妄》六卷，所爲〈自序〉曰：「《毛詩》自鄭氏既箋之後，而學者篤信康成，故此詩專行，三家遂廢。《齊詩》亡於魏《魯詩》亡於西晉；隋、唐之世，猶有《韓詩》可據；迨五代之後《韓詩》亦亡，致令學者只憑毛氏，且以〈序〉爲子夏所作，更不敢擬議。蓋事無兩造之辭，則獄有偏聽之惑。今作《詩辨妄》六卷，可以見其得失。」樵之此說，馬端臨不以爲然。《文獻通考》卷一百七十九〈經籍考〉六〈經・詩〉「《夾漈詩傳》、《辯妄》共二十六卷」條曰：「按夾漈專詆〈詩序〉，晦庵從其說。所謂『事無兩造之辭，則獄有偏聽之惑』者，大意謂〈毛序〉不可偏信也。然愚以爲譬之聽訟，詩者，其事也；《齊》、《魯》、《韓》、《毛》，則證驗之人也。《毛詩》本書具在，流傳甚久，譬如其人親身到官，供指詳明，具有本末者也。《齊》、《魯》、《韓》三家，本書已亡，於它書中間見一二，而眞僞未知；譬如其人元不到官，又已身亡，無可追對，徒得之風聞道聽，以爲其說如此者也。今捨《毛詩》而求證於《齊》、《魯》、《韓》，猶聽訟者以親身到官所供之案牘爲不可信，乃採之於傍人傳說，而欲以斷其事也，豈不誤哉！」是樵偏信其書已亡之三家，而指責其書具在流傳甚久之毛、鄭爲妄誕，則其師心自是，不知而作可知，無怪備受直齋與端臨責難也。

毛詩詳解三十六卷

《毛詩詳解》三十六卷，_{館臣案：}《宋史·藝文志》作四十六卷。**長樂李樗迂仲撰。**

廣棪案：《四庫全書》本《解題》於卷數下有館臣案語曰：「《宋史·藝文志》作四十六卷。」「四」字疑誤。《經義考》卷一百五〈詩〉八著錄：「李氏樗《毛詩詳解》，〈宋志〉三十六卷，存。」《四庫全書總目》卷十五〈經部〉十五〈詩類〉一著錄：「《毛詩集解》四十二卷，內府藏本。不著編錄人名氏。集宋李樗、黃櫄兩家《詩解》爲一編，而附以李泳所訂呂祖謙《釋音》。樗字若林，閩縣人。嘗領鄉貢，著《毛詩詳解》三十六卷。」是此書實爲三十六卷，故《經義考》亦逕改〈宋志〉之誤。至樗之別字，《四庫全書總目》謂「字若林」，其所據者乃《閩書》。《閩書》曰：「樗字若林，閩縣人。受業於呂本中，後領鄉貢，有《毛詩注解》，_{廣棪案：應作《詳解》。}學者稱迂齋先生。」《經義考》同卷引。與《解題》所記樗之別字相異。《宋人傳記資料索引》則載：「李樗，字迂仲，一字若林，號迂齋。」則以若林、迂仲二者皆爲樗之字。余頗疑樗初字若林，名與字相配；後始改字迂仲，故號迂齋，學者乃稱之爲迂齋先生。《閩書》取其初字，《解題》采其改字也。

樗，閩之名儒，於林少穎爲外兄。林，李出也。

案：《宋元學案》卷三十六〈紫微學案〉「鄉貢李迂齋先生樗」條載：「李樗，字迂仲，侯官人，自號迂齋，與兄楠俱有盛名，並以鄉貢不第，早卒。臨終謂林少穎曰：『空走一遭！』勉齋嘗謂之曰：『吾鄉之士，以文辭行義爲學者宗師，若李若林，其傑然者也。』所著《毛詩解》，_{廣棪案：即《毛詩詳解》。}博引諸說，而以己意斷之。學者亦稱爲三山先生。_{雲濠案：《閩書》言先生有《毛詩註解》，學者稱迂齋先生。于少穎爲外兄，林，李出也。}」考勉齋，乃黃榦號；少穎即之奇，號拙齋，學者稱三山先生《宋元學案》以樗爲三山先生，誤矣。

詩集傳二十卷、詩序辨說一卷

《詩集傳》二十卷、《詩序辨說》一卷，**朱熹撰。**

廣棪案：《詩集傳》宋刊均作二十卷，明刊本多作八卷，《四庫全書總目》以爲「蓋坊刻所併」。見卷十五〈經部〉十五〈詩類〉一「《詩集傳》八卷」條。《藏園訂補邵亭知見傳本書目》卷二〈經部〉三〈詩類〉載：「🈡《詩經集傳》八卷，宋朱熹撰。明刊本，九行十七字，白口，左右雙闌，是萬曆時風氣。明崇禎六年吳興

閩齊伋刊本，行款同前書。」則《四庫全書總目》所見甚是。

以〈大〉、〈小序〉自為一編，而辨其是非。

案：此蓋指《詩序辨說》一書而言。《經義考》卷一百十九〈詩〉二十二著錄：
「朱子熹《詩序辨說》，〈宋志〉一卷，存。」下引輔廣曰：「《釋文》載沈重云：
『按〈大序〉是子夏、毛公合作，卜商意有未盡，毛更足成之。』《隋・經籍志》
亦云：『先儒相承謂〈毛詩序〉子夏所創，毛公及衛敬仲宏更加潤色。』至於以
爲國史作者，則見於〈大序〉與王氏說，皆是臆度懸斷，無所據依。故先生直
據《後漢書・儒林傳》之說，而斷以爲衛宏作；又因鄭氏之說，以爲宏特增廣
而潤色之；又取近世諸儒之說，以爲〈序〉之首句爲毛公所分，而其下推說云
云爲後人所益者。皆曲盡人情事理。至於首句之已有妄說者，則非先生閱理之
明、考義之精，不能及也。至論〈詩序〉本自爲一編，別附《經》後。又以尙
有齊、魯、韓氏之說並傳於世，故讀者亦有知其出於後人之手，而不盡信。亦
得其情。又論毛公引以入經，乃不綴篇後而超冠篇前，不爲注文而直作經字，
不爲疑辭而遂爲決辭云者，則可見古人於經則尊信而不敢易視，於己說則謙虛
推託不敢自決，而有待於後人者，自有深意；若毛公之作，則出於率易，不思
遂啓後人穿鑿遷就之失，以至於上誣聖經，而其罪有不可逭者矣。嗚呼！可不
戒哉，可不謹哉。」讀輔廣所述，則可以知朱子辨〈詩序〉是非之梗概矣。

其序《呂氏讀詩記》，自謂少年淺陋之說，久而知其有所未安，或不免有所更定。

案：朱子〈呂氏家塾讀詩記序〉云：「雖然此書所謂朱氏者，實熹少時淺陋之說，
而伯恭父誤有取焉。其後歷時既久，自知其說有所未安，如雅鄭邪正之云者，
或不免有所更定，則伯恭父反不能不置疑於其間，熹竊惑之。」然朱子於其少
作，所更定者往往有所未盡。《四庫全書總目》云：「朱子注《易》凡兩易稿。……
注《詩》亦兩易稿。凡呂祖謙《讀詩記》所稱朱氏曰者，皆其初稿，其說全宗
〈小序〉，後乃改從鄭樵之說，注：案朱子攻〈序〉用鄭樵説，見於《語錄》。朱升
以爲用歐陽修之説，殆誤也。是爲今本。卷首〈自序〉，作於淳熙四年，中無一語
斥〈小序〉，蓋猶初稿。〈序〉末稱時方輯《詩傳》，是其證也。其注《孟子》，
以〈柏舟〉爲仁人不遇；作〈白鹿洞賦〉，以〈子衿〉爲刺學校之廢；〈周頌・
豐年〉篇，〈小序辨說〉極言其誤，而《集傳》乃仍用〈小序〉之說。前後不符，
亦舊稿之刪改未盡者也。」《四庫全書總目》指證甚核，惟《解題》於上述種種
均未注意及之。

今江西所刻晚年本，得於南康胡泳伯量，校之建安本，更定者幾什一云。

案：趙希弁《讀書附志》卷上〈經解類〉著錄：「《詩集傳》二十卷、《詩序辨說》
一卷。右晦庵先生朱文公所定也。江西漕趙崇憲刻於計臺而識其後。」是《解
題》所謂「江西所刻晚年本」，或即趙崇憲刻於計臺之本。此本直齋謂得自胡泳。
考泳《宋史》無傳。《宋元學案》卷六十九〈滄洲諸儒學案〉上「隱君胡洞源先
生泳」條載：「胡泳，字伯量，建昌人，文公之高第弟子也。不樂仕進，學者翕
然尊之，稱爲洞源先生。著有《四書衍說》。」可悉其生平概況。年前余撰《陳
振孫之生平及其著述研究》一書，書中曾遍考直齋學術上之友朋，獨缺胡泳，
特於此補記之。

呂氏家塾讀詩記三十二卷

《呂氏家塾讀詩記》三十二卷，呂祖謙撰。博采諸家，存其名氏，先列訓詁，
後陳文義，翦裁貫穿，如出一手。己意有所發明，則別出之。《詩》學之詳正，
未有逾於此書者也。然自〈公劉〉以後，編纂已備，而條例未竟，學者惜之。

廣棪案：此書直齋評價甚高，宋、明人亦殊重之。朱子之〈序〉曰：「今觀《呂
氏家塾》之書，兼總眾說，巨細不遺；挈領持綱，首尾兼貫。既足以息夫同異
之爭，而其述作之體，則雖融會通徹，渾然若出於一家之言。而一字之訓、一
事之義，亦未嘗不謹其說之所自及。其斷以己意，雖或超然出於前人意慮之表，
而謙讓退託，未嘗敢有輕議前人之心也。嗚呼！如伯恭父者，眞可謂有意乎溫
柔敦厚之教矣。學者以是讀之，則於可群可怨之旨，其庶幾乎！」魏了翁〈後
序〉曰：「今觀其所編《讀詩記》，其於處人道之常者，固有以得其性情之正。
其言天下之事，美盛德之形容，則又不待言而知。至於處乎人之不幸者，其言
發乎憂思哀怨之中，則必有考其性情，參總眾說，凡以厚於美化者，尤切切致
意焉。」明人陸鈇〈序〉亦曰：「其書宗毛氏以立訓，考《注》、《疏》以纂言，
剪綴諸家，如出一手，有司馬子長貫穿之妙；研精殫歲，融會渙釋，有杜元凱
眞積之悟；緣物醜類，辨名正義，有鄭漁仲考據之精。茲余之所甚愛焉。」三
家各舉之義，略盡此書所長，尤足補直齋說之未及。至此書之卷數，陸氏〈序〉
曰：「呂氏凡二十二卷，乃〈公劉〉以後編纂未就，其門人續成之，茲又斯文之
遺憾云。」與《解題》作三十二卷不同。故《四庫全書總目》斥之，曰：「鈇〈序〉
稱得宋本於友人豐存叔，呂氏書凡二十二卷，〈公劉〉以後，其門人續成之。與
陳氏所說小異，亦不言門人爲誰。然《書錄解題》及《宋史·藝文志》均著錄

三十二卷，則當時之本已如此。鈂所云云，或因戴溪有《續讀詩記》三卷，遂誤以後十卷當之歟！」見卷十五〈經部〉十五〈詩類〉一「《呂氏家塾讀詩記》三十二卷」條。然戴氏《續記》僅三卷，殊不足十卷之數。余疑《解題》稱三十二卷者，蓋以其書編纂已備，雖條例未竟，仍以全書視之；而陸氏則以〈公劉〉以下既屬門人續成，乃就呂氏所竟者而言之，故謂爲二十二卷。二說不同，殆由是歟？《四庫全書總目》所云，則所考似仍欠周延也。

岷隱續讀詩記三卷

《岷隱續讀詩記》三卷，戴溪撰。其書出於呂氏之後，謂呂氏於字訓章已悉，而篇意未貫，館臣案：「謂呂氏」以下原本脱，今校補。廣棪案：盧注注：「《四庫》館臣據《文獻通考》補『謂呂氏字訓章已悉，而篇意未貫』十四字，在『呂氏』之後下『字訓章』三字，似有訛。無此十四字，義未嘗不完也。」又云：「『篇意未貫』，與上段亦矛盾。」**故以《續記》為名。其實自述已意，亦多不用〈小序〉。**

廣棪案：《四庫全書》館臣曰：「案：『謂呂氏』以下原本脫，今校補。」盧文弨校注曰：「《四庫全書》館臣據《文獻通考》補『謂呂氏於字訓章已悉，而篇意未貫』十四字，在『呂氏』後下『字訓章』三字，似有訛。無此十四字，義未嘗不完也。」又曰：「『篇意未貫』與上段亦矛盾。」竊謂盧氏校注未盡允恰。《四庫全書》館臣既據《通考》校補此十四字，已有所本，不能遂以「無此十四字，義未嘗不完」而任意刪削之，若是則無事於校讎之業矣；且此十四字，正戴溪撰《續記》之因由，殊爲重要，不容刪去；其與「篇意未貫」之說，亦無矛盾。蓋「於字訓章已悉」，而「篇意未貫」者亦常有之，無足怪也。清人耿文光《萬卷精華樓藏書記》卷五〈經部〉三〈詩類〉「《續呂氏家塾讀書記》三卷」條引《解題》，其「於字訓章已悉」句，乃作「於字訓章旨己悉」，意義更順暢完整。耿氏或另有依據也。至《四庫全書總目》卷十五〈經部〉十五〈詩類〉一著錄此書，評曰：「溪以《呂氏家塾讀詩記》取《毛傳》爲宗，折衷眾說，於名物訓詁最爲詳悉；而篇內微旨，詞外寄託，或有未貫，乃作此書以補之，故以《續記》爲名，實則自述己意，非盡墨守祖謙之說也。其中如謂〈摽有梅〉爲父母擇婿，〈有狐〉爲國人之憫鰥，〈甘棠〉非民受訟，〈行露〉非爲侵陵。故《書錄解題》謂其大旨不甚主〈小序〉。然皆平心靜氣，玩索詩人之旨，與預存成見，必欲攻毛、鄭而去之者，固自有殊。《溫州志》稱溪平實簡易，求聖賢用心，不爲新奇可喜之說，而識者服其理到。於此書可見一斑矣。」《四庫全書總目》斯

評，於《解題》所述有所增益與發明。

黃氏詩說三十卷

《黃氏詩說》三十卷，黃度撰。葉適正則為之〈序〉。

　　廣棪案：此書〈宋志〉稱作《詩說》，無「黃氏」二字。葉適〈序〉稱《黃文叔
　　詩說序》，見《水心集》卷十二〈序〉類，略謂：「公於《詩》，尊序倫紀，致忠
　　遠敬，篤信古文，旁錄眾善。博厚慘怛，而無迂重之累；緝緒悠久，而有新美
　　之益。仁政舉而應事膚銳，王制定而隨時張弛。然則性情不蔽，而《詩》之教
　　可以復明，公其有志於是歟！」可以探知度撰作此書之旨矣。

毛詩前說一卷

《毛詩前說》一卷，項安世撰。攷定〈風〉、〈雅〉篇次而為之說。其曰「前
說」者，末年之論有少不同故也。

　　廣棪案：《經義考》卷一百七〈詩〉十著錄：「項氏安世《毛詩前說》，〈宋志〉
　　一卷，佚。」則此書彝尊亦未之見，幸《解題》有所著錄，猶略知此書之梗概。

詩解二十卷

《詩解》二十卷，陳鵬飛撰。不解〈商〉、〈魯〉二〈頌〉，以為〈商頌〉當闕，
而〈魯頌〉可廢。

　　廣棪案：朱子曰：「陳少南於經旨既疏略不通，點檢處極多不足據。」《經義考》
　　卷一百五〈詩〉八「陳氏鵬飛《詩解》」條引。王應麟《困學紀聞》卷三〈詩〉曰：
　　「陳少南不取〈魯頌〉，然『思無邪』一言亦在所去乎？」是朱、王二氏均以鵬
　　飛不解〈商頌〉、〈魯頌〉為非也。

王氏詩總聞三卷

《王氏詩總聞》三卷，不知名氏及時代。館臣案：《宋史·藝文志》作二十卷。

　　廣棪案：此書《解題》卷二十〈詩集類〉下「《雪山集》三卷」條稱王質作「《詩
　　解》三十卷」。清人張宗泰《魯巖所學集》卷六〈再跋書錄解題〉辨之，曰：「又

《雪山集》下云：『富川王質景文撰，嘗著《詩解》三十卷，未之見也。』按直齋編《王氏詩總聞》於〈詩類〉，而不知其即王氏之《詩解》，轉云未見，亦失之眉睫也。但《詩總聞》二十卷，而〈詩類〉作三卷，不知何以懸殊至此？而此作三十卷，疑亦二十之誤也。」是宗泰以《詩解》與《詩總聞》為同一書。至其謂此書為二十卷，蓋據《宋史・藝文志》也。考《詩總聞》實王質所撰，直齋謂「不知名氏及時代」，實有欠深考。朱彝尊《曝書亭集》第三十四卷〈序〉一〈雪山王氏質詩總聞序〉曰：「王氏名質，字景文，汶陽人。紹興庚辰進士，召試館職不就，歷樞密院編修官，出通判荊南府，不行，奉祠山居，有《集》四十卷。」所載質生平仕履甚詳，足補《解題》之未及。陳日強跋此書，又稱作「《詩說》二十卷」，書名與《解題》著錄不同。要之此書稱謂《解題》與〈宋志〉同作《詩總聞》，應為可據。又本書內容繁富，《解題》作三卷，〈宋志〉作二十卷，當以〈宋志〉為可信；惟《解題》「《雪山集》」條有「《詩解》三十卷」之載，其所謂三十卷者，或即二十卷之誤。

其〈自序〉言丁丑入吳，見謝君士燮；丙戌入蜀，見陳君彥深；庚寅再入蜀，見楊君左車。所稱甲子不著年號。而謝、陳、楊三君，亦竟莫詳為何人也。當俟知者問之。

案：據朱彝尊〈雪山王氏質詩總聞序〉，質乃紹興三十年庚辰（1160）進士，則其人乃高宗時人。其入吳之丁丑，乃紹興二十七年（1157），其時猶未舉進士。而入蜀之丙戌，乃孝宗乾道六年（1170）。再入蜀之庚寅，乃乾道十年（1174）。直齋欠考。至謝、陳、楊三人事蹟，真不可深考矣。

其書有〈聞音〉、〈聞訓〉、〈聞章〉、〈聞句〉、〈聞字〉、〈聞物〉、〈聞用〉、〈聞迹〉、〈聞事〉、〈聞人〉，凡十聞。每篇為總聞。又有〈聞風〉、〈聞雅〉、〈聞頌〉等，其說多出新意，不循舊傳。館臣案：朱彝尊〈王氏詩總聞序〉，王氏名質，字景文，汶陽人。紹興庚辰進士，召試館職不就，歷樞密院編修官，出通判荊南府，不行，奉祠山居，有《集》四十卷。此書亦作二十卷。廣棪案：盧校注：「陳氏所見非全本。」

案：陳日強跋此書曰：「右雪山王先生《詩說》二十卷，其家櫝藏且五十年，未有發揮之者。臨川貳車國正韓公攝守是邦，慨念前輩著述不可湮沒。迺從其孫宗旦求此書鋟梓，以廣其傳。命工經始，而日強分符來此，公餘暇取讀之。其刪除〈詩序〉，實與文公朱先生合；至於以意逆志，自成一家，真能窹寐詩人之意於千載之上，斯可謂之窮經矣！」彝尊序此書亦曰：「雪山王氏《詩總聞》二十卷，每章說其大義，復有〈聞音〉、〈聞訓〉、〈聞章〉、〈聞句〉、〈聞字〉、〈聞

物〉、〈聞用〉、〈聞跡〉、〈聞事〉、〈聞人〉凡十門。每篇為總聞。又有〈聞風〉、〈聞雅〉、〈聞頌〉冠于四始之首。自漢以來說《詩》者率依〈小序〉，莫之敢違。廢〈序〉言《詩》，實自王氏始。既而朱子《集傳》出，盡刪〈詩序〉，蓋本孟子以意逆志之旨，而暢所欲言，後之儒者咸宗之。獨王氏之書晦而未顯，其自詡謂研精覃思幾三十年，而吳興陳日強稱其自成一家，能寤寐詩人之意于千載上。要之，雖近穿鑿，而可以解人頤者亦多也。」陳、朱二氏之論，實有合於直齋所謂「其說多出新意，不循舊傳」者。《四庫全書總目》亦曰：「南宋之初，廢〈詩序〉者三家，鄭樵、朱子及質也。鄭、朱之說最著，亦最與當代相辨難。質說不字字詆〈小序〉，故攻之者亦稀。然其毅然自用，別出新裁，堅銳之氣，乃視二家為加倍。自稱覃精研思幾三十年始成是書。淳祐癸卯，吳興陳日強始為鋟版於富川。日強〈跋〉稱其以意逆志，自成一家。其品題最允。又稱其刪除〈小序〉，實與文公朱先生合。則不盡然。質廢〈序〉與朱子同，而其為說則各異。黃震《日鈔》曰：『雪山王質、夾漈鄭樵，始皆去〈序〉言《詩》，與諸家之說不同。晦菴先生因鄭公之說，盡去美刺，探求古始，其說頗驚俗，雖東萊先生不能無疑。』云云。言因鄭而不言王，知其趣有不同矣。然其冥思研索，務造幽深，穿鑿者固多，懸解者亦復不少。故雖不可訓，而終不可廢焉。」見卷十五〈經部〉十五〈詩類〉一「《詩總聞》二十卷」條。考《四庫全書總目》所論，固不盡同意日強之說，然其於《解題》及陳、朱所述，亦有所闡發與補充。至《四庫全書》本《解題》此節文字，與《文獻通考》所引《解題》相校，則顯有刪節。張宗泰〈跋陳振孫書錄解題〉早已指出曰：「《文獻通考》『《王氏詩總聞》』下云『其書有〈聞音〉謂音韻』云云，每聞下各有訓釋，計四十七字，而此本無之，不知何時節去也。」稽《文獻通考》此條於「陳氏曰」下有：「〈自序〉云研精覃思於此幾三十年，其書有〈聞音〉謂音韻，〈聞訓〉謂字義，〈聞章〉謂分段，〈聞句〉謂句讀，〈聞字〉謂字畫，〈聞物〉謂鳥獸草木，〈聞用〉謂凡器物，〈聞跡〉謂凡在處山川、土壤、州縣、鄉落之類，〈聞事〉謂凡事實，〈聞人〉謂凡人姓號，共十聞。」足證端臨所得讀之《解題》，較今之《四庫全書》本為詳盡。《四庫全書》館臣未能依《通考》出校考出，亦可算疏忽矣。

白石詩傳二十卷

《白石詩傳》二十卷，宗正少卿樂清錢文子文季撰。所居白石巖，以^{廣棪案：}盧校本「以」上有「因」。為號。^{館臣案：《宋史‧藝文志》：《白石詩傳》二十卷，又《詩}

訓詁》三卷。魏了翁作〈錢氏集傳序〉，曰：「別為詁釋，如《爾雅》類例。」

廣棪案：《四庫全書》館臣此條有案語，曰：「《宋史・藝文志》：《白石詩傳》二十卷，又《詩訓詁》三卷。魏了翁作《錢氏集傳序》，曰：『別為詁釋，如《爾雅》類例。』」與《解題》著錄同。徐秉義曰：「錢氏《詩詁》三卷，曰〈釋天〉，曰〈釋地〉，曰〈釋山〉，曰〈釋水〉，曰〈釋人〉，曰〈釋言〉，曰〈釋禮〉，曰〈釋樂〉，曰〈釋宮〉，曰〈釋器〉，曰〈釋車〉，曰〈釋服〉，曰〈釋食〉，曰〈釋禽〉，曰〈釋獸〉，曰〈釋蟲〉，曰〈釋魚〉，曰〈釋草〉，曰〈釋木〉，凡一十九門。」《經義考》卷一百九〈詩〉十二「《詩訓詁》」條引。是《詩訓詁》或稱《詩詁》，其書凡十九門，乃據《爾雅》類例編就。考文子《宋史》無傳。魏了翁序此書曰：「錢公名文子，字文季，永嘉人。蚤以明經屬志，有聲庠序，仕至宗正少卿，學術行誼為士人宗仰云。」喬行簡〈序〉亦曰：「先生姓錢氏，諱文子，字文季，永嘉人。入太學以兩優解褐，仕至宗正少卿。乾、淳諸老之後，巋然後學宗師。白石，其徒號之也。」所載行誼較《解題》為詳。至文子號白石，或謂以所居之巖為號，或謂其徒號之。孰是孰非，已無從判斷。至文子之籍貫《解題》謂樂清者，即永嘉也。

詩古音辨一卷

《詩古音辨》一卷，從政郎信安鄭庠撰。

廣棪案：《經義考》卷一百十〈詩〉十三著錄：「鄭氏犀《詩古音辨》，注：犀或作庠。〈宋志〉一卷，佚。」惟《宋史》卷二百二〈志〉第一百五十五〈藝文〉一〈經類・易類〉一著錄此書撰人亦作鄭庠。宋慈抱《兩浙著述考・經術考・詩類》著錄：「《詩古音辨》一卷，宋衢州鄭庠撰。庠，信安衢縣古名人。官從政郎。是書見《直齋書錄解題》、《宋史・藝文志》、焦竑《國史經籍志》。雍正《浙江通志・經籍》引作二卷。《經義考》作鄭氏犀《詩古音辨》。犀當係庠之誤。今佚。」是知《經義考》作「犀」、《浙江通志》作「二卷」者，恐皆非。